麦读
MyRead

入门书应当坚实可靠且简明扼要。

它应该面向从未接触过法律的学生，

为他们提供学习的基础。

学生无须完全理解这本书的每一个部分，

但每一页、每个句子都应当足以引导他前行，

他所获得的东西应当足够准确，以便于他的学习。

——卡尔·卢埃林，《荆棘丛》前言

THE BRAMBLE BUSH

ON OUR LAW
AND
ITS STUDY

荆棘丛

我们的法律与法学

Karl N.Llewellyn

【美】卡尔·卢埃林 著
王绍喜 译

中国民主法制出版社
全国百佳图书出版单位

（照片由芝加哥大学法学院提供）

目录

导言

躲开荆棘丛上最尖锐的刺

只要是对法学院或法律感兴趣的人，都应该读一读《荆棘丛》。卡尔·尼克森·卢埃林是一个才华横溢的人。他热爱英美法传统。他心目中的英雄是一些伟大的法官，他欣赏能解决问题的律师和具有娴熟法律技巧的人。他写出了理解法律教育本质的“鹅妈妈童谣”。在这首童谣里，有个人掉进了荆棘丛里，弄瞎了他的双眼，但他再次跳入荆棘丛，重获光明。在法学院里，法科学生也是如此，他们首先会失明，蹒跚而行，但之后将重新获得光明。卢埃林所假设的是，在大多数的情况下，新眼睛要比旧眼睛好。

即便这是真的，荆棘丛的故事所描述的法律教育，在提醒那些考虑上法学院的人：这将是一个痛苦的过程。我可以证实这一点。1950 年年初，我进入法学院，在第一年里遭受了某些堪称恐吓和受辱的教育手段。某个教授对惹他不高兴的学生进行侮辱，并发出恐怖的叫喊声。其他的教授尽管没有大喊大叫，但喜欢问我们一些刁钻的问题，让我们觉得自己完全没有理解需要阅读的内容。有一位教授向我提问，我不知道如何回答。他还重复问。我想起我们在另一门课程讨论过的一个古老案件的术语，[1] 于是胆怯地问："原告可以请求合理金额（quantum meruit）吗？"

教授对我的陈述不予理会："麦考利先生，我们真的有必要用波兰语[2] 讨论这个案件吗？"[3] 不用说，我因此被同学铭记了好一段时间，在我们班级50年聚会的时候，还有人想起了这件事。而且，好几个教职员工告诉我们，通常情况下，我所在法学院的一年级学生中约有1/3没能升上二年级。不穿过长满刺的荆棘丛，怎能找到香甜的山莓和黑莓？不过前提是你能够发现它们。

当我受邀撰写这一导言时，我翻开了自己在开始上法学院之前就买的1950年重印本，内封上的标价是3.50美元。[4] 卢埃林曾告诫过聆听或阅读他的1929年和1930年讲座的初学者，他们只能理解其中一小部分。对我而言，显然是这样。但不知怎的，我在第一年继续阅读下去，并在学业上取得了不错的成绩。[5] 卢埃林的书提醒我，这个训练显然不涉及背诵由没有漏洞的、无缝的逻辑结构组合起来的清晰且确定的法律规则。

卢埃林在《荆棘丛》中考察了法律教育、普通法的先例制度以及美国的法律制度。他提出了一些问题。但是，伟大的法史学家劳伦斯·弗里德曼指出：

> 如果我们可以将它称为问题，卢埃林的部分问题是，他对普通法、普通法变化的方式和运转持有过于乐观的看法，从根本上说，他热爱普通法，而这种强烈的热爱体现在他的所有作品中。卢埃林所写的一切东西都充满激情，他的风格与众不同、让人捉摸不透、独具一格，而且有时令人讨厌，但它充满

了热情和无限热忱。他真心热爱法律，敬重那些为法律做贡献的人。[6]

如果我们认真考虑过法律教育，我们起码要讨论我国实践中与对抗制（the adversary system）有关的几个问题。

一、《荆棘丛》和法律教育

1. 80年后，《荆棘丛》中还有什么东西或人，仍然值得聆听？

一个持怀疑态度的人会问，为什么要读一本将近80年前写的书？为什么我们应当认为《荆棘丛》的大部分内容仍然适用于今天的法律教育？幸运的是，我们还有充分的理由来阅读卢埃林的这本书。至少某些“传统的”（classic）法律教育在40年前仍然是存在的。我们可以看看1973年的电影《力争上游》（The Paper Chase）[7]，在电影里，约翰·豪斯曼（John Houseman）展现了法学教授作为讨厌的家伙，逼迫学生以自己的方式进行思考的画面。即将学习法律的学生不用读什么书，只看看这部电影就能大概了解了。[8] 希望豪斯曼的恐吓式教育在今天已经没有代表性了。

我们知道卢埃林所写的大部分的东西仍然存在。在《荆棘丛》中，卢埃林向我们讲述了1930年法学院一年级的法律教育。他说：

法学院第一年的目标是……让你们“像律师一样思考”。第一年最困难的任务是让你们丢掉常识，暂时麻醉你们的道德伦理。将你们的社会政策观、正义感、糊涂的思考及概念边界

> 模糊不清的所有思想一起丢到脑后。在给定的一大堆材料的范围内，你们要获得精确思考、冷静分析、学习、观察和操控法律体系的能力。把普通人变成律师既不容易，也不安全……[9]

伊丽莎白·默茨（Elizabeth Mertz）教授对现代法律教育做了极好的实证研究。她的著作以及我自1957年起作为法学院一年级老师的经验表明：法学院仍然试图改变刚刚入学的学生，以便使他们“像律师一样思考”。

《荆棘丛》是一个非凡的成就，在21世纪依然很值得一读。但是，“像律师一样思考”的一个重要的部分是批判的视角。作为律师，我们必须假定完美的法律条文、判例集、司法判决书或机构是不存在的，总是存在另一种论证（argument）。卢埃林考察了普通法制度和美国法律教育，认识到其中存在着很多的不足。在这些简直像是在今天写下的段落里，他指出法学家对于法律实践和法律制度的运作所知甚少。但是，他在最后为法学院、律师、伟大的上诉法官以及普通法制度进行了辩护。在以下部分，我将强调《荆棘丛》提出的有关法律教育、法律实践和法律制度运作的某些重要问题。例如，如果法科学生不再以理想主义和不切实际的方式来观察世界，那么如何能保证下一步发生的就是进步？在为富人服务的过程中，我们只是为了得到更合理的高额报酬，而不是模糊的正义观念吗？传统的法学教育不讲授律师做什么，而只是一个捉弄人的仪式——让他们在学校多待三年，使得他们成熟到足以满足社会上对于律师的要求？我们的法律制度是否接近某种程度的正义，还是它只是人们的一厢情愿？例如，我们许诺每个人将享有正当程序的保护，但一般说来，那些求助法律的人得到的最好结果是交易、是妥协，而不是真正实现权利。为了解决纠纷，我们要价过高，使很多人无力承受。这有关系吗？我们能够回答这样的问题吗，还是我们缺少可靠的知识来得出初步的答案？至少，《荆棘丛》对于我们今天思考这些问题做出了非凡的贡献。

2. 今天的法律教育是怎样的？

显然，很重要的一点，1930年的情形放到今天，依然没什么两样。法学院的学习几乎总是从合同法、侵权法和财产法这些具有灿烂传统的普通法主题开始的。[10]伊丽莎白·默茨在20世纪90年代研究了八所具有不同声誉的法学院一年级的合同法课程。[11]她发现今天的法律教育学习仍然将关注放在"像律师一样思考"上。教授们很少对学生大喊大叫，但他们使用"否定式灌输"（negative uptake），在领会教授的思路之前，你会被无视和打断。在仔细地分析了所有这些现代课程的录音后，她说："法律教育迫使学生将注意力放在文本和法律权威上，将对错、情感和同情——人与人之间的矛盾冲突故事最可能抓住外行观众内心的情感——问题抛弃一边。"[12]她告诉我们，学生需要捍卫某种观点，而他们实际上是否相信它们，却显得无足轻重。律师要学习的不是大量的谦逊用语或处理其他领域问题的能力。"像律师一样思考"意味着，人们几乎可以将任何社会事务转化为法律问题，法律不过是人们操控语言而创设出的一些既定规则，而现实中的情况是极其不确定的。对照卢埃林在《荆棘丛》中针对三年级法科学生所写的：

> 你们快要成为律师了。你们用了三年的时间来学习法律，难道你们还没意识到对于每个不确定的问题通常有两种权威的答案吗？在棘手的案件出现时，你们还没看清法律规则没有在

> 判决中**起支配作**用这一事实吗？在任何领域，对于任何问题，在有疑问时，法律将为你们提供正式的和受到尊重的技术和规则，以努力实现**每一个**目标。[13]

毋庸置疑，如果我们关心现代法律教育，我们可以将《荆棘丛》已经过时、不值得再读的顾虑搁置一旁。当然，在一些重要的方面，卢埃林撰写该书时的社会背景与今天已经有很大的不同。例如，妇女和少数族裔已经克服了20世纪30年代严守的只有白人男性才能接受法律教育和当律师的壁垒。[14]还有，妇女和少数族裔也经历了“像律师一样思考”的传统学习方法。尽管今天的学生可以用电脑记笔记，但他们记的笔记和在胡佛政府时期用钢笔加墨水记下的笔记是相似的。

3. 为更好的而改变观点？

卢埃林和默茨提出了关于法学院一年级教育采用的“荆棘丛方法”的主要问题。将学生带到法学院，把他们的“眼睛弄瞎”是一回事，而假定新的眼睛看到的东西更好，则是另一回事。卢埃林说：“……这一倾向让我有些担忧，这是以牺牲人的完整性为代价去培养技术工匠。”[15]他以自己特有的风格评论说：

> 有一类律师，法律对于他们而言是谋生的手段、生存的能力和发财的工具。法律给他们提供了生存和成功的工具……那些愿望已经变为酒足饭饱、逃避缴税、充当点头哈腰的管家并以珠宝装饰其妻子，那么，如果他获得了金钱，他就能感到幸福。我不认为“更多的法律”能给他带来远见。但我不觉得他希望得到远见，也不觉得他能够运用它。[16]

默茨的论调更像现代的打击乐，而不是卢埃林的哈莱姆爵士乐或百老汇秀，但他们的主旨几乎是一样的。她指出："一个学期慢慢地流逝，在你们为了'相关的事实'而熟练把握和剖析它们时，人生戏剧中那些令人心酸的、引人注目的、可怜的故事以及痛苦就轻易地从你们身旁溜过。"[17]她担心，那些原本是为了帮助那些需要法律援助的人而上法学院的学生会放弃自己的初心，因为他们的理想会被愤世嫉俗所取代。我们貌似中立，但那些为富人提供服务的人却在出风头。在法学院的一年级，大多数学生会接触合同法、侵权法和财产法，这些法律受到反映资本主义思想的普通法的支配，而不是受到那些认为市场不是解决所有人类问题的灵丹妙药的制定法的支配。[18]

尽管对前英国首相汤尼·布莱尔可能不太公平，《金融时报》的一篇文章表达了对于律师的常见批评：

> 确保找到那种合适的（律师）。你可能不想找英国"律师首相"——托尼·布莱尔这样的律师。作为典型的英国出庭律师，布莱尔先生雄辩、机敏、有说服力。他应付自如地游走于抽象和具体之间，几乎是不知不觉地构建论据，如果存在事实，则使用适当的事实，如果不存在事实，则使用优雅的诡辩。[19]
>
> 最终，他运用将间接证据的碎片编织成引人入胜的故事的技巧，得出英国军队需"缓慢爬进"伊拉克寻找未曾存在过的大规模杀伤武器的结论。事实证明，他的确信并不靠谱。[20]

这段话让布莱尔听起来像是某些美国法学院一年级老师的产物。默茨强调说，与任何社会科学领域相比，法学教授极少对其假定事实的准确性表示担心。事实上，他们迅速地用自己的直觉去塑造看似言之有理的假设案件，对法院判决书的内容进行检验。

我是吃这碗饭的这群法学教授中的一员。我们确实讲授如何像律师一样思考，强调法院面临的相关法律问题。卢埃林和我都不反对讲授法学院一年级典型的法律科目。问题毋宁说，这还不够。如果我们没有做得更多，可能会产生消极的结果。我们尽最大努力将上诉判决意见书放在其背景之下，告诉学生在法院发生的争议和结果是什么。

朱迪思·莫特（Judith Maute）教授的著作提供了一个形象的例子。很多合同法的课程都会讲授“皮维豪斯诉加兰德矿业公司”（Peevyhouse v. Garland Coal & Mining Co.）这个案例。[21]皮维豪斯签订了一份合同，根据合同，加兰德矿业公司可以在皮维豪斯曾用来养牛的矿地上进行开采。由于土地的位置，皮维豪斯拥有谈判的筹码，因为加兰德矿业公司需要这块地用于采矿。在皮维豪斯的坚持下，加入了一个合同条款，即加兰德矿业公司在采矿结束后需要将土地恢复原状。加兰德矿业公司放弃了该项目，它没有恢复皮维豪斯的土地，构成了违约。证据显示，为了将牛群从土地上的一边移到另一边，需要花 3 万美元来填满矿洞。但是，在提出异议时，加兰德矿业公司提交证据证明，因其无法恢复土地而导致牧场减少的价值只有大约 300 美元。皮维豪斯的律师在这点上没有提供证据。陪审团裁定加兰德矿业公司向皮维豪斯赔偿 5000 美元，这充其量只是个不确切的妥协。俄克拉荷马州最高法院撤销了原裁定（当时的表决结果为五对四），并指令将裁定修改为只赔偿 300 美元。在法理上，这保护了原告的期待利益：如果合同履行，原告应获得的利益。

莫特教授就该案的背景制作了一份长达123页的报告，发表在《西北大学法律评论》上。[22]她倡导这种“法律考古学”，因为它通常可以使学生和我们脱离抽象的理论，迫使我们面对正义的基本问题。[23]在她对皮维豪斯案的研究中，她清楚地指出：如果合同履行，皮维豪斯并没有得到应得的东西。俄克拉荷马州最高法院的多数意见所作的裁决，与被《金融时报》指责的前首相布莱尔的所作所为异曲同工。她以皮维豪斯后来的土地图片来佐证她的观点。这片土地变得千疮百孔，被搞得一塌糊涂。即使我们假定，法院的裁定准确地计算出了原告土地价值减少的金额，但是这块土地确实没有如加兰德矿业公司所承诺的那样被恢复原状。莫特确实考虑了俄克拉荷马州最高法院多数意见的论据，但你无法对她提出的观点表示怀疑——皮维豪斯受到了美国法律制度非常糟糕的对待。皮维豪斯的律师应当对留下一团糟的土地承担大部分责任。律师按风险代理付费机制接下这个案子，这对他怎样解决这个案件可能造成影响。通过这份报告，我们知道了为什么加兰德矿业公司放弃这个项目，为什么它不履行其明示的承诺。我们甚至可以认真考虑，俄克拉荷马州最高法院主审此案的法官们是否因收受贿赂，并最终影响了审判的结果。

莫特教授的研究只是众多将合同和侵权上诉判决意见书放到其背景中去理解的尝试之一。[24]某些法学教授强烈批判这种努力，认为这些素材是“无关紧要的”。[25]他们争论说，我们所需要的是法律规则和法院判决书里描述的事实。而那些认为自己应当教给律师某些技艺的法学教授，却把这些隐藏在背后的案件事实看得十分重要。他们通常教导学生，如果我们所学习的只是法律规则，则我们无法理解实践中的法律制度。我们还可以探究，对这些隐藏在案件背后的事实的揭示，在多大程度上能抵消传统法学教育的影响。我认为，它至少在帮助某些法科学生学习新的法律语言的同时，不会丧失对很多常识性后果的观察能力，并对它们作出规范性的评判。我认为这种理由是无法成立的：一个人只有忘掉自己的母语，才能学会一门新的语言。

4. 在法学院让我恢复光明后，还有事做吗？改变的事情越多，它们的相同之处就越多吗？

在其他方面，过去的法律教育和现在也存在一些相似性。卢埃林的学生所面对的是因股票市场崩溃和银行失灵带来的职业生涯的不确定性。在《荆棘丛》中，卢埃林指出：

> 你们带着其他几代人少有的幻想来到我们面前。我与你们相遇，与你们交谈……你们发现我们的经济制度既不是世界上最好的制度——能让工业巨头们钦佩叫绝的那种，也不是那种极其糟糕的、需要与不公正进行抗争的制度。不，不仅如此。你们还可以对着一些领军人物挑起眉毛、面带冷笑，既嫉妒又鄙视地说：你们是联邦的公仆？……伟大人物？蠢话！然而，你们不去反抗：你们知道反抗者在这场博弈中以失败告终。[26]

这一描述与法科学生的现状有多少共同之处？今天的学生也担心毕业后面临的就业机会。经济危机的结果是，现在的法律实践正在发生变化，这些变化不利于应届毕业生。[27]

卢埃林的学生面对的是大城市的政治现实、腐败和徇私。这些问题在过去80年并没有得到解决。事实上，我们现在面临的问题是：被选任的州最高法院法官受到或似乎受到利益集团的支配，这些利益集团策划电视竞选保证他们当选。[28]总统设法将反映他们政党观点的法官塞到联邦司法机关。参议院的确认听证会是高度政治化的。学者们已经发现，通过了解总统提名的、审理案件的合议庭三位法官的政治派别，你可以预测到某些联邦上诉法院对于某种类型案件的处理结果。[29]

在来到法学院时，学生们对于书本上的法律和实践中的法律的差别是有所认识的。无论对于采访者的回答是什么，美国人并非始终遵守所有的法律。然而，传统的法学院将重点放在纯理论教学上，有助于教授们回避这一不自在的肮脏秘密。卢埃林写作这本书时，有犯罪组织在距离哥伦比亚法学院不远处非法供应酒和毒品。在“喧嚣的20年代”[30]末期，他的听众中没有几个人对此毫不知晓。我怀疑，在今天，哥伦比亚社区的成员不必离开学校很远，就可以获得其他种类的毒品。1930年的法学界对于书本上的法律和实践中的法律的差距鲜有论及，2012年的法学界对这种差距也所言不多。无论人们如何描述1930年的美国人，他们都不会称他们完全遵守法律。[31]事实上，小说告诉我们，在“爵士时代”[32]违反禁令法律令人兴奋和有趣。供应毒品和购买毒品的实践在今天有很大的不同吗？美国人比以往更加守法吗？对于塑造这个国家的法律运作理论的那些人，这是否重要？

二、纳入并超越法律教育：《荆棘丛》及美国的法律制度

如果我们拓宽主题，法律教育和法律学术研究的水平就会提高。在写作《荆棘丛》时，法学院基本无视律师所做的大部分工作。尽管今天我们所做得更多，但重心仍然放在上诉判决意见书和法律规则上。卢

埃林认识到，律师为了支持不断变化的业务形式而起草文件、进行法律设计。卢埃林当然知道律师们在进行交易谈判，而且他理解政治说客在为有组织的利益集团服务时所扮演的复杂角色。我们长久以来喜欢分享关于法律实践的轶事和斗争故事。然而，如果要理解法律职业，并对律师的所作所为和法律制度服务的功能进行评价，我们需要更充分的信息。

卢埃林预见到今天的法律教育和研究所面临的某些问题。他这本书的重点放在阅读上诉法院判决意见书的技能上。然而，卢埃林将法律界定为官员对于纠纷的处理，无论他们是法官、行政司法官、书记员、监狱看守人员还是律师。[33]在《荆棘丛》中，他告诉我们：

> 可能比这还要多。在高级别的审判法院（郡法院、巡回法庭或州最高法院）审理的1000个案件中，同样有10000或20000个案件在低级别的法院（小额索赔法院、市法院、治安法院、治安法官）得到了**最终的**解决。在这些不断流动的大量**未**上诉的案件里，体现了官员对于社会的影响，甚至在诉讼领域内也是如此。在这一范围之外，行政机器有着巨大的影响。按照我的表述，按照我的前提，这些因素才是重要的。我没有注意到它们，是我的失误。[34]

卢埃林根据现有的情况来为法律教育自上而下的做法进行辩护。印刷精美、装订完备的上诉判决意见书寄到教授的邮箱里，[35]但还没有研究初审法院工作的简便的方式。最起码，学者得走出法学院的大门，然而这似乎是很多学者感到恐惧的。

在过去60年中，擅长法律社会学和心理学的学者已经对陪审团、提交到初审法院的案件类型、律师与险损估价人对案件的处理、风险代理费的实践以及名为“替代性纠纷解决”的非法律途径处理纠纷等各种各样的做法进行了研究。[36]而且，有些学者研究了是否要去找律师和寻求法律补救手段，其他学者的研究将法律方法与依赖于并不总是一致的规范制度（它们受到不同制裁的支持）两种手段进行了比较。这就是新的法律现实主义。它接受了卢埃林提出的挑战，即在高等法院和法律规则之外对法律进行观察。[37]然而，我自己的经验表明，这些学者的研究之中只有相对较少的一部分进入了一年级的法律教育中。一年级的法律教育基本上仍然将重点放在“如何像律师一样思考”上。我们盼望着最高法院的判决对初审法官和治安法官产生某些影响，至少，如果案件上诉到最高法院，可能得到的裁决至少对处理案件的律师有影响。然而，我们知道这里涉及更多的因素。

卢埃林在80年前看到了一个基本上还没有被满足的需求。在先例和教义之外，还有什么需要法律学者讲授的，还有什么需要法科学生学习的？如他在《荆棘丛》所提出的：

> 那么，你们需要而我们无法提供的是什么？……这是一个难以回答的问题。首先，我自己的视野依然深陷传统之中。我接受的是案例教学法的训练，而且我靠它谋生有12个年头。其次，我们对当下的法律实践依然知之甚少。之前的惯例有多少已经被信托和产权调查公司所接收？这些公司聘用了多少律师？它们的“法律”有多少是在判例中的？有多少是在法典里的？有多少是根据他们自己的实践和理解得出的？有多少法

> 律实践取决于案件的审理？纽约、威奇托和锡达－福克斯的法律实践有何不同？城市法院的初审实践与联邦法院或最高法院的初审实践有何不同？上诉工作在哪些方面符合这一描述？在码头专员、税收专员或纽约中央车站的理赔代理人的访谈中，有多少法律实践？有专门的劳工赔偿法庭吗？在起草合同、产权清算以及赶走租户方面，有多少法律实践？在商业策略方面有多少法律实践？在去奥尔巴尼或华盛顿进行的游说中，有多少法律实践？在委员会休会时，有多少游说发生？在获得业务方面，有多少实践？是谁的业务？如何获得业务？与高级合伙人的侄女结婚，有多少法律实践？跟哪个侄女结婚？怎么结婚？对于这些问题以及数以百计的其他问题，我们可以回答：这些对某些人而言可能很重要或者意味着全部；对某些人而言，则是不重要或完全无关。对于涉及多少人、对于某个人而言有多大程度，我们只能猜测。而这些问题中的哪一个问题以后会对你们当中的某些人产生影响，则是没有必要猜测的。[38]

尽管在我看来，我们的猜测比卢埃林写作时的情况要好得多，但我们还远远不具备回答他所提出的问题（不仅仅是轶事和斗争故事）的能力。虽然，对于卢埃林提出的问题——怎么通过跟合伙人的侄女结婚来获得执业上的成功，这些可能是最好的方法。

三、走出法学院的大门对律师进行观察

在过去数十年，有些学者已经开始了法律实践的研究。很多学者已经尝试解决这个看似天真的问题：律师是做什么的？当然，根据他们自身的经验以及与职业律师的接触，有些法学教授多少知道一些答案。但很多教授没有什么第一手的实践经验，他们在教书前只是在有声望的法官那里实习，并在大型律师事务所工作过几年。很多教授很少主动与律师业界保持联系。越来越多的法学院开展精心设计的法律诊所项目，将学生带到律师事务所、法院、看守所、监狱和律师工作的其他场所。但是，讲授基础课的教授和法学院的法律诊所老师通常保持着疏远而紧张的关系。这可能正在发生变化，因为法学院现在面临着培养更贴近实践的律师的压力。律师事务所希望把当学徒的成本转嫁到法学院。有些法律诊所老师已经与社会科学学者联合撰写论文，探讨他们每天必须应对的实践中的法律。[39]这看起来是一个前景光明的趋势。

默茨教授近期有一篇文章，在文章里她记录了现有的对法律教育进行重大改革的许多呼吁。[40]大多数的改革提议促使人们更多地接触卢埃林称作法律技能的技艺（如谈判、规划和文书起草）。默茨教授主张法学教授应与当下的法律实践保持联系。但是，她提醒道：

> 但是，评价法律实践的现状不仅仅是需要收集轶事。这是一个社会科学可以作出贡献的领域，它可以提供有关法律实践的更加准确的图景，而不是通过与个别律师寥寥无几的交谈得到的只言片语。另一方面，社会科学研究自身无法弥补理论和

实践的差距。就像一个优秀的人种学者所意识到的，我们需要听听实际执业的律师和律师代表的人的看法，以得出一种真正的综合方法来培训律师。[41]

然而，默茨教授提醒说，社会科学不是一本菜谱书，无需了解它的研究方法和局限性就可直接应用于法律，我们需要对于法律学术研究有一定的理解。“了解我们专业知识的局限性是良好的跨学科研究工作的重要组成部分。”[42]她写道：

以“增加社会科学的方法并搅拌”的方法[43]来训练法科学生，例如，要求律师上一门统计学课程，可能只会培养出仅具有初步统计技能的、一知半解的准律师。认识到法律和社会科学专业知识的局限性，很可能是达成一种新的综合的第一步，这是真正综合两个学科的一个步骤，而不仅仅是未经思考就将某些不可兼容的经验形式凌驾于一方之上……[44]

需要对法律教育的知识使命进行重新表述，将社会科学产生的知识与法律专业人士现有的专业知识结合起来，使他们能从书本上的法律转向行动中的法律。[45]

显然，默茨是对的。不过，“增加社会科学的方法并搅拌”的方法，似乎对不以谦虚著称的那群人（即法学教授）很有吸引力。

四、我们应当怎样评价我们的法律教育和法律制度?

最后,《荆棘丛》是一位知名的现实主义法学家对于我们法律制度的评价。尽管卢埃林认识到很多问题,他依然为法律和律师进行辩解,反对他们的批评者,其中最为著名的是诗人卡尔·桑德堡。[46]例如,卢埃林说:

> 我对法律的整体观察得越仔细,就越发现我自己(属于怀疑论者的阵营)站在神秘主义的边缘。从整体来看,法律整体中存在着这样的平衡、这样的美妙和这样精湛的技艺,这些平衡、美妙和技艺超过了单个法官微渺的权力。[47]

他列举了他心目中的三个英雄:曼斯菲尔德勋爵、卡多佐法官以及霍姆斯法官,告诉我们在他们的著作中,"在这些人与事里,有诗歌,有生命,也有美。如果这不是文化,我不知道该从哪儿去寻找文化了。"[48]

在《荆棘丛》首次出版时,杰尔姆·弗兰克在《耶鲁法学杂志》(*Yale Law Journal*)上对它进行了评论。[49]弗兰克和卢埃林是两位最为知名的现实主义法学家。弗兰克有很多赞美的话想说,"(本书)主要写给学生,但对于所有聪颖的律师有吸引力,这本书以最为平实的用语讨论了某些最有难度和最重要的法律问题。"[50]但弗兰克接着对卢埃林的"对于古老的实践过于肯定的评价"提出了大量的批评。[51]

弗兰克指出,你可以在《荆棘丛》里发现对于法律制度的"传统理论恶果"[52]的有力批评。卢埃林主张法律规则并没有支配法官的行为,至多是在某些情形下对法官产生影响。法官拥有对于先例进行非常宽泛或非常严格的解读技巧。通常而言，法官倾向于对法律进行折中（a middle - of - the - road）解读。在他们有时间压力时，折中解读大有帮助，它强化了遵守司法职责界限这一公认的智慧。而且，法官必须说服其他的法官（由法官组成的合议庭成员），而其他的法官面对的是上诉法院可能对他们的工作进行复查。如果他们遵守游戏规则，会被认为更有说服力。卢埃林指出，对于愚钝的法官进行限制并对能干的法官赋予自由能产生良好的结果。弗兰克则表示反对：我们不知道在大多数的情况下，规则体系和规范对法官遵守法律规则的影响有多大。而且，这些法律技巧可能会帮助聪明的坏法官为糟糕的判决进行辩解。弗兰克认为，卢埃林一方面暴露了我们先例制度的很多问题，但另一方面又坚持认为我们只能修复而不是摧毁法律思考的传统工具。弗兰克主张做出更多的改变。

如果我们真想评价处理纠纷的普通法制度，就要在卢埃林论证的基础之上加入一些有关行动中的普通法的明确信息。如我所说过的，卢埃林指出，我们对于初审法院所发生的事情知之甚少。从我们过去 80 年所学到的来判断，仍然有一些真正的问题需要我们回答。卢埃林对于律师和法官“创造”事实的方法持有现实的态度，[53]而且他认识到可以指望陪审团接受当事人对某些极端诉求达成的折中方案。与此类似，杰尔姆·弗兰克相信：“法律规则无法控制初审法院，因为无论法官有多么聪明，法律规则无法控制事实发现过程中的主观性。”[54]

如果想以某种方式了解关于审判的一切，我们仍然需要更多的信息，以评价美国的纠纷解决制度以及法院在这一制度中所扮演的角色。今天，我们已经拥有对活法（living law）和实践中的法律进行评价的某些知识。[55]在这里，我只能简短地描述我们所知的与该评价有关的东西。塞缪尔·格罗斯（Samuel Gross）和肯特·赛维路德（Kent Syverud）宣称，在我们法律制度中，审判的主要功能不是解决具体的案件纠纷；相反，其真正的功能是阻止其他的审判，而这一功能得到了非常成功的实现。[56]为了促使当事人和解，法官做了艰苦的工作。[57]

在这方面，已故的罗伯特·R. 墨西格（Robert R. Merhige）法官是一位大师。[58]在一系列案件中，他对几个主要的公用事业单位针对Westinghouse公司提出的诉讼请求进行处理，涉及核能工厂、保证燃料价格以及核能垃圾处置问题。墨西格要求Westinghouse公司的高管和各家公用事业单位到他家开会，有时没有律师参加。在法庭上，他通过要求律师在周末工作，平日的加班加点来给律师施加压力。他委派了一位特殊的法官助理来为谈判提供帮助，并委派与当事人没有关系的专家工程师委员会。他推动了当事人进行和解。[59]类似地，若干研究表明，我们今天面临"正在消失的审判"[60]，因为极少有案件能真正通过阻止诉讼的层层过滤网。[61]

我们应当如何评价对当事人施加压力以进行和解的制度？或者评判一个准许诉讼却被诉讼费用障碍所限制的制度？马克·加兰特（Marc Galanter）和米娅·卡希尔（Mia Cahill）强调说："与裁决没有好坏一样，和解本身没有好坏之分。和解本身不具有促使我们回避它们或促进它们的一般性特征。"[62]另一方面，《荆棘丛》认识到，无论是对案件进行和解还是审判，都存在着最优秀的律师为付费更多的客户工作的倾向。卢埃林告诉我们：

> 显然，基于同样的理由，那些技艺最精湛的律师在采取行

> 动时是站在富人这一边，而不是穷人这一边。他们坚守良心，也拥有充满激情的技能。如果一位律师为富人工作了20年，那么他无法不受到富人的影响。律师界最有才华的律师总是支持执政党，反对在野党。尽管法律竞争在理论上或许是平等的，但更优秀的人、更圆滑的人、更有财力聘请更优秀、更圆滑的人为其服务的人，会有自身的优势，并且在适当时候利用这种优势。在需要长远的法律战略时，他们可以集结一整代人的律师资源和案件资源，将这种优势扩大20倍。[63]

在其经典的论文中，加兰特向我们显示了为什么“富人会出风头”。[64]他指出了“重复玩家”相较于“新手”（one - shot parties）所拥有的优势。那些预见到必须到法院处理多起类似案件的一方，会在法律工作和策略计划上投入更多的时间和精力。他们还可以投入资金进行游说，设法为其利益而改变法律规则。

而且，在一方提交起诉状正式启动法律诉讼之前，很多事情已经发生了。例如，诺拉·恩斯特龙（Nora Engstrom）教授指出，处理大量人身伤害案件的律师事务所正在运营她所称的“和解工厂”。[65]他们通过谈判和相对迅速地达成和解，要求保险公司接受其客户的请求。尽管可以对大部分和解提出抗辩，但恩斯特龙认为，当根据其客户伤害的情况提出的和解报价非常低时，这些律师事务所甚至不会尝试提起诉讼。保险公司也为这些和解实践辩解。在20家主要的汽车保险公司中，有12家使用计算机程序“Colossus”，该程序将事故索赔的详细信息和保险公司在数据库中对类似案件的处理的情况进行比较，提出建议的和解金额。[66]原告的律师对这些数据库的构建方式并不满意。

显而易见的是，这里存在诉讼费用上的障碍。想提出索赔的一方必须找到支付律师、专家证人和法院费用的方法。对于很多人而言，风险代理费解决了这个问题。在风险代理中，律师按百分比从赢得的赔偿金额（若有的话）中扣除代理费。对于不具有明确市场价值的诉求，陪审员经常给予主观性赔偿作为精神损害的赔偿。企业界成立了美国侵权法改革委员会（ATRA），它已经成功地游说了立法机关对原告律师的诉讼进行限制。它的官方网页上说：

> ATRA 支持积极的民事司法改革议程，该议程包括以下事项：
>
> 医疗责任改革
>
> 集团诉讼改革
>
> 推广陪审团服务
>
> 废除共同连带责任的规则
>
> 废除平行来源规则
>
> 限定惩罚性赔偿
>
> 限定非金钱性赔偿
>
> 产品责任改革
>
> 上诉担保改革
>
> 法庭审理中的可靠科学
>
> 通过诉讼停止调控[67]

正如我们可能预测的那样，ATRA 和美国司法协会在立法机关面前相遇并“开战”。[68]ATRA 主要由诉讼律师组成，在立法机关和法院面前反对侵权法改革。而且，公司律师已经起草了标准合同（通常包含仲裁条款），将消费者和劳动案件提交给具有私人性质的纠纷解决机制。有些人指出，许多这类机制都是大型公司的俘虏。因此，那些更有权势的人可从很多不同的层面对提供法律服务和维护自己权利施加影响。

最后补充的一点是，美国人对于提起诉讼有着非常复杂的感受。[69] 对于权利诉求，存在着诸多障碍。一个人可以起诉他的雇主，甚至打赢官司，但他无法获得下一份工作。在重大诉讼中，原告可能要耗费终生的时间，他的家人或朋友可能不支持他起诉。人们在对美国纠纷处理机制进行评价时，至少应当考察法律规则之外的因素。

因此，人们无法通过阅读上诉案件判决书，得出一幅关于美国纠纷处理机制的清晰画面，因为司法判决意见书没有反映法庭内外发生的意外因素（a random sample）。卢埃林认识到：

> 你们会发现有一大批案件是注定要提起诉讼的……它们之所以被诉至法院，是因为它们是如此独特，以至于正常的社会方式无法为解决它们提供坚实的基础，或者是因为正常的社会调整机制不具有可以约束它们的强制力。[70]

如果有人尝试对美国的法律制度作出评价，他必须考虑行动中的法律所涉及的所有这些事实，而且可能比这还要多。渐渐地，我们开始有能力这样做。这一画面复杂而混乱，任何一般性理论都是不符合事实的。卢埃林这本80年前的旧书只谈及其中的一部分。但这是法学院的第一年学习中被加以强调的部分，而且是大多数律师必备技能的一部分。

杰尔姆·弗兰克列举了《荆棘丛》的很多问题，我也提出了一些额外的问题。但是，就像弗兰克告诉我们的："这是一本值得反复读的书，无论你是法学院的学生还是那种比较谦虚的学生，或是明智的执业律师，你会发现这本书是讲究实际的（或者，更确切地说，并且）充满理想主义。"[71]无论是对于这一经典文本的证明，还是对于20世纪法律教育状况的评论，这一评价在今天依然很贴切。

斯图尔特·麦考利（Stewart Macaulay）

威斯康星大学法学院

马尔科姆·皮特曼·夏普教授、西奥多W.布拉佐荣誉教授

2012年4月写于威斯康星州麦迪逊市

注释：

1. 美国法学院实行学分制，学生的课程负担极重，一个学期选五六门课是很正常的。在课堂上，教授提问（call - on）是经常发生的事。作者在这里可能想说的是，他当时回答不上问题，想起了其他课讨论过的别的案例，便想以此搪塞过关。——译者注

2. 笔者曾就此问题请教麦考利教授，他的答复是美国人很少人懂波兰语，授课的教授有嘲笑他的意思。当着这么多人的面被这么问，他认为是很不好的经历。——译者注

3. 这位教授是J.·基思·曼（J. Keith Mann）。在我后来的法学院生涯中，我曾作为他的研究助理。他后来把我推荐到美国联邦法院第九巡回法庭的威廉·登曼（William Denman）法官那里实习，并在实习结束之后推荐我申请芝加哥大学法学院比奇洛助教和讲师的职务。在这后一个角色里，我得以在教职员大会上观察卡尔·卢埃林的授课和与他同事互动的机会。我对卡尔的敏捷思维历历在目。很多年以后我才知道，在我有了芝加哥的教学经验后，曼教授已经推荐我担任威斯康星州大学法学院的助理教授。在我们在斯坦福相遇前，曼教授一直在麦迪逊当老师。看来，他是友好地离开麦迪逊的，所以我能获得这份工作。

4. 通货膨胀计算器告诉我们这相当于2010年的28.43美元。

5. 当然，我们必须记住相关性和因果关系两者的不同。或许，即使我没读《荆棘丛》，还是能表现得很棒，但我不这么认为。

6. Lawrence M. Friedman, Karl Llewellyn and the Riddle of Judicial Decision - Making, in *Rechtsrealismus, Multikulturelle Gesellschaft und Handelsrect: Karl N. Llewellyn und Seine Bedeutung Heute* 139 (Ulrich Drobnig& Manfred Rehbinder, eds., 1994).

7. 也被译作《平步青云》——译者注。

8. 想读最近描述的学生可以看 Scott Turow, *One L: The Turbulent True Story of a First Year at Harvard Law School*（1977, 2010 年重印版）。

9.《荆棘丛》第 101 页。所有的页数索引针对的是原文的页码，通过使用加入括号说明嵌入本版本。（麦考利教授的导言是针对 2012 年版撰写的。由于译者以 1951 年大西洋出版社的版本作为译稿的基础，这一注释可以忽略。——译者注。）

10. 卢埃林是在美国股市大崩溃后，富兰克林·罗斯福当选总统和实施“新政”政策前写作该书的。那些在法律实践中发挥作用，为我们带来管制国家的发展、制定法和行政法规的政策，在 1930 年是难以预料的。但是，今天的法科一年级学生很少接触到大量的制定法和行政法规。刑法和民事程序法是涉及制定法的一年级课程，但它们与《国内税收法典》《破产法》或旨在规范经济方面的法律有很大的不同。

11. Elizabeth Mertz, *The Language of Law School*: *Learning to* “*Think like a Lawyer*”（2007）.

12. Elizabeth Mertz, Teaching Lawyers the Language of Law: Legal and Anthropological Translations, 34 *John Marshall. Rev.* 91, 99（2000）.

13.《荆棘丛》第 149 页（**强调**为原文所加）。比较 Elizabeth Mertz, *The Language of Law School*，第 216 页：“美国法学院典型的一年级法律课堂上所教的法律认识论（体现在学习阅读案例的实践中），采用了一套语言程序去得出足够灵活的、足以涵盖任何几乎可以想象的情境知识，而仍然产生确定性……和可测量的规则……但是它们在适用时发生变化。”

14. 如同当时的通常做法，卢埃林将律师和法官称为“他”。尽管早期有一些勇敢的女生作为先驱者加入法学院，但在 20 世纪 70 年代前美国法学院的女学生只是极少数。参见 Nancy J. Reichman & Joyce Sterling, Sticky Floors, Broker Steps and Concrete Ceilings in Legal Careers, 14 *Tex. J. Women & Law* 101（2005）; Cynthia Epstein, *Woman in Law*，第三、四章（1993, rept. 2012）。

15. 《荆棘丛》，第 124 页。

16. 《荆棘丛》，第 119 页。

17. Mertz, *The Language of Law School*，第 8 页。

18. 对比 Note, 'Round and' Round the Bramble Bush: From Legal Realism to Critical Legal Scholarship, 95 *Harvard L. Rev.* 1699（1981）.

19. 这是聪明但错误的论据。

20. Alan Beattie, Take a Deep Breath, Economists, It's Time for the Lawyers, *Financial Times*, June 18, 2011, P7.

21. 382 P. 2d 109（Okla. 1960）.

22. Judith L. Maute, Peevyhouse v. Garland Coal & Mining Co., Ltd. Revisited: The Ballad of Willie and Lucille, 89 *Northwestern U. L. Rev.* 1341（1995）.

23. Judith L. Maute, Response: The Values of Legal Archaeology, 2000 *Utah L. Rev.* 223, 223 - 24.

24. 我在论文中讨论了很多这些合同故事，见 Stewart Macaulay, Contracts, New Legal Realism, and Improving the Navigation of The Yellow Submarine, 80 *Tulane L. Rev.* 1161, 1176 - 79（2006）。我们的重点是将问题放在它们的实际生活的场景，参见 Macaulay, Jean Braucher, John Kidwell & William Whitford, *Contracts: Law in Action*（3d ed. 2010）

25. Richard Danzig, *The Capability Problem in Contract Law*（1978），本书

收集了一年级合同法教科书中常见的大量上诉判决的背景和语境的故事。Tierney 教授表示反对："Danzig 教授这本书的问题在于，它对法律相关性的概念提出间接的攻击，而没有提供替代物。通常，一年级的学生需要被灌输关联性意识，摆脱粗鲁泛化的习惯，他们凭此得以成长。" Kevin Tierney, Book Review, 32 *Hastings L. J.* 1071, 1091 (1981) . William Whitford 和我写了一篇论文，讨论很多合同法教科书出现的一个合同判决 *Hoffman v. Red Owl Stories* 案的背景, 26 Wis. 2d 683, 133 N. W. 2d 267 (1965), 参见 William Whitford & Stewart Macaulay, Hoffman v. Red Owl Stories: The Rest of the Story, 32 *Hastings L. J.* 1071, (2010)。已故的 Larry E. Ribstein 教授反对说："作为法律分析家，判例对于我们很重要，因为它是法律。使得它成为法律的是法院的裁定，它建立在法院阐释的事实之上，而不是 Whitford 和 Macaulay 发现的额外事实之上。我们现在更容易对案件实际事实方面实现正义感到满足。但 Hoffman……值得讨论仅仅是因为它在法律方面的角色，而新的故事与这一点完全不相干。" http://busmove.typepad.com/ideoblog/2009/08/tales-of-hoffman.html. 而 Bill Whitford 和我认为 Ribstein 的评论与默茨教授的发现，能够通行于今天的传统法律教育模式。我们认为，它以一种奇怪的方式去培养必须应对行动中的法律的律师，而且，我们现在的确更容易对案件实际事实上实现正义感到满足。还有另一本将古典合同法案件放在语境下分析的书，参见 Douglas G. Baird, ed., *Contract Stories vii* (2006) ("语境始终是重要的，在争议被简化为简单的假设和黑体字格言时，语境就丧失了。")

26.《荆棘丛》，第 123 页。

27. 精英律所开始倾向于把以前由年轻律师从事的很多工作外包出去。事实上，一家印度公司已经转到得克萨斯州，聘用美国律师作为临时工，所付的薪酬比美国大型律师事务所通常付的薪酬要低很多。Healther Timmons, Where Lawyers Find Work, *N. Y. Times*, June 3, 2001, at 1. 也可参见 John Markoff, Armies of Expensive Lawyers, Replaced by Cheaper Software, *N. Y. Times*, Mar. 5, 2011, at 1［“现在，由于人工智能的进步，‘e 发现’软件可以以（‘一群律师和法律助理的’）小部分的时间和成本对文件进行分析。”］。

28. 参见 Caperton v. A. T. Massey Coal Co., Inc., 556 *U. S.* 868 (2009); Editorial, Can Justice Be Bought? Soaring Spending on Judicial Elections Requires Tighter Rules for Disqualifying Judges, *N. Y. Times*, June 16, 2011, at 34; Erwin Chemerinsky & James J. Sample, You Get the Judges You Pay For, *N. Y. Times*, April 18, 2011, at 23; Adam Liptak, Justices Issue a Rule of Recusal in Cases of Judges' Big Donors, *N. Y. Times*, June 9, 2009, at 1; Ian Urbina, West Virginia's Top Judge Loses His Re-election Bid, *N. Y. Times*, May 15, 2008, at 25; Dorothy Samuels, The Selling of the Judiciary: Campaign Cash "In the Courtroom," *N. Y. Times*, April 15, 2008, at 22; Adam Liptak & Janet Roberts, Campaign Cash Mirrors a High Court's Rulings, *N. Y. Times*, Oct. 1, 2006, at 1; Adam Liptak, Judicial Races in Several States Become Partisan Battlegrounds, *N. Y. Times*, Oct. 24, 2004, at 1.

29. Cass R. Sunstein, David Schkade & Lisa Michelle Ellman, Ideological Voting on Federal Courts of Appeals: A Preliminary Investigation, 90 *Virginia L. Rev.* 301 (2004).

30. “喧嚣的 20 年代”指的是世界第一次大战结束到美国 1929 年大萧条开始之前的时期，这一时期以技术创新和发明为主要特征，并为美国带来了新的现代生活方式。——译者注

31. Duke Ellington 的鼓手 Sonny Greer 说："肯德基俱乐部是了不起的东西，钱打水漂了……我们有黑帮，所有你读到过的大黑帮，Legs Diamond，Lucky Luciano 和其他的布鲁克林黑帮。他们会接头。Stuart Nicolson，*Reminiscing in Tempo*：*A Portrait of Duke Ellington* 51（1999）.

32. "爵士时代"指 20 世纪 20 到 30 年代，其时爵士乐在美国收到举国上下的欢迎。美国作家 F·斯科特·菲茨杰拉德在 1922 年的短篇小说集《爵士时代的故事》中首次使用该用语，被称作"爵士时代"的代言人，其作品还有《了不起的盖茨比》和《夜色温柔》等。——译者注

33.《荆棘丛》，第 12 页。卢埃林这里指的官员包括律师，似乎有些难以理解，可能他是在律师能影响到案件结果的意义上将其包括在官员的范畴中。在中国的语境下，一般所指的官员中不包括律师，改为法律工作者似乎又过于宽泛，而且卢埃林所指的主要是行政官员和司法官员，故这里依据英文用语采用了官员的译法。——译者注

34.《荆棘丛》，第 90 页。

35. 今天我们可以通过电脑上的 LexisNexis 和 Westlaw 获取上诉判决意见书。

36. 参见 Marc Galanter，Reading the Landscape of Disputes：What We Know and Don't Know（and Think We Know）About Our Allegedly Contentious and Litigious Society，31 *UCLA L. Rev.* 4（1983）；David M. Trubek et al.，The Costs of Ordinary Litigation，31 *UCLA L. Rev.* 72（1983）.

37. 例如，参见 Elizabeth Mertz & Mark Suchman，A New Legal Empiricism：Assessing ELS and NLR，6 *Ann. Rev. Law & Soc. Sci.* 55（2010）；Victoria Nourse & Gregory Shaffer，Varieties of New Legal Realism：Can a New World Order Prompt a New Scholarly Agenda?，95 *Cornell L. Rev.* 61（2009）. 还可参见

Theodore Eisenberg, The Origins, Nature, and Promise of Empirical Legal Studies and a Response to Concerns, 2011 *U. Ill. L. Rev.* 1713. 比较 John Henry Schlegel, *American Legal Realism and Empirical Social Science* (1995).

38. 《荆棘丛》，第 134 页。

39. 例如，参见 Michele LaVigne & Gregory J. Van Rybroek, Breakdown in the Language Zone: The Prevalence of Language Impairments Among Juvenile and Adult Offenders and Why It Matters, 15 *U. C. Davis J. Juv. L. & Pol'y* 37 (2011).

40. Elizabeth Mertz, Social Science and the Intellectual Apprenticeship: Moving the Scholarly Mission of Law Schools Forward, 17 *J. Legal Writing Institute* 427 (2011).

41. 同上，第 439 页。.

42. 同上，第 435 页，注 22。

43. 默茨在这里是讽刺不加思考，把社会科学的方法强行加入法学，而不考虑融合。——译者注

44. 同注 40，第 434—435 页。

45. 同上，第 435—436 页。

46 卢埃林引用了桑德堡的整首诗《律师知道得太多了》，见《荆棘丛》第 142 页。它的结尾是："律师——告诉我，运送律师的尸骨时，为什么拉车的马在窃笑？" 卢埃林对桑德堡的一个重大的反击。"我们法律职业不受待见、受人指责，这不应掩盖它为人们提供了出色的服务。" 见《荆棘丛》第 150 页。

47. 《荆棘丛》，第 125 页。

48. 同上，第 128 页。

49. Jerome Frank, Book Review, 40 *Yale L. J.* 1120 (1931) .

50. 同上，第 1120 页。

51. 同上，第 1125 页。

52. 同上，第 1124 页。

53 卢埃林说：“但有一点是明确的：呈现在法院或陪审团前的并不是已发生的原始事件，而是经过人为的加工。原告的律师基于证据与法律的相关性和胜诉的目的，对案件事实做了某些取舍。”《荆棘丛》第 31 页（粗体为原文所加）。

54. Steven Richman, Edgar Lee Masters and the Poetics of Legal Realism, 31 *Cal. W. L. Rev.* 103, 108 (1994) .

55. 参见 Eugen Ehrlich, *Fundamental Principles of the Sociology of Law* (Walter L. Moll 译，1936 年)；David Nelkin, Law in Action or Living Law? Back to the Beginning of Sociology of Law, 4 *Legal Studies* 157, 166 - 68 (1984)。这些资料告诉我们，行动中的法律将重点放在书本上的法律与争议案件中法律官员和公众的实际操作的差距上。埃利希的活法思想指的是“以公民组织成员的身份认可的义务性规范”。我们认为属于法律的大部分工作实际上是由不同种类的“私人政府”来执行的。参见 Stewart Macaulay, Private Government, in Leon Lipson & Santon Wheeler, eds., *Law and Social Science* (1986) .

56. Samuel R. Gross & Kent D. Syverud, Don't Try, Civil Jury Verdicts in a System Geared to Settlement, 44 *UCLA L. Rev.* 63, 63 (1996) .

57. 例如，参见 Marc Galanter, “… A Settlement Judge, Not a Trial Judge”: Judicial Mediation in the United States, 12 *J. Law & Soc'y* 1 (1985); Marc Galanter & Mia Cahill, “Most Cases Settle”: Judicial Promotion and Regu-

lation of Settlements, 46 *Stanford L. Rev.* 1339 (1994).

58. R. J. Bacigal, *May It Please the Court: A Biography of Judge Robert R. Merhige, Jr.* (1992).

59. 参见 Stewart Macaulay, Jean Braucher, John Kidwell & William Whitford, 2 *Contracts: Law in Action* 666－71, 675－99 (3d ed. 2010) 一书，其对于墨西格法官针对 Westinghouse 公司核能的合同问题所做的“强制调解”的解释。

60. “正在消失的审判”指的是由于仲裁与和解等替代法律解决方案的出现，而导致通过审判解决纠纷的数量减少的社会现象。在美国，学界对“正在消失的审判”的影响有一些研究。——译者注

61. 参见 Marc Galanter, The Vanishing Trial: An Examination of Trials and Related Matters in Federal and State Courts, 1 *J. Empirical Legal Studies* 459 (2004). 对比 John Lande, Shifting the Focus From the Myth of “The Vanishing Trial” to Complex Conflict Management Systems, or I Learned Almost Everything I Need to Know About Conflict Resolution from Marc Galanter, 6 *Cardozo J. of Conflict Resolution* 191, 211 (2005) (“在对审判在整体上走向终结心生恐惧之前，我们应当对实际的变化及其后果拥有更清晰的画面。与此同时，通过认识到很多的裁定发生在审判之前和法院之外，法律多元主义的洞察有助于提供一个公正的分析。”)

62. Marc Galanter & Mia Cahill, “Most Cases Settle”: Judicial Promotion and Regulation of Settlements, 46 *Stanford L. Rev.* 1339, 1388 (1994). Ezra Friedman & Abraham L. Wickelgren, Chilling, Settlement, and the Accuracy of the Legal Process, 26 *J. Law, Econ. & Org.* 144 (2010), 本文提供了一个样板，建议“即使损失是可以确定的，允许和解将减少社会福利”。这是因为

和解“减少了法律结果的精确性”。

63.《荆棘丛》第 144—145 页。

64. Marc Galanter, Why the ‘Haves’ Come Out Ahead: Speculations on the Limits of Legal Change, 9 *Law & Soc'y Rev.* 95 (1974).

65. Nora Freeman Engstrom, Sunlight and Settlement Mills, 86 *N. Y. U. L. Rev.* 805 (2011).

66. Dawn R. Bonnett, The Use of Clossus to Measure the General Damages of a Personal Injury Claim Demonstrates Good Faith Claims Handling, 53 *Cleveland ST. L. REV.* 107 (2005).

67. <www. atra. org/about>

68. <www. justice. org/>

69. William L. Felstiner, Richard L. Abel & Austin Sarat, The Emergence and Transformation of Disputes: Naming, Blaming, Claiming, 15 *Law & Soc'y Rev.* 631 (1980-81); Catherine R. Albiston, Bargaining in the Shadow of Social Institutions: Competing Discourses and Social Change in Workplace Mobilization of Civil Rights, 39 *Law & Soc'y Rev.* 11 (2005).

70.《荆棘丛》，第 58 页。

71. Frank, Book Review, 40 *Yale L. J.* at 1121.

我们镇上有个人，聪明异常：
他跳入一片荆棘丛
弄瞎了他的双眼——
他发现自己视力尽失
便竭尽全力
跳入另一片荆棘丛
重获光明

前言

1929—1930 年，我在哥伦比亚大学向法学院的学生介绍如何学习法律，本书就是这一系列讲座的成果。在 1930 年，这些讲稿曾私下印刷过，并很受欢迎。但我很早就发现，这些演讲对一个法律初学者所产生的刺痛感，会发生在入学两个月后的 11 月，而非 9 月；而一个人的思想，尤其是视野和大局观，会随着阅历的增长而发生变化。因此，这十年来，我一直在计划重写这些讲稿。

然而，事情慢慢变得清晰起来，重写讲稿已经没什么必要了。撰写这些讲稿的那个年轻的家伙早已不在，他所做过的工作自有其价值。而且，经过 20 年的发展，我也没有权利来个马后炮把它搞得一塌糊涂。因此，这次再版，我只做了些常规的校对：在这里删掉一个逗号，在那里加点修饰性说明，改动幅度不超过一两行，除此之外我没有做其他改动。

不管哪种入门书，如何来完成，都是一个长久不息又令人困惑的难题。我始终相信的一点是：材料和方法决定形式。启蒙式的入门教材一直做得不错，但仍有很多不足。而致力于材料挖掘的做法，如今已经涌现了大量的思想、成果和出版物，并且已经开始发挥作用。

但一本恰当的入门书是另一回事。入门书应当坚实可靠且简明扼要。它应该面向从未接触过法律的学生，为他们提供学习的基础。学生无须完全理解这本书的每一个部分，但每一页、每个句子都应当足以引导他前行，他所获得的东西应当足够准确，以便于他的学习。

撰写恰当“入门书”的工作才刚刚开始。入门书应当足以吸引、激发人们第二遍、第三遍和第四遍的阅读。对于已经入门并有一定阅读基础的学生，每一次阅读都应当能带给他更多收获。这是唯一正确的目标。入门书虽然看似简洁，实则应当足够深入，展现作者作为领路人的智慧与力量。它的真正意义在于简洁而深刻。

我一直认为，这个标准是显而易见的。入门书如同一个老师，应当让学生回想起来能有所得，而非有所失或者得失参半。然而，迄今为止，无论是内容还是形式，入门书的写作都不够完美，对读者更是如此。因此，当我们开始慢慢探索以简洁的方式撰写入门书时，重新记住这一点是很有必要的：明智的追求应当是排除万难，坚持深入浅出(the - simple - via - the - deep)，而不是蜻蜓点水（the - simple - via - the - shallow)。

对于我的语言风格，我想重复在早期版本序言中的一句话，它表达了我始终认同的一个原则：“我很少在意形式上的规矩，对表述方式注意得更少，因为我认为，虽然偶尔偏离出版物的一贯风格和高贵，但能让学生们（他们就是老师的生命）感到更加生动的，是某些激发老师满怀激情去生活的信念。”

致谢

在之前私印版的致谢名单中遗漏的有：亚当（Adam）、欧里庇得斯（Euripides）、成吉思汗、半人马座阿尔法星（Alpha Centauri）以及我的小猫们。

这些因疏忽造成的失误显而易见，但它们真的重要吗？本书的讨论以常识为基础，详细阐释了我对许多问题的观察所得，而这些问题是任何一个具有一定经历的人都会花费时间去观察和思考的。一个诗人会浪费时间，去向第一个偶然落笔写下空谷百合之美的人致谢吗？

准备这些讲座的那个年轻人对此有自知之明：他没有提供原创性的思想，他只是借用，并尝试从宏观的视角，通过持续的观察将某些东西整理成**可被认知**的东西。这个年轻人当时还没发现的是，引证癖（cititis）原来是这个国家广泛存在的一种疾病。那些感染上这种疾病以致精神错乱的受害者，固执地认为**只有**出版物才有意义；而即使是出版物，如果没有大量引用其他出版物，也应该被禁止流传。我一直在与引证癖做斗争，尤其在法律评论（law review）领域，至今已持续多年（治疗方法是问：亚里士多德引证的资料来自何处?），我不愿在此助长它的传播。

纠正一个错误："这些官员在处理纠纷时的所作所为……"

在本书旧版本的第3页和现版本的第13页写道："**这些官员在处理纠纷时的所作所为，在我看来，即是法律**。"

对于每一位律师而言，这句话揭示了一个深刻却经常令人悲伤的事实：律师能为他的客户争取的，只是他实际上能够得到的，仅此而已。对于诉讼当事人而言，这句话表述了更加深刻和通常更令人悲伤的事实：无法实现的"权利"比无用的权利还要糟糕，它们是拖延、开销和悲痛组成的圈套。这句话也提出了体系改革的难题，迫使我们需要细心正直的睿智之士来解决这些争论不休的问题。它们一方面表明了存在不同偏好和偏见的可能性，另一方面则表明了一个设计不当的跛脚机制也可能产生很多好处。到目前为止，这个表述仍是真实、有用的，因此，我仍然保留了这句话。

然而，如果没有对这句话加以充分的解释，那它就无法令人满意，而且顶多只是表述了部分的事实。很明显，法律的职能之一就是在某些方面对官员进行制约，并在不能或不愿进行完全制约的情形下给予他们指导。显然，对行为的制约和指导（通过他人而非行为人自己），不可能来自要被规范和指导的行为本身。更进一步，任何对法律有宏观认识的人都不应忘记，即使在最固执和专断的法律体制中，也有一种始终存在的内在推动力（无论它表现得是明显或潜在、蓬勃或无力、急切或缓慢），促使这个体制（包括体制中的配置和官员）越来越接近于实现正义的理念。这个推动力的作用形式如此复杂多样，有时就隐藏在"这些官员的所作所为"这一表述中。因此，这个表述既未能恰当地解释法律制度作为有意识的行为塑造工具的职能，也未能恰当地解释该制度有时是无意识地追求正义理想，因此，对这个表述需要作出上述的扩展或修正。

但还有比这更为重要的理由。围绕简短的十三个词所组成的这句话，阐释了一场对法理学的方法、形式和伦理的争论。虽然这场争论今天已经落幕，但仍值得警醒。我想说明的是，在本书1930年版本印制时，我作为统一州法委员会的负责人已工作了四年，并为委员会完成了一个相当宏大的草案。在《荆棘丛》出版的几个月前，我出版了一本关于买卖法的书，书中对使用案例和制定法进行辩护和咨询服务做了极为详尽的讨论，并对该领域的法律规则反复进行了批判。它不仅着眼于更加有效的分析性表述，而且着眼于改革，这些改革现已构成了《统一商法典》的核心。在这个背景下，却引发了一场小题大做的批判，它误将“现实主义”（无论是过去还是现在，它一直致力于更加有效的法律技术）作为一种哲学，当作官员、暴君和不义者一切罪恶（无论真实的还是假定的）的替罪羊。整场批判的火力集中在对“现实主义”的使用及其不负责任之上，其他指责都无法与此相提并论。由于推崇“现实主义”，我被说成是不相信规则，否定规则。说我否定它们的存在和必要性，对暴力、强权以及不受限制的暴政表示赞同和欢呼。说我不相信理想，尤其是正义。我对此感到痛苦，但更为痛苦的是，我发现没有任何批评者——一个也没有——在攻击这句话时能提供任何证据，证明他们读了《荆棘丛》的其他部分。在论战中，如果能被用作一个把柄，一句简单的话都足以给整个人和他的全部立场盖棺定论。对任何人来说，这都是痛苦的。我想，十二位不同的作者对于这个糟糕表述的指责，就足以宣判我构成一宗或多宗智识罪行，而这些指责绝不是由资历浅薄的年轻人做出的。例如，迪金森（Dickinson）、古德哈特（Goodhart）、坎特罗威茨（Kantorwicz）、考克雷克（Kocourek）、帕特森（Patterson）、庞德（Pound），等等，每一个都是响当当的名字。对于单是《荆棘丛》第3页的这句话就被引用了18次，而其他的引证都是整篇论文或整本书，我竟然有一种不合常情的自豪。

回想起来有些好笑，整个故事就像一出荒诞的闹剧。我想，这是因为法理学争论的方法、形式和伦理已经有了极大的提高。整个国家，乃至整个西方世界，法理学界已经开始尝试正确评价一个学者：取其精华，去其糟粕。有意思的是，卡多佐在1932年是作为“现实主义者”步入最高法院的，此时，那些批判之声已经偃旗息鼓了。

关于著作

正如我已经表明并在后记中所展开的，这并不是一本我现在愿意写的书。我认为，本书存在不足，尤其是没有一开始就为读者展示法律技艺的理念，这些理念对未来从业者的价值以及他们对法律技艺负有的责任。但至少有一个开脱的理由，那就是：法律人必须学会的第一门技艺就是如何做好一名法科生，这些讲稿从文本到立意都旨在实现这个目标。

卡尔·N. 卢埃林
哥伦比亚大学法学院
1950年12月

第一章

法律是什么

你们来到这所法学院学习法律。大多数人的想法是，学完法律，你们将成为律师。律师是做什么的，在座的一些人已经有了一些概念。比如，律师是在法庭上解决争端的人。或者说，你是否特别地想过，一旦自己不巧因某种原因被捕的话，你将向何人求助？法官的所作所为，律师在庭审内外的所作所为，法官、律师与法律之间的关系，法学院与所有这些人事的关系，围绕这些问题，你们既感到愉悦又感到疑惑。如果不令人愉悦，你们就不会来到这里。同样，如果没有疑惑，你们也不会来到这里。

我要做的是依次提出一系列的问题：首先，今天，你们要学习的法律是什么？其次，明天，着手学习法律的工具是什么？你们在法学院应当做什么，以及如何才能做得最好？再次，法学院能够提供什么机会？你们在法学院要解决哪些问题以及解决问题的途径有哪些？最后，当你们离开这所法学院从事法律实践时，法学院的学习经历对你们将要从事的工作和将要过的生活有什么影响？

提前告诉你们这些事情有多大好处，我和我的同事对此没有抱很大的幻想。苦涩的经历告诉我们，你们不会认真对待我们告诉你们的东西。我想你们可能会将这些讲座等同于刚刚步入大学时参加的，性质上属于动员会之类的活动。你们觉得我将告诉你们要认真对待学习，像老斯什瓦人（Old Siwash）一样全力以赴，对学习放任不管的人将会磕磕绊绊。你们带着冷嘲热讽的漠然坐在下面，早已准备好把这些意料之中的唠叨当作耳边风。让你的老师发表他的意见吧，这是他的工作。然而，作为新时代见多识广的年轻人，我们知道他所说的毫无意义；即使他说的有道理，对于我们也一文不值。无法控制的命运之手让他站在讲台上，他对此无能为力。社会的安排要求我们必须听他对我们夸夸其谈，这是获准成为律师的条件之一。

我说过，对于这样的讲话能给你们带来多大的好处，我们没抱很大的幻想，但我们还是要按照我们的认识来履行职责。不仅如此，经过左思右想，我们得出的结论是：即使是对牛弹琴，有些东西也得说。它们必须被说出来！

还有另外一个原因：长期以来不幸的经历导致我们理想的幻灭。在法律教学中我们发现一般性命题是空洞的。那些来这里急切地希望学习规则并已经学习了规则的学生，**如果没有学习法律规则之外的更多的知识**，他学到仅仅是其形式而非其精髓。这是因为**仅仅作为**词语形式的法律规则是毫无价值的。我们知道，无论是对于法律规则还是任何其他规则，为了使一般性命题具有意义，具体事例、具体事例的累积以及对众多具体事例现有的呈现和重要的记忆是必不可少的。如果没有具体事例，一般性命题将是累赘、障碍物或裹脚布。它不仅帮不了你们，反而会构成障碍。虽然我已经向你们说了我想表达的观点，但你们可能对我所说的摸不着头脑，你们掌握、理解其含义或者它对于当下的你们有用的可能性微乎其微。但只要你们愿意听，也就足够了。

然而，还是有必要说一说。因为即使是对于一只迷失方向的羔羊，在它回到羊栏时也会感到极大的愉悦。之所以有必要说一说，是因为对于你们始终有某种可能性，值得你和我花费八个小时的时间来一起探讨。我现在讲的这些内容可能会让你们长久不忘，现学现用，**当具体问题出现**在你们面前时，能够帮助你们解决问题，并有助于你们的思考。

那么，什么是法律事务？它关系到我们社会中广泛存在的纠纷：实际的纠纷和潜在的纠纷，待解决的纠纷以及需要避免的纠纷，它们一方面诉诸法律，另一方面也构成了法律事务。但显然只有那些最极端的、引起我们注意的纠纷才是实际的纠纷，这些是我们注意力最先指向的对象。实际的纠纷需要有人采取具体措施。首先，对于争议方和受争议方搅扰的其他人而言，借此可以获得安宁。其次，纠纷可以得到平息，也就是达成一个解决方案，这一解决方案对当事人来说可以接受，也不会让旁观者感到厌恶。这种对纠纷的处理，对纠纷的公平处理，即为法律事务。那些负责处理这些事务的人，无论是法官、警长、书记员、监管人员还是律师，都是法律官员。**这些官员在处理纠纷时的所作所为，在我看来，即为法律**。[1]

我认为，很少会有人像我这样看待法律。更为常见的看法是，将法律视为一套**行为规范**。大多数的思想家都将其视为外在的行为规则，以便区别于道德规则，后者的目的是培养出善良、可爱和聪明贤惠的女仆。大多数的思想家可能认为通过**外在约束来强制执行**的法律规则，不仅不同于道德规则，也不同于某些诸如在一些场合需要系领带和穿法式

〔1〕 作者原注：见第 8 页的更正。（见本书的“致谢”部分——译者注）

吊带袜的阶段性礼仪习惯。很多的思想家会补充说，**国家制定**法律规则，是为了将它们与父亲的命令、大学的规定或强制成为佐治亚州民主党党员这些规则区分开来。大多数的思想家还认同，这些法律规则是**向普通人发号施令的**，告诉他应当做什么，不应当做什么。也就是说，对于大部分的思想家而言，**规则**是法律的中心。将法律规则以有序一致的方式进行编排是法学家的事儿；对于法律规则的争论、将法律规则适用于手头的案件找出极好的解决办法，那是法官和律师的事儿。

在我看来，所有这些观点是严重的误导。事实上，在法律某些方面，这种观点是有一定道理的："**为**行为制定的规则"才是焦点，**它们与纠纷关联不大**。每个人申报个人所得税应填写同样的表格，与其说是解决纠纷，不如说是基于管理上的便利。将电梯井拦围起来的规则主要不是为了避免纠纷，而是为了防止造成人员伤亡。事实上，可以恰当地认为，随着文明进化越来越复杂，有越来越多的法律适用于没有纠纷发生的情形。法律变为一种对事务或行为的安排或重新安排，力求以更迅速、更容易和更稳妥的方式完成交易。在许多这样的事例中，**除了**便利的目的外，甚至不存在避免纠纷的目的（如同要求在道路的左侧或右侧行驶，或确定使得遗嘱或契约生效的那种形式）。最后，即使在规则的目的显然是避免纠纷的情形中，这一目的也经常隐没于背景之后。在人们讨论合同、信托和公司时，就好像这些东西是独立存在，而并不是受法庭之外的法官活动所影响的一样。但是，所有这些现象与其说体现的是法律规则的重要性，不如说是体现**纠纷**的**非排他性**的重要意义。无论是对于纠纷的处理，对于遗嘱何时生效，还是个税报告的格式，我们总能找到一个共同点：关键在于官员将怎么**处理**。在我看来，最主要的是探究官员做了什么，他对纠纷怎么处理，对其他的事情怎么处理，找出他们处理纠纷的某些规律，这些规律使得预测他们和其他的官员在之后如何处理案件成为可能。在很多案件中，预测无法完全确定，这就给你留下了空间。律师的另外一种主要技能是：研究如何促使官员按照你希望的方式去处理案件。在这一点上，“法律规则”隐约显得很重要，异常重要，因为法官认为他们自己必须遵守法律，人们对此也高度认同。因此，在很大程度上，让法官做某事，即意味着找到要求法官适用的法律规则，以及如何使他们得出你所希望的结果。律师的工作在很大程度上就是这样的。显然，对法律规则、法律规则的安排以及符合逻辑的操作构成了法律事务和律师事务确定无疑的部分。

无论我的这一分析是对是错，可以确定的是，你们将花大部分时间来努力发现、学习、记忆和探究那些所谓**法律规则**的含义，法官们说他们受到规则约束，也必须适用规则。如果我错了，你们可能会满足于理解法官**所说的**。如果我错了，你们可能相信法官所说的，并接受它们。但如果我是对的，理解法官所说的就仅仅是工作的开始，你们应当将他们所说的与他们**所做的**加以比较，你们应当观察他们所说的与他们所做的是否一致。你们应当对他们自己是否知道（比任何其他人更清楚地知道）处理案件的方法保持怀疑，即使他们知道，他们是否更准确地描述处理案件的方法。这还不是全部。如果我是对的，你们应当研究这一问题：法官的所作所为将对你、你的客户或可能受到法官裁决影响的任何人带来什么影响。然而，这也不是全部，因为当你发现法官的行为将带来不同影响时，你就需要筹划你和你的客户该如何应对这一影响。如果法官认为在你和买方签订的合同中，买方不得低于某价格转售的约定是违法的、不可强制执行的，如果他们可能因为你签订这样的合同而处罚你或将你送进监狱，但你仍然希望以某一单一价格在全国销售货物，你能做什么？这是一个极富创造性、别出心裁的问题，是创设一种行动方式的问题，无论法官在争议案件中将如何判决，它能使你免受困扰，并带来你所想要的结果。总而言之，如果我是对的，则法官过去和将来的行为将成为你们学习内容的一部分，它是你们赖以生存的条件，就如同金钱，你们可以凭着它到达你所想要去的地方。你们不能满足于法官的**话语**，你们应当学习的“法律”是由他们的**行为**、影响他们行为的有效的方法、如何参照他们的行动安排你们的工作而构成的。除去**这些**，**法律规则**可以帮助你们探究、预测法官将如何作为，帮助你引导法官去做什么。这是它们唯一的重要性。除了作为漂亮的玩物以外，这是规则的全部重要性。但你们将发现，你们无法忽视规则，就像你们无法停止学习法官们的话语一样。[1]

我希望你们已经注意到，我谈论的主要是纠纷，而普通人对于法律的看法是以“凶手拆散了爱巢”“短发的强盗抢劫了三家银行”或至少是以沃尔斯特德先生[2]的话来表述的。但从逻辑上讲，所有这些都属于纠纷：犯罪行为、那些犯罪的人、对那些自称没有犯罪的人定罪或宣告无罪（尽管地区检察官无情地宣称他们犯了罪）。从逻辑上讲，它们是这样一种纠纷：它们对于相关的两个具体当事人的影响，要小于对由国家官员代表的公共整体的影响。这不只是逻辑问题，也是具有重大实践意义的问题，即**纠纷**比**犯罪**所涉范围更广，也更为重要。法院中有大量的刑事案件，但在数量上远没有民事案件那么多。因此，我们可以认

〔1〕 作者原注：见第8页的更正。

〔2〕 沃尔斯特德（Andrew J. Volstead），美国众议院的议员，在1903—1923年间担任众议院司法委员会主席，以积极推动1919年制定的《国家禁酒法案》闻名，该法案也称为《沃尔斯特德法案》。——译者注

为，法律主要与纠纷有关，犯罪只是法律事务的一部分。不过，犯罪的确是法律事务中特别重要的一部分。它们是如此重要并亟须处理，因此，国家官员通常不等受害方提出起诉就会介入其中。事实上，即使受害方提出了诉求，我们也不相信他能处理这样的事务。如果你们翻阅法学院提供的课程表，你们可能既震惊又有些好奇地发现，在大学课程表中，涉及整个刑事犯罪领域的只有一门课程，而其他的都是民事方面的课程。我想，之所以这样安排，是因为我们认为，你们中只有少数人会从事刑事方面的业务。当然，你们中的某些人，尤其是那些有政治抱负的学生，可能会到公诉人办公室去工作一段时间。你们中的少数人可能会走得更远，致力于赶超为那些被指控的人进行辩护的知名律师。但总体而言，如果你们当中有 5% 的人在职业生涯中专门从事刑事业务，就已经算是很罕见了。这确实令人遗憾。同样令人遗憾的是，在很大程度上，从事刑事业务的律师除了令人妒忌的名声之外所获甚少。但遗憾无法改变客观事实，我猜测课程设置考虑的是客观事实，而不是人们会不会感到遗憾。

但在这里我要说的是，如我将要重复的，无论你们未来执业的类型是什么，如果你们把在这所法学院的训练局限于我所描述的有关生计的课程，局限于那些你们认为最具有实践重要性的课程，局限于你们认为与生计相对应的课程，这对于你们、对于我们，以及你们晚些时候将提供服务的大众都将是不幸的。

在这一阶段，我想指出的是，课程设置与法律在生活中的重要性有着不可逾越的鸿沟。在外部世界，刑法往往**能够触及法律事务的本质**。在法学院的课程表中，刑法似乎是私法这一部门的赘生物，对此，总有一些可以辩解的理由。但在你们开始学习之前，我将阐明我的观点：法律课程的设置并不能推导出法律对于社会的重要性，或者不同法律领域的轻与重。

但是，在民事法律领域中，法律课程的划分为实际的重要性提供了可靠的指南。对于你们的直接理解而言，没有任何划分像所谓的实体法和程序法这一划分那么重要和必要。这一划分的意义是这样的：某些部门法——我们称为实体法——涉及的是应当如何处理的问题。在法律上，合同是否可以被强制执行，何时可以被强制执行，哪些程序对于最后遗嘱的设定是必要的，如何设立公司、如何发行股票，如何阻止股东对公司说三道四，什么样的表述对于作出有效的租约或土地契约是必要的，等等。依我的理解，这些是无须提交到法院就可以通过讨论来解决的，这些是能被确定或者根据规则可以确定的问题。而且这些规则可以由立法机关或法院颁布，用以明确在这些情况下应该如何处理。

另一方面，程序法则可以被认为只是用来规范法院的工作程序。它是有关着手处理事务和解决纠纷的程序，以实现实体法的规定。显然，某些程序是必要的。可能存在过这样一个简单的社会：在出现纠纷时，人们唯一要做的是去找奥拜迪亚大叔（Uncle Obediah），让他停止犁地十分钟，告诉他问题是什么，并听听他的意见。但当有越来越多的纠纷，需要占用十个或上千个奥拜迪亚大叔的时间时，遵循某种秩序就很有必要了。我们不能同时都找同一个法官，否则任何人的事情都将无法得到处理。我们甚至也不能总是找被指派审理我们案件的某个法官，否则我们中的大多数人只能坐等三周，等待其他人的案件审理完毕才能轮到自己。而且，当我们和被告有纠纷时，有些被告不愿意和我们打官司，必须有一些常规性程序让他们来到法院，有一些常规性途径让他们知道到底是什么纠纷。事实上，事先以相当清晰的方式对纠纷进行表述具有相当的重要性，法官能据此得以明确是什么纠纷。诸如此类。为了节约法官和当事人的时间，需要事先将某些问题予以明确，以使审判井然有序：给予被告适当的通知和参加庭审的适当机会，给予被告以答辩状方式表达诉求，给予原告适当的通知和参加庭审的适当机会。同样，在一方认为初审法院没有按照适当的法律规则审判时，为了节约时间，制定将案件提交给上级法院的常规性和公平性程序。最后，对诉讼的争议事项进行记录，以避免再次提起诉讼。所有这些构成了诉讼程序。从另一角度来看，很显然，这一诉讼程序与实体事项没有太多的关系，也没有理想的方式对其进行裁决。从某种角度来看，可以说，诉讼程序与实体法没有太多的关系。基于这些理由，有必要对两者进行区分，有必要区分程序法、审判实务和证据法课程，并将它们视作与具有特定实体法内容无关的技巧方面的学习。从这一角度看，程序法课程似乎仅仅是从业的技能，就如礼仪方面的书籍，通过它们我们可以得知，对于“法律牡蛎”要使用法律牡蛎的刀叉，而给“法律之鱼”剔骨头时就不能用这个刀叉了。

但从另一角度来看，这一区分又在逐渐消失。如果你喝汤时发出声响，你可能会被人用奇怪的眼光打量，还可能会被嘲笑，甚至可能以后不再被邀请参加聚会了。但如果你们在法律礼仪（legal etiquette）上出错，这就不是遭受奇怪眼神、嘲笑或以后会怎样的问题，它可能影响到你们手头的案子、你们客户的案子。律师在法律礼仪上出错，对客户而言是毁灭性的。从这一角度，我说程序性规定是一扇门，是使实体法规定得以实现的唯一的门。在争议出现时，程序性规定成为实体法的一部分，并且成为将所有实体法转变为事实的条件。同样，没有理由不将程序法、证据法和审判实务与实体法进行区分，以对前几者进行更加特别的、深刻的学习。但是，之所以进行区分，不是因为实体法和程序法真能彼此分立，而是由于它们是如此重要，以至于需要特别强调。对实体法和程序法进行区分，不是为了因其不同而将它们分开，而是为了使它们各自得到更加牢固的学习，使学生对这种观念有更深刻的认识：**程序法是实体法得以实现的条件**。你应当将所学到的程序法知识融入每门实体法课程中。可以说，你们应当从程序的角度去学习**每门**实体法课程，因为实体法只有在程序上可以得到实现时，才具有意义。

你们可能已经注意到，我没有对实体法和程序法这一区分的重要性做**更多强调**。在我看来，这个区分仅仅是为了便于人们思考而作出的。实体法指出了官员从哪里发现**想要**处理的问题，以及他们表示**将要**依据什么进行处理的问题——要么是他们这么想，要么是惯例迫使他们这么做。但对实体法的讨论很容易让人误解，人们很容易认为，法律规则摆在那里，结果显而易见。**但如果愿望都能实现，乞丐早就发财了**。如果法律规则就等同于案件的结果，那么律师也是多余的了。

不过，这一划分有其便利的一面，尤其有助于将法律要处理的问题进行分类。在实体法领域，人们为了方便，将法律划分为大致不同的类别。我认为最重要的是所谓公法和私法的划分。公法是涉及国家的框架、国家的运作以及国家与个人或不同个人团体（如公司）之间更直接关系的那部分法律。宪法规定了我们所有法律的体系框架。立法（legislation）是法律变更和重新修订最有用的工具之一。行政官员——从发布个人所得税规定的财政部长到进行交通指挥的交警——影响着我们每个人的生活，某种程度上，他们就代表了国家，对他们工作的研究就是公法。当然，犯罪和所有与处理犯罪有关的内容也属于公法领域。在第一年的第二学期，在你们学习立法程序、立法解释和刑法时，你们才会遇到公法。你们主要从私法领域开始学习，它涉及个人之间的法律关系。这或许没什么问题，因为公法是较少受到你们关注的法律。

私法可以划分为四个主要部分。第一个部分是合同法，涉及人们之间达成的协议及其法律效力。合同法是在经济学家所谓的市场中起主要作用的部门法，市场是货币经济的平衡之轮，是使我们专业化分工制度变为可能的社会机器。第二个部分是财产法，特别是有关不动产或土地的法律。这里涉及经济学家的价值理论背后的事实，即稀缺资源。在法律方面，可以说是对于稀缺资源的垄断。毋庸置疑的一点是：国家一方面对这种垄断加以保护，另一方面允许一定范围内对垄断资源的自由转让。财产法基于此确立了市场、契约和合同活动范围的框架。交换只有在如此设定的范围内才是可行的，在此范围内某些人具有比其他人更多的优势，并且在这一过程中须按照法律官员制定的方法来进行。第三个主要的私法领域是社团，以及人们组成不同群体以达成其目标的方式，还有法律官员对这些团体活动所施加的限制和赋予的权限。在这一点上，法律在称为工业主义、资本集团及其伴随物，以及劳工组织的经济生活中发挥着特别的作用。第四个主要的领域是其余的部分，即对协议之外的属于自由竞争领域事项的一般性规制。有一些损害并非出于故意或基于协商而产生，例如机动车事故。有一些侵犯行为不仅涉及刑法的问题，而且也涉及损害赔偿问题。有一些土地使用问题，例如，居民区内的肥皂工厂给附近居民带来让人讨厌的污染物；有一些涉及过度竞争而需要管制或赔偿的事例，我们将这些问题合到一起放在侵权法（侵权行为）之下。

我在这一分类中无意作出相互排斥的划分。不同分类只是为了描述的方便，而不是基于逻辑体系，它们之间存在重合。例如，社团是通过合同成立的，而社团持有土地。财产是通过合同进行转让的，而某些侵权与财产有关。某些侵权行为因合同或对合同的干涉而发生。侵权法中某些最令人困惑的问题也与社团有关。因此，我认为分类不是相互排斥，而是关注点的显著区别。我也不是说任何私法都可以放在某个主要分类之下。我知道对于某些主题很难仅归为某一个分类，或者归在任何分类。这些不重要，只要这一分类足以让你们对私法的分类——私法对于社会的重要性——有个大致的了解就够了。例如，你们可能注意到，我完全没有提到大量与家庭有关的法律规则，也觉得没有必要提到它们。我认为使这些规则与我试图划分的那些分类明显不同的原因是，从整体来说，有关家庭的法律规则对于家庭生活相对而言**不具有**重要性，而经济生活方面的法律规则在经济生活中却起着相当大的作用。

到目前为止，我已经告诉你们，法律是对于纠纷的处理，它主要由官员对于纠纷的处理组成。法律规则的重要性体现在：为我们提供官员将做什么的指导，或者如何促使官员做某事。接着，我告诉了你们关于法律内容的一些主要的划分：一是实体法和程序法；二是公法与私法。我相信这一点还是很清楚的：尽管法律课程的设置对程序法和公法都给予了相当的考虑，它仍然将重点放在私法和实体法上。

所有的这些是为我今天想要讲的最后一点做铺垫，法律的目的是什么？它对于社会中的人意味着什么？简而言之，法官、律师、法学院或法科学生的存在与否，对于别人有什么影响呢？我想，第一个影响是：将这些人全部撤掉，将增加现有失业人员的数量。如果认为法官和律师没什么特别的存在理由，对于一个高尚的职业来说或许太过于尖刻了。但是，我的观点是，除了可以谋生以外，一个职业的存在需要更多样的理由。这将回到我们的问题：法官和律师的存在有何意义？

你们将了解到，仅仅说法官和律师的工作是处理纠纷，这还不够，因为他们没有参与其中的纠纷还有很多。我想，你和你父亲之间的一些分歧，比如关于上芝加哥大学还是哈佛大学，你每个月的支票额应是多少，这些不需要法官或律师来处理。市场中的讨价还价所带来的一系列纠纷是通过协商和谈判来解决的。企业之间的恶意竞争大部分是通过技巧和忍耐来解决，并没有诉诸法律。工人们召集罢工，进行抗争，最后纠纷得以解决。罢工的某些阶段时常会诉诸法院，完全不诉诸法院也是屡见不鲜。罢工中的主要问题几乎从来不交给法院来解决。但罢工与其他的例子都提出了这一问题：法律在其中发挥了哪些作用？法律（即法官、警察和行政司法官）制定规则，雇主和员工的罢工、停工和斗争会在规则的限度里解决。游戏的“规则”包括：不得打人、不得射杀、不得恐吓、不得列入黑名单。这是否意味着这些规则总能得到遵守？并非如此。从数量上讲，很少有**始终**被遵守的规则。更为重要的是注意到，法律官员像裁判一样履行职责，试图去探究规则的实质。法律官员有些像裁判，但又不全像。他们像裁判一样，不是总能看到对法律规则的违反。法律官员有时像裁判一样，严重地偏向一方，有时固执，有时傲慢，有时脾气暴躁。至少在刑事案件方面，法律官员像裁判一样，他可以根据自己的意向做出决定和控制。但在民事方面、在私法方面，法律官员不太像裁判，因为他不是按照自己的意向做出请求的决定，而是等待着别人的请求。但是我重申，在民事和刑事方面，法律也有像裁判的一面：在履行职责时，他大体上坚持认为法律规则应被遵守，他主要不是从自己的内在意识，而是从现有的实践和权威性来源（就法律案件而言，主要是制定法和法院判决）中获取法律规则。最后，在这点上法律官员也像裁判：他的决定是在事件发生之后作出的，纠纷在他作出决定时被停顿下来，他会受到败诉方直言不讳的诅咒，却极少得到胜诉方足够的感谢。

与一场组织严密、节奏紧凑的球赛相比，整个社会的组织是松散的。它是如此松散，以至于**个体**纠纷大体上不会对整体的运作构成妨碍。因此，除了在人群密集的交通路口，没有必要总是让法律官员亲临现场发布规则，并将其适用于特定情形。对于生活中的大多数纠纷，他只能等待，并确信当事人迟早会解决它们，而无须求助于他。因此，法律和法律官员不是真正意义上社会秩序的组成部分。对于他们而言，社会是既定的。由于社会是既定的，秩序也是既定的。除掉秩序，社会这一用语就没有任何意义。而且，大多数秩序的轻微失调和重新调整是在没有法律官员的介入下进行的。这个过程并非没有痛苦：生产过剩意味着失业，但纠纷大体上是得到解决了。

法律——法律官员对于纠纷的干预——作为处理其他方式无法解决的纠纷的工具，它主要是在失序时**维持**秩序，而不是**创造**秩序。这是它的首要作用，也是最古老和最重要的作用。但是，如果很多人并不认为按照法律官员未来的行动预先调整其行为是合理的、有用的（如果人们求助于法律官员的话），那么你们也就无法对法律官员提出诉求，也无法要求他们以完全规范和可以预见的方式行事。我之前说过，如同天气和政党制度一样，法律是你们生存环境的一部分。只要有法律官员存在，而且能够召唤他们，你们就应当依赖他们。法律官员的所作所为影响到你们能够做什么，影响到你们如何能有效地实现你们所想要的。如果发生纠纷，你们应当规划好自己的行动方案，避免与法律官员产生冲突。如果上了法庭，让法官站在你们的一边，而不是反对你们。你们可以设计你们的交易，将法律风险推给对方。

这一点是很清楚的：在某种程度上，要是上了法庭，律师及其客户，甚至是其潜在客户（还没有聘请律师的人）都会按照法官的所作所为来调整其行为（在其被传唤时）。这时，法院的判决就超出了个案的范畴，参与了社会行为的塑造和沟通。法律不再仅仅是对于实际纠纷的规范，如果一切顺利，它可以对潜在的纠纷进行预判和预防。而这些潜在的纠纷，在数量上要远远比实际的纠纷多得多。它不再仅仅是处理其他方式无法解决的纠纷的最后工具，而是间接地和潜在地规制人们的行为：在纠纷发生**之前**，人们应该**做什么**，人们实际上应该如何正常行事，甚至是在法律有禁止规定时，人们该做什么。

正是基于这一事实，人们在很大程度上会按照法律官员可能采取的行动来调整自己的行为，这使**立法**成为社会再调整的一种重要工具。立法对官员（无论是司法官员还是行政官员）而言是一种权威性命令。新法颁布后，当特定案件提交到法律官员面前时，法律官员应按照新规定的方式进行处理。在涉及刑事立法的情形，新法甚至构成了某种命令：它要求法律官员审理某些先前他们被告知无须受理的新型案件。这些命令是公开的，利害关系人可以获悉它们。在很大程度上，利害关系人会预测法律官员现在如何处理案件，并相应地调整自己的活动。

在这一讨论中，你们可能会忽视这一常识：法律是正当的，法律规则被遵守是因为它们是正当的，人们有义务遵守法律。该常识不是因为被忽视而未被提及，它们之所以被忽略，是因为你们对此可能已经有了充分的认识。该常识之所以被忽略，是因为按照我所展现的分析，它们含有如此片面的、如此错误的事实，需要迫切地进行修正。该常识之所以被忽略，是因为在法律学习**这一阶段**，你们的常识是妨碍你们学习的东西。对于法律的正当性，我只说这一点。如果大多数人并不支持法律官员（无论他们有多么顺从），那也就没多少法律值得探讨。如果大多数人在对法律规则进行观察的大部分时间内，没有注意到其**目的**及其精确而严格的表现方式，并将其行为调整为大致地符合该目的，则法律官员将承受着无法承受的负担。最后，如果大多数人在重要的情况下是参照法律和其法律权利作出行动，而不是参照行为模式、思维模式和他们所熟悉的社会环境的判断标准作出行动，则我们的社会生活将变得难以为继。律师之所以是律师，是因为在所有群体中，只有他们自己持续地研究法官将如何作出判决。谁会对专业地处理纠纷而感到不悦呢？

然后，法官通过在个别纠纷中采取的行动，对当事人产生直接影响。法官**在某种程度**上对于其他人也会有间接影响——在法官会对他们采取什么行动或为他们采取什么行动之前，他们关注的是自己。但是**他们**只是偶尔关注法官，而**律师**是职业性地予以关注，律师是人们和法律官员的连接点。

作为**辩护律师**（advocate），律师对于法官在个案中的所作所为更感兴趣。这是其最古老的工作，至今依然是最为重要的工作。这是英国最受人尊敬的那部分出庭律师的唯一工作。但**业务顾问**律师对我刚刚描述的法律官员的行为的间接影响更有兴趣，并以此预测法院可能如何处理案件，基于预测调整其客户的行为以满足客户的愿望。这是法律执业的一个发展阶段。法律执业在这个国家的重要性正在稳步地提升，在这座城市具有至高无上的重要性。

我在这里打住，只是为了提醒你们注意一个事实。这一事实是显而易见的：打算执业的律师不仅要知道法律规则，要知道这些法律规则在预测法官所作所为方面的含义，还要知道社会生活、客户的需求和法律实践的情况。总之，他要知道其要塑造的**工作情景**和在塑造该情景时所参照的法律，否则就执不了业。过去有些学生似乎认为，他们来法学院是为了“学习法律”，而法律是由法律规则组成的，此外无他。所有其他事情都是无关的，是对于其职业训练的蛮横干涉。有些人告诉我，社会科学是研究生院里社会科学家的事儿，法科学生需要的是法律。我主张增加学习所谓的法律之外的知识，却被认为是在搞乱法学院的课程，还受到了怨恨或挖苦。如果我刚才已经清楚地阐述了我的观点，你们应该意识到：这是那些短视的人评价自己工作的措辞。你们应该意识到：对于大多数律师而言，辩护的工作只是他工作内容的一半，或连一半都不到。我认为，即使是作为辩护律师，他也要不遗余力地了解社会生活知识的方方面面，因为法律在其中发挥着作用。但谈到业务顾问的工作，这是无须争论的，理由是显而易见的。真相自明（The stones speak）。如果人们没有根据法官的所作所为而作出行动，那么法官将做什么就没有任何的意义，因为法律在日常生活中和律师执业中的意义，不是对于法官的意义，而是对于外行人的意义。

你们的老师无须对增加如此有用的知识会“搞乱”法律课程而道歉，因为这些知识可以揭示法律对于受到其影响的人意味着什么。你们的老师不知道还有其他什么能使法律变得有意义的方法。你们的老师欢迎你们这么学习法律：不针对言辞，只关注实践；不是背诵书本上的理论，而是解决活生生的事实。如果这也算离经叛道（treason），那也是多多益善。

第二章

案例教学法：隐藏在案例背后的因素

法学院的课程设置必须面对以下两项工作。在某种程度上，它们二者有所重合，但不能想当然地认为它们是一致的。第一项工作是要设置法律执业所需要的课程，让教师挑选出最基本或最适合在法学院讲授的知识，并设计出方法，将这些传授给你们。在第一项工作（无论其完成得如何）之后是第二项工作，这也是第一年学习所特有的问题。如果课程设置是既定的（无论其明智与否），为了应对法学院的实践而不是法律实践，你们需要知道什么？我说过，在某种程度上，这两者是重合的，的确如此。但我今天不关心两者的重合，提及第一项工作是因为它有助于阐明第二项工作。我今天提出的是一个直截了当和高度实用的问题。你们注定主要通过“案例教学法”来学习法律，这是设定好的。为了适应这种学习方法，你们需要知道什么？再啰唆一遍：你们可能发现我的言辞空洞，甚至有误导性，可能让你们陷入“一知半解”的危险。但通过日常作业和案例教科书的使用，足以提供给你们具体的基础知识。因此，如果你们跟上课程进度，很快就会有所收获。毫无疑问，那些直接陷入案例教学法的学生，比起那些对该理论略知一二的学生要挣扎更长的时间。因为无论你们老师使用的方法有多么不同（它们之间的差异大得惊人），总存在某些关于教学的共通理论。

我将首先讨论，所谓的案例是什么。为了更好地理解这个问题，我将尽量简单介绍一些关于我们司法制度的知识，以便你们能够在这个大的背景之下更好地理解案例。明天，我们将讨论如何在课堂之上和课堂之外运用案例。

显然，对律师而言，案例是由纠纷组成的，而不是一打瓶子。你们将读到“定型化案例”这一术语。但对于案例教学法而言，不是每个纠纷都会成为案例。我们与法律打交道，它必须是个有法律意义的案例，也就是出现在法院的案例。即使案例的假定情形有所不同，我们将这样或那样的案例交给你们讨论，“案例课”上的案例也总是被假定为提交到法院处理的案例。

但是，法院的类型有两种：**初审法院**（即下级法院或一审法院）和**复审法院**（例如上诉法院或高等法院）。一个案件必须首先由初审法院审理后，才会进入到复审法院，否则就不存在复审的问题。然而，你们的案例教科书中所涉及的、被称为“案例”的大部分案件，都是从复审法院的案件中挑选出来的。因此，为了理解它们，你们至少应当简单了解案件到达复审法院之前发生了什么。在我试图进一步展开概述之前，你们需要明确认识一点：基于履行复审义务的职责，复审法院应当受理有关下级法院职责履行不当的指控。比如，**出现了错误**，或者说，**没有**根据正确理解的法律规则作出判决。在法律理论上，复审法院仅仅就这一点作出决定：初审法院在所指控的问题上，是否依据法律规则作出了判决？案件审理中有没有错误？在试图对某一理论作出严厉的批评之前，有必要理解它，牢固地理解它，并娴熟地予以应用。

我们首先讨论初审法院，仔细观察它们都做些什么。我们将观察重点放在败诉方以后可能指控初审法院违反法律规则的那类问题上。

首先，初审法院有可能无权审理这类案件。对此，涉及州、县不同初审法院审理案件的权限划分的规则，我们称之为“法院管辖规则”。例如，某些法院（如纽约市的都市法庭）只能审理标的额为1000美元或以下的案件。其他的法院，如联邦法院，向其提起诉讼的唯一事由是当事人双方为不同州的公民，并且只审理标的额为3000美元[1]或以上的案件。诸如此类。有些法律规则似乎有些独断，有些似乎非常明智。跟所有的程序规则一样，它们旨在迅速有效地审结案件。便利、效率和公平是这些规则的目标。同时，如同所有的程序规则不可避免的那样，它们逐渐退化成繁文缛节（red tape）。不管怎样，法院必须是有管辖权的法院，或者至少是对此类案件有管辖权的法院。复审法院有权对此进行审查。

其次，初审法院应当对被告有一定的权力。我们几乎无须担心是否要对原告施以权力。原告既然提起诉讼，他们就会出庭，并服从审理程序。然而，被告可能想拖延时间、不信任（如某些被告有时做的那样）某个法院、由于一些原因不方便出庭。对此，我们的法律理论最初似乎是基于实际强制力这个理念：如果被告在法院的辖区内有可执行的动产或不动产；如果法院的官员可以在辖区内找到被告，并传唤其出庭（这表明在必要时可以拧着脖子把他送进法庭）；或者如果被告认可其管辖权，则法院有足够的权力继续进行审理。对此，复审法院也有权进行调查。

---

〔1〕 2012年版的表述为10 000美元。——译者注

提到这些问题，只是为了避开它们。我们现在假定，初审法院对于案件和当事人都有管辖权。我们转而探讨法院要如何处理案件和当事人。

首先，法院要明晰案件的争议是什么。无论如何，这都要通过诉状来完成。为了提起诉讼，原告的律师必须准备一份包含事实和诉讼请求的书面材料，这就是民事起诉状、书面陈述、申请或起诉状。起诉状的内容需要包括：第一，案件事实，也就是与原告诉讼原因相关的陈述；第二，原告的诉求，也就是请求的救济。请注意这些事项，它们是理解案件的根本。它们应当成为你们下意识掌握的事项，就像六月的昆虫在眼前乱撞时你会不自觉地眨眼一样。但经验表明，原告的陈述不全是真实的，被告会否认原告主张的所谓事实。原告会隐瞒一些问题，被告则想要主张，而这些问题会让案情发生改变。我们准许被告对原告的**起诉状**提交所谓的**答辩**，作为相应的代价，我们不得不接受这样一种风险，被告可能只是利用答辩来制造麻烦：否认某些事实，颠倒黑白。这就如同只要允许提出正当请求，我们就必须承担原告可能提供虚假事实的风险。无论如何，我们总是要回到事实**争点**（issue），需要知道哪些事实是存在争议的。当然，这一过程不像我所描述的那么简单。如同所有的程序一样，这是一个技术问题。每个律师都可能出错，法院会对这些技术问题作出裁定（无论正确与否），而这些裁定可能会被提交复审。

在这里我得指出另外的一点，全书也会经常提到。你们可能已经注意到，到目前为止我们并没有弄清确切的原始事件的事实，即实际上发生了什么。我们有原告的陈述，有被告的陈述，但两者都有可能是错误的，甚至两者都有可能是虚假的。我们不知道真正发生了什么事情，或许永远都不可能知道。我们一再发现：复审法院不是对当事人之间真正发生的事实的法律意义进行审查，**而是对某些可以推定发生的事实的法律意义进行审查**。例如，审查原告在诉状中的诉求的法律意义，审查原告可能提交的对其最有利的证据的法律意义。这是因为我们的法律制度总体上允许当事人捍卫自己的利益，这也是我们理解案件的基础。如果当事人没有提出诉求，就无法享有相应的权利。未经证明或无法证明的事项都与案件无关，对于法院而言，那些事情就像从未发生过一样。让他们自己做主吧。如果他们是傻瓜，就让他们自己承担愚蠢的后果。我认为，这是理解案例的基础，也是理解你们作为律师的责任的基础。你们应当成为优秀的律师，否则你们出了错，你们的客户就会败诉。

因此，在初审法院，我们会发现被告并没有提出与事实相关的问题，而是（通过异议或驳回起诉的申请）向法院提出：即使这个家伙（原告）所说的是真实的，它也没有任何法律影响，因为这些是法院无须考虑的事实。例如，一件绿粉色的格布夹克可能会让你的眼睛不舒服，但从法律上讲，你无法对穿着这衣服的人做些什么。他冲你叫喊的一些话让你火冒三丈，但法官却对此无动于衷。在技术挂帅的时代，这些情况依然存在。被告可能向法院指出：即使这个家伙（原告）所说的属实，法官也不应满足其诉求，而应判给他其他的东西。原告选择了错误的**诉状格式**提起诉讼。在家中，你会遇到一种以温和形式表达的异议："彼得，在你发牢骚时，我**不会**听你的。""约翰，现在的时间和地点都不合适。晚饭后再去找妈妈。"在某种意义上，这些推断是没有法律意义的。它们不像遵守恰当的礼仪会带来什么结果这样的推断，但它们影响着结果。我们在以后的审判中也会发现类似特征的判决：当一方或双方当事人提交全部证据后，即使容许所有对对手有利的推论，他提供的案件事实也与法院无关，或无法导出他希望的结果，这时可以要求直接裁决或撤回诉讼。在对不重要的证据提出异议时，也会发生同类事实的推断：即使证据被证明是真实的，它也没有任何法律意义，因此它应作为扰乱因素被予以排除。所有的这些裁决，在申请上诉、被复审法院重新审查时，都为我们提供了法院会做什么以及律师应当做什么的启示。它们有助于表明：（无论推定的“事实”是否确实发生）如果那些“事实”确实发生过，法院会做什么，不会做什么。哪些事实对于法院是重要的，哪些事实是不重要的，并且为什么作出这样的判断。

让我们重新回到初审法院和案件事实问题上。在法庭上，原告和被告各执一词。法官的判决结果将因采信的故事不同而有所不同。如何作出判决？应该相信谁的故事？或者在此之前的问题，该由谁来作出审判？你们记得，所罗门是自己来作出审判的：他既是国王，又是法官。在英格兰也曾有类似的审判方式。然而，这一工作不久就授权给了代表国王的法官来做（国王有其他事务要处理）。在若干世纪之后（审判产生权利，产生排他性的特权），国王发现他无法再对案件的审理进行干涉。将审判权留给法官这个传统在今天依然存在：涉及船只的海事案件从来就没有陪审团，衡平案件（这些案件可以追溯到特别的衡平法院）在一定程度上是为了纠正普通法院由于陪审团审判而陷入的某些不便。此外，当事人基于某种原因不希望有陪审团审判，并愿意接受法院对于事实的认定，或者在小额法庭，人们认为陪审团没有必要。在所有这些案件中，法官听取两方的陈述，并对哪些是真实发生的事实作出自己的决定。

但在某些州，将事实问题交由陪审团来决定依然是常见的实践，至少总体上看是常见的一种实践。对我们而言，重要的是某一特定案件的审理是否需要陪审团，陪审团定期出席审判已经深刻影响了初审法院运作的各个方面。

我现在的任务不是将陪审团与决定事实争议的其他机制进行比较，也无意追溯从邻近社区选出一群人组成陪审团这一机制的起源。这些陪审员对于其邻居的道听途说和熟知，使得他们可能对正在发生的事情有所认识：陪审团成员不对案件事实进行审查，他们只是被传唤到了法庭，提供他们所了解的有关事实。我现在也不想追溯那个由有识之士组成的群体如何变成了今日茫然懵懂的陪审团，陪审团的成员起初一无所知，但对法庭上有争议的各方相互矛盾的陈述作出自己的决定。我不知道这一转变的具体过程，也不确定是否每个人都知道。我今天只想强调一点：无论在过去还是现在，陪审团一直与我们相伴随，陪审团成员是外行人，而不能是律师。他们在审判开始时一无所知，但需要对争议的事实作出决定。我想强调围绕着这几点形成的若干影响。

首先，以这种形式将外行群体引入法院导致了法院的**破裂**。在审判中，法官主持审判并对法律问题发表意见，却由外行人组成的陪审团对事实问题作出决定。法官通常不是十分信任由外行人组成的陪审团，至少两个世纪以来，法官们试图通过一些复杂的筛选规则对陪审团的行为进行限制。陪审团成员是外行人，他们没有接受过权衡证据方面的训练，没有因为法律经验的历练而变得超然中立。因此，除了特别的案件，他们既不被允许听取仅仅是作为意见的陈述，也不被允许听取只是作为传闻的对于事件的重复报道，以防止他们受到不当的影响。由于陪审团的成员是外行人，他们没有受到过筛选法律争议方面的训练，没有体验过法律的精妙，而普通法审判被限定为一方对抗另一方的双方当事人之间的审判（一种所谓的**简单**类型的审判），而且，如果可能的话，应被简化为只有一个正确答案的问题。由于陪审团成员是外行，必须对案件事实作出判断，在他们作出裁定之前，法官有必要**指引**（charge）陪审团，就法律问题**指示**（instruct）陪审员，而法官对他们的指示应当遵守法律规则，我们学习的大部分内容要对这种指示进行重新审查——特别是在败诉方提出上诉时。在大多数案件中，陪审团在听取指示后会作出一个单一的、漫无目的（shotgun）的概括性裁断（“我们裁断原告获得1400美元”或“我们支持被告”），要想知道他们是否注意到了所有的指示，甚至他们是否理解这些指示，几乎是不可能的。因此，我们学习的很多时间会花在指示**规范**上。如果想要以已获得的裁断（verdict）来对抗对方的诉求，成功的律师应当近乎无误地遵守这些规范，但这些指令对于社会的价值是值得怀疑的。最后，陪审团是由外行人组成的团体，他们知悉案件，但缺少组织或提取信息的经验。如同我已经提到的，我们制度的一个有力的推动力是**当事人主义**，即把审判行为的沉重负担、对于审判裁量权的主要控制以及对于证据的选择和处理放在双方律师的手中。简而言之，我们的制度在很大程度上将审判作为策略和智慧的争斗，作为双方律师之间的司法决斗。愿上帝能保佑这些客户。

为避免你们产生误解，我要再插一句：我上面提到了围绕我们陪审团制度形成的一些后果。但是，我没有说这些是引入陪审团不可避免的后果，或对于我们所知道的这类陪审团而言是不可避免的后果。如果仅仅知道b在a后，你们无法理解社会中的因果关系。你们还应当知道为什么a不再延续；为什么在a后是b，而不是c或d。知道a有些时候具有推出b的倾向是不够的，甚至知道a足以推出b也是不够的。你们还应当知道为什么不存在x能够替代b的转折性、相抵性或否定性因素。对于陪审团制度的理解也应如此。陪审团制度的运行印证了我所说的各种结果。如果没有陪审团，某些后果几乎是不可能发生的，但没有一个是必然发生的后果。例如，欧洲大陆只有少数的有关陪审团的证据规则，与我们相比，他们对审判的控制更多是由法官来主导的。欧洲大陆之所以没有放弃陪审团制度，是因为陪审团出现得较晚，而且它的程序在陪审团出现之前已经基本成型。我们可以将英国现在的陪审团和美国的进行比较，它们是同一祖先的两个分支：英国的当事人主义制度并没有削弱法官在审判中的重要作用，在我们的联邦法院中也是如此。事实上，为了在具体案件中消除法律规则对于争议案件事实的影响，一位强势的州法院法官在程序所允许的限度内，可以通过他的工作安排、强调的重点和措辞的表达来对陪审团做出指示。他的这一举动通常是至关重要的、决定性的。最后，可以肯定的是，导致将双方当事人明显存在争议的诉讼时效（即使不存在陪审团）引入普通法的独任制审判的，不是陪审团制度，而主要是人类的惰性。而在衡平法中，这些证据规则是用来甄别那些由缺乏经验的外行人所提供的误导性证词的。

但是，无论因果关系为何，我要重申的是，陪审团在我们的判例制度中起到助产士的作用，并带来很多的后果。我们必须善于识别这些后果，在经过将其与法律上的后果进行比较之后，我们才最终触及初审法院的审判。

对于初审法院，你们可能还记得，法院对于特定的案件应当是有管辖权的，被告收到正式送达的传唤其出庭的传票，原告和被告已经正式提交诉状和答辩状，法院认为他们的诉求会产生法律上的后果，问题是哪一方可以**证明其主张**。我们挑选陪审团的成员——对可能的陪审团成员进行逐一的考验，以确保他们不了解案情和没有偏见。如果不涉及陪审团成员的挑选，审判会是怎样的？

原告的律师作开庭陈述，向陪审团解释他想证明什么问题、他的陈述是如何言之成理，然后他出示证据。他几乎控制着证据的处理权。他提交他想提交的、认为对自己有利的证据。相当确定的是，他不会提交过多的证据。事实上，有一条有意思的规则，即律师应受到他自己的证人提供的证词的约束。我认为，它在理论上对律师应公正和充分地向法院提交证据的义务产生了不利的影响。凭着这一规则，另一方律师可以不紧不慢地将原告的证人变为“对自己有利”的证人。

原告的证据可以是书面的，如果他拥有相关的书面文件。剩下的大部分证据是证人的证词。如何向证人进行提问取决于原告律师他自己。他可以对证人逐条提问；也可以让证人自己先陈述发生的经过，然后提出进一步的问题，以对证人忽略的重要问题或事项作出澄清。但有一点是明确的：呈现在法院或陪审团前的并不是已发生的原始事件，而是已经经过人为的加工。原告的律师基于证据与法律的相关性和胜诉的目的，对案件事实做了某些取舍。对于有的事实，原告的律师可能自己都没有发现。而且，他在出示证据时不是完全不受限制的。原告的律师必须在法律规则的范围内进行，被告的律师会尽其最大的努力对他或法官进行监督。有时，这些法律规则会成为原告对某些重要的事实进行举证的阻碍。在每次出现规则方面的问题时，法官都需要作出裁决。在法官作出裁决时，败诉方可能会“提出异议”。如提出异议的一方最终败诉，每个异议都可能成为请求复审的依据。

在原告的律师完成对证人的提问后，由被告的律师进行交叉盘问。被告的律师可能会提出更多的问题，力图改变证人陈述的整个基调。盘问还可能表明证人的意见是不充分的、证人的记忆出错或者对证人的诚信产生怀疑（如他作出了自相矛盾的陈述）。这些事项是交叉盘问的焦点。作为陪审团成员，他们不仅会对证人说了什么进行考量，而且会观察证人的外表。他看起来是否显得诚实？她的帽子是否漂亮？

如同原告的律师，被告的律师也对事实和法律依据进行陈述。然后，原告的律师会再次做陈述，这次的主要目是反驳被告的律师提出的意见。而后，被告的律师会将其主要证据和抗辩合并，进行说明。

下一步是律师对陪审团发言。通常是由被告的律师先进行，然后是原告。此时律师的任务是在整体上对证词进行分析，将它们放在一块，强调有利于己方的点，淡化不利的点，或对其进行辩解。总之，说服陪审团，让他们相信你的陈述是正确的。法院随后会做出指示。在大多数的州法院，法官不会对证据发表意见。这将破坏律师的所有工作，是对司法决斗规则的违背。陪审团需要自己做出裁断。

我上面提到了司法决斗。但法庭审判与“决斗”有所不同。在我们的法院中，人们通常看不到在决斗中似乎司空见惯的礼节和庄严。双方在法院开庭时也是如此。克拉克[1]恰当地指出了司法实践和法律规则对于一方或另一方当事人设置的**障碍**，这些被视为理智的障碍的依据都是基于以往经验做出的裁决。第一个大的障碍是针对原告一方的：他负有**举证责任**。也就是说，他有义务提交足够的证据，**让一个理性人能够断定**原告诉求所必需的事实是确实存在的。同时，他还负有进一步的义务——让法庭相信其证据，尽管这些证据可能存在矛盾。这是一个障碍。审判不是辩论赛。除非原告先向法庭提出针对被告的诉求，被告无须为了赢得案件而提出自己的诉求。

---

〔1〕 克拉克（Charles E. Clark），曾在1929—1939年任耶鲁大学法学院院长，并长期担任美国联邦第二巡回区上诉法院法官。——译者注

这是有关我们的法律理论：睡着的狗不会惹是生非，除非原告使劲用脚踢它。这一理论不具有固有的优点，其他的制度依据的是其他的理论。民众普遍觉得指控需要满足特定的证明要件。人们在适当情形下也能从经验中得出这样的规则——有诉求必有诉因，因此自证清白的责任就转移给了被告。在一个紧密型的社会，诬告可能会变得众所周知，甚至有可能遭到反击。而通过由“合适的”人出庭来证明原告的诚信，可以使提出的指控得到证实，以前便是如此。如前所述，我们现有的理论建立在一个松散的、流动的、人与人疏离的社会之上，对原告设置这一障碍似乎是明智的。同样地，大体而言，人们在整个审判中会遇到次要的、附加的障碍，即推定（presumptions）。[1] 如果原告能证明本票的取得和占有，则可**推定**（presumed）他已经给付了对价，善意地取得本票，而且尚未兑付。这一障碍现在对被告不利。尽管是一个小的障碍，但被告律师必须通过充分的举证来推翻推定，迫使原告加以证明。你们可以看出，这一过程是一种理智的较量。当事人可以凭借以往案件的经验，在这样的审判中获得好处。

虽然我们浏览了在审判程序的不同阶段出现的程序问题，但有一个问题是需要你们注意的。当原告结束其陈述时，被告将挑战它在法律上的充分性。即使假定原告所说的都是真实的，理性人从中能够得出所有的推论，那又怎样呢？这就是驳回起诉的申请，该申请可以在举证结束

---

〔1〕 在证据法上，推定（presumption）是指从其他经司法认知或经证明或承认为真实的事实中推断出某一事实的成立或为真实。在英美法证据法中，包括决定性的或不可反驳的法律推定、非决定性的或可反驳的法律推定以及事实推定三种。参见薛波主编：《元照英美法词典》（缩印版），北京大学出版社 2013 年版，第 1084—1085 页。——译者注

后提出。原告、被告可以请求法官直接作出裁决：根据所有的证据，即使是按照对对方最有利的方式来解释，也没有理性人能从中找到对我的胜诉构成阻碍的事实。对方的理由是完全不充分的，而我的理由是充分的。你们会注意到，所有这些问题涉及的是推定的事实，而不是实际发生的事实，但这一推定的事实具有法律后果。还有一点：在美国大约有一半的州，如果**双方**请求法官作出直接裁决，陪审团就不再参与庭审，基于当事人达成的协议，法院可以对推定的事实作出裁决。

一旦陪审团作出裁断或法官（可以认为是充当陪审团的角色）作出裁决，法律状况就发生了变化。从裁决作出时起，我们假定：第一，整个审判遵守了恰当的程序。第二，当事人提交了足够的证据，使支配着我们理论的无所不知的假定“理性人”能够作出事实认定，在所有重要的问题上，对败诉方不利的那些相互矛盾的证据已经被解决。我们因此更加远离原始事件的事实。从现在开始，案件的这些事实作为法律上要处理的事实“得到了处理”。无论支持作出裁决的“事实”是什么，也无论这些事实是否有证据加以支持，它们都会是这一案件的“**事实**”。要求法庭作出与陪审团裁断相反的判决的申请所涉及的情形是：不是“即使事实对我不利”，而是“尽管事实对我不利”，在所有的问题上，这些事实仍然表明我在法律上的权利，而不是我的对手的权利。但你们可以看到案件中有多少缺点，律师在代理案件中会犯多少失误，只要有裁断，就可以对这些问题进行“纠正”。诉状和证据允许“查明”的**任何**“事实”，只要是对于“维持判决是必不可少的”现在全然**被视为**已经查明的事实。

最后的一点是，如果异议的理由是违背了适当的审判规则，败诉方的律师通常会在提出上诉之前给予主审法官纠正自己错误的机会。他可以请求重新审判。他可以请求撤销原来的审判，并重新进行审判。如果他是对的，这可以省却时间和麻烦。法官可能会由于审判压力而作出错误的裁决，而该错误在一般状态时是可以避免的。但如果败诉方的申请并不占理，则法官将作出判决，裁定败诉方在规定的上诉期限内可以提起上诉。

如果败诉方没有提起上诉，则他将面临判决的执行问题。如果被告胜诉（如果他没有提起反诉——一种针对原告的反请求，就如原告针对其提出的一样），对他有利的判决只包括所谓的成本，即文件归档和陪审团的费用，或许还包括象征性的律师费。如果原告胜诉，他通常有权占有土地、获得一笔赔偿款或两者皆得。在提交适当的申请后，行政司法官（sheriff）将命令被告搬离土地，将其交由原告。这样的命令通常就够用了，有时甚至连命令都不需要，因为被告并不想与国家对抗。但是对于需要支付赔偿款的判决，情况就不同了。即使对行政司法官提出请求，也只有存在可以扣押的被告的动产或不动产时，判决才可以执行。这些财产必须被发现，才能被扣押，同样，它们必须存在，才能被发现。在这里，程序再次左右着实体法。你们不仅必须知道要做什么、怎么正确地处理，而且必须找到执行标的，即在程序上要执行的被告的某些财产。萨姆纳（Sumner）在其论文中以恰当的措辞指出，“无财产之人可以违约而免受惩罚”。

但是，这些影响败诉方及其财产的麻烦，通常可以通过上诉来延缓。为什么败诉方能提起上诉？请注意，上诉的确要付出沉重的代价，但这个代价不是由上诉方承担。上诉的权利同时是一种可以将对手的应得诉求推迟若干个月的权利。对手可能要求上诉保证金（appeal bond）作为担保，但担保只能解决一半的问题。上诉仍然是一种让对手浪费时间、制造麻烦和支付费用的权力。毫无疑问，这不是设置上诉权的目的，它的目的是处理一个本不应该在下级法院获得暂时胜利的对手这一问题。但在你们思考正当上诉的价值时，要注意这种拖延性的上诉所带来的支出和延误问题。同时，你们应该认真思考这个问题：不存在其他办法，能以更低的社会成本获得同等好处吗？

上诉的好处是什么？我们为什么要认可上诉？

我猜测，主要（但不完全）是因为在一个州不只有一名初审法官。不只有一个初审法院意味着两点：第一，在有若干人从事类似工作时，无论他们整体上看多么优秀，总有一小部分人更出类拔萃。或者，就像英国长期以来所实践的那样，几个法官各自为战，承受压力。如果他们一起从事工作并有充分的时间，他们可以更好地处理疑难问题。所有这些都会有助于对案件作出公正的裁决。人性的深处存在一种强烈的情感，即法律纠纷应该得到公正的裁决。就算是在最糟糕的情形下，也应当按照其所在特定法律制度的预设和规定条件，对纠纷作出公正裁决。事实上，在有些法律制度中，上诉的作用也仅此而已。同样地，某些法律制度并不十分担心这一问题，例如，英国直到 1907 年才允许对刑事案件提起上诉。

但是，存在若干个初审法院还导致了另外一个问题，无论这个问题与第一个问题的关系多么密切，二者也还是有所区别的。不同的初审法院，不同的上诉法院，简而言之，也就是不同的同级法院（coordinate courts）有时会不可避免地以不同的方式处理类似的案件。这是令人不安的。在一定程度上，人们希望法律是确定的，尽管实际上并非如此。在一定程度上，很多人认为，对于一个法律问题只能有一个正确的答案。当一个案件被提交到不同的法院时，法院难保不会对其作出不同的处理。此时，根据法院将做什么来安排事务就非常困难。上诉法院和唯一的最高法院的重要功能之一，无疑是减少这一困难。当然，是减少并非消除，困难仍然存在。除了我们对这一问题习以为常，甚至可以说它是一个作为使人害怕的措施存在。这一问题存在于不同的州，存在于我们48个[1]不同的民事、刑事和商事管辖区域的制度里。在很多情形下，这一问题存在于州法院和联邦法院之间。尽管各州有自己的最高法院，在很大程度上，这一问题在州的范围内依然存在。因为“挥动法槌”的法官也是人。培训、能力、成见和知识的差异依然存在，这会导致法官对类似的事实得出不同的认定结果。然而，最高法院及诉至最高法院的上诉极力地对这一问题进行限制。佐治亚州的历史是一个极好的证据，半个世纪以来，它一直因只设有初审法院而备受煎熬。判决上的分歧迫使那里的法官通过非正式的讨论会来消除差异。由于一些人固执己见，大家无法统一，最终只能设立一个最高法院。有了最高法院后，问题得以解决，这一制度最终被确定了下来。我顺便指出的是，这种需求在作出补救前的30年就已经十分明显了。这也表明了要加快基本法律改革的速度。

我已指出，设置复审法院的两个理由是不同的。它们的取向也显然不一样，因为如果主要的任务是对单个的案件作出正确的裁决，它应当对法律和事实一并提出上诉。理想的情况是在高级别的法院有一个全新的审判。然而，为了节省时间和避免重复，这一全新的审判被省略了。完整的书面庭审记录被提交给复审机构，它有权在一些事实存疑、模糊

---

〔1〕 在2012年版中改为50个，这是因为美国联邦各州的数量发生了变化。——译者注

或被忽略之时传唤新的证人。这样的程序在德国曾经很流行。英国衡平法院的某些程序也有异曲同工之处。纽约州上诉分庭也有这样的程序，尽管没有获得更多的关注。

但如果复审法院的主要任务仅仅是为辖区内所有的初审法院确定整齐划一的做法，那么其对于事实、对于可疑证据的审查，甚至对于所有已被认可的事实的细节审查，就法律后果而言就失去了重要意义。凸显的问题是需要制定规则——一般性命题，事实只有在高度抽象层面且仅在为确立法律规则的普遍性条件时才发挥作用。待审的案件事实，无论是已经被认可的，或是存有争议的，只有其作为阐明“法律规则”的上千种可能的“适用”之一时才是有意义的。因此，我们看到法国最高法院煞费苦心地考虑最为抽象的问题；德国和纽约州的最高法院在理论上（它们的中级复审法院则与此不同）则明确地将争议问题限定为“法律”问题，而不考虑“事实”问题。对于它们而言，只有法律规则才是与上诉相关的。它们专注于为所有的法院制定法律规则。

到目前为止，这只是理论的理想状态。然而，事实是顽强的野草，它们不会轻易倒下。无论理论如何，对“纯粹法律”进行审查的法院总会感受到具体案件的压力，并尽力作出正确的裁决。就如一则关于马歇尔法官的古老趣闻所说的，“判决原告胜诉，斯托里大法官先生将提供法律依据”。在很多的国家、不同的时代的众多法官处理的各个具体案件中，我们都能够找到类似的证据。

从以上这些论述，我们可以推出两点：第一，在理解任何复审案件时，我们应当知道它是什么类型的复审，法院有义务做什么，否则我们将无法理解法院的行为。第二，即使复审法院的职责在理论上仅限于对法律问题作出裁定，在密切关注法院的工作时我们也应当谨小慎微，查找相关的证据，证明貌似极其抽象的前提在多大程度上来源于摆在法院面前的事实。

从第二种观点出发，即复审法院的主要任务是对有疑问的法律规则进行澄清，我们应当理解我们法律发展的趋势是减少上诉，不是将上诉作为权利问题（也就是某人仅仅由于诉讼的存在而提出诉求），而主要是把上诉作为公共利益问题。所以，只有在得出涉及公共利益的结论时，才有必要由最高法院来处理。从这一观点我们可以看出，在对上诉案件的学习中，找出**被控诉的特定失误**是多么有必要。因为正是下级法院在某问题上违背法律的诉求，才导致了案件被移交给上级法院进行法律方面的审查。

我们现在将目光转向上诉法院，看看那里发生了什么：我们再次发现，大部分事实是我们无法观察到的幕后事实。败诉方的律师要从初审诉讼程序中整理出一份案件陈述，更准确地说，是一份**案件在初审法院**审理情况的书面陈述，这个书面陈述对于搞清楚败诉方的诉求是必不可少的。如果胜诉方认可他对问题的表述是公平的，则到此为止。如果胜诉方不予认可，败诉方应当整理出一份经初审法院认可的书面陈述。败诉方可以将这份陈述作为诉讼摘要，加上自己的诉求、诉讼中存在的“错误”，以及该错误对他造成的不利影响（如果确实存在错误）。因为我们的法院不审理无足轻重的问题。要确定问题至关重要，法律必须足够清楚、严密。对于控诉事项，指控的一方必须自己证明对他的法律权利产生了损害，或明显具有损害该权利的可能性。最后，上诉人将其所依据的理由融入他自己的意见。另一方以类似的形式进行答辩。然后，双方打印、交换法律文书，并提交到法院。这时的审判庭通常由一名以上的法官组成，以便于进行磋商。这次的庭审没有陪审团，无论他们明智与否，陪审员都不再介入庭审。根据法院的惯例和律师之间的协商，除了辩论摘要，可能会有口头辩论。但无论是否有口头辩论，你们都看不到相关的内容。

那么，你们能看见什么？你们能看见复审法院报告的所谓“案件”：案件名称或“类型”、作出判决的法院、判决日期、上诉人如何向本法院提起诉讼的简要说明、事实归纳、双方当事人聘请律师的名字，可能还有一份他们提出问题的清单，甚至有他们如何提出各个问题的归纳、复审法院的裁决以及判决意见书。这里，特别重要的是判决意见书（Opinion）。几乎可以这样说，案例教科书中所涉的判决意见书**即为**“判例”。

那么，判决意见书是什么？它是由署名法官撰写的、经法院同意的对于法院已经裁定的案件所做的说理。在不同的法院，判决意见书的形成方式有所不同。有时，在判决意见书撰写之前会有磋商，如果可能的话，会形成案件的决定性意见。有时，法院在磋商前会指派一位法官来报告案件，形成一份案件报告，如果一切顺利的话，该报告即为判决意见书。有时将判决意见书作为整个法院的职责：“本院的判决意见书，由 X 法官作出。”有时，法院只是作出判决，而对于撰写意见书的法官提出理由并不负有太多的责任。然而，判决意见书始终是对于裁决的一种解释和说理，至少对于做出裁决的法院而言，它是可以被接受的。判决意见书几乎就是你们看到的一切，其蕴含的是整个诉讼过程，以及之前简要介绍过的审判和上诉。

在这里，我要再次着重强调一点。显然，如果没有一些关于事实的陈述，案件是无法得到裁决的，或者毋宁说，如果无法明确裁决的意义，裁决的正当性也无法被证明。也就是说，法院**采信**（assume）的事实会被采纳作为判决的理由。有时法官会自己准备书面的事实陈述，无论他是将其写入法院判决意见，或是事先整理出来。书面陈述有时由报道员（reporter）来撰写，他们可能是法院的官员或私人观察员（private observer），负责记录判决并公布。但无论是谁撰写，都要参照判决意见书。特别指出的是，如果是由法官来操刀，他的目的是使判决意见书看上去合理、正确、有说服力。然而，这里所呈现出的“事实”与很久之前发生的原始事件还有多少关系呢？人们对这些原始事件的看法已被双方律师或多或少地、带有技巧地彻底筛查（canvassed）过了。但筛查的依据是他们认为事件在**法律上的**相关性，以及各自的律师为赢得其案件认为事件在法律上的相关性。在初审法院中，通过证据采信规则，会对原始事件进行第二次筛查。基于纠纷解决的目的，陪审团就争议问题选择支持一方的结论。双方的律师再次筛选看上去与上诉有关的问题，这次仅仅是从审判记录中筛选，此时对案件事实又进行了一次筛选。最后，对于已经作出的裁决，法官再次对这些“事实”做出筛选，并找出几个他认为重要的事实，然后对这些事实的法律后果详加解释。显然，我们可能与真实发生的案件事实相距甚远，也可能相差不多。假如发生了奇迹，也许还能消除对事实的歪曲。或者，假如发生了奇迹，后面产生的歪曲正好抵消了前面的歪曲。但现在人们知道，信仰奇迹的时代已经成为过去了。

然而，即使我所指出和暗示的全都是真实的，这也丝毫没有损害判决意见书的价值或影响力。因为判决和判决意见书足以表明，这个法院会对于**采信的类似事实**做同样的判决。它们是我们所期望的法院宣告。在我们按照法院将做什么来调整自己行动这一方面，它们是重要的。而且，法院在判决意见书中已经制定了一条或几条规则。这些已宣告的东西是我们必须考虑的，我们要留心它们。

另一方面，通过不同的审查而对事实进行长期持续的筛选，掩盖了两个问题：在撰写判决意见书的法官进行事实筛选的最后阶段，我们忽略了相当多的确凿事实。我们都知道，这些事实可能对案件的实际结果有着重要的影响。我之前指出，即使上诉法院在职责上仅关注法律规则问题，为了使当前的案件获得一个看上去是公正的结果，它会尽量遵守它自己制定的法律规则。换句话说，尽管案件的结果可能会（通常会）因制定规则的变化而发生变化，制定规则也可能会（通常会）因案件结果的变化而发生变化——在某种程度上是为了证明所希望结果的正当性而寻找、影响和表述制定规则。可见，就实际上会对判决结果产生的影响而言，案例汇编中没有显示的事实或因素仍然会在审判中起作用，对于已经发生的事情而言，判决意见书呈现给我们的是一个误导性的画面，因此，对未来法院做什么的“预言”而言，这也会成为误导性的基础。但是，对我们而言幸运的是，在某种程度上，**做出预言的依据**要比**案件发生了什么的记录**更加确定一些。对我们而言，幸运的是，法官在未来的案件中将在很大程度上考虑判决意见书的记录，**就好像**判决意见书自身就含有事件的真实记录一样。由此说来，为了裁决一个新案件，法官对以往发生的案件进行筛查；为了预测或影响新案件的判决，我们对以往发生的案件进行筛查，这二者都是在共同的基础上运用共同的技能来进行的。然而，从预测的另一个方面讲，我们非常需要发现法官有意识掩盖的事实或大多数案件中无意识掩盖的事实。因为，我们可以预见在将来的案件中——如同手头的案件一样——不乏这样**一种**可能，为了获得貌似公正的结果，法律规则会发生扭曲（twist）。为了考虑这种可能性，对于我们而言，重要的是研究过去发生的被扭曲的东西，理解其范围、性质以及导致其发生的事实。我在讨论反对意见（dissenting opinions）时会再详谈此点。现在我只想提醒你们，如果法官将判决的说理作为判决实际上如何产生和哪些重要因素导致判决的描述，这一说理常常被证明是不充分的。

但即使对于事实的长时间的、持续的筛选掩盖了我们对于案件事实的认识，我们还是有能力从案件中得出另一面。我之前指出，只有我们注意到不同的规则和判决对于人们的影响，才可以判断法律规则的意义或法院的实际判决的意义，才能判断它们在社会生活中的意义。显然，每个诉讼案件都是法院行为对人们产生影响的具体事例。但是，这种影响无法确切地从假定的事实状态（在绝大多数情况下是呈现在我们面前的案件争议）中推断出来。法院行为对人们的影响和我们对影响的认识，依赖于我所描述的外部的原始事实。要理解法律规则的含义，我们通常要借助判决意见书之外的事实。我们通常要对判决意见书给出的事实有所保留，即使是体现规则含义的某个具体实例，也是如此。它并不总是真实的。更可能的情形是，在通常情况下真实发生的案件事实在判决意见书中并没有出现。在某些案件中，记录在判决意见书的某些事实具有被历史学家称为内在证据的价值，它们与实际生活密切相关。你们需要认真地研究这些案件的事实、它们与法院行为的关系。但对于其他的案件，你们的求知欲应当放在法律教科书之外有待被发现的事物上。

在对于隐藏在案件背后和呈现在判决书中的不同因素的上述讨论中，我希望你们能明晰这一点：纯粹程序性的术语（technicality）背后是各种目的——明智的、有用的目的。事实上，除非你们用目的这条主线将零散的术语珠子串起来，否则很难想象你们能够理解和掌握这些技术。除了认识到程序的作用，多掌握一些技术细则也是不可或缺的。

但另一方面，我希望这一点会越来越清楚：目的本身不是程序的指引，也不是制度的指引。制度的本质是，它们随着我们的需要而增长，并在一定程度上服务于需要。制度的本质还在于，它们几乎从未以令人满意的方式满足需要。因此，通过遵循相关的目的，我们不仅可以更好地观察到我们程序法所有详尽的技术细节，而且可以更好地做出判断。只有考虑到目的，你们才可以观察技术究竟是好的还是糟的，是没有效率的技术还是有效率的技术，是不能适应新情况的技术还是现在适用的技术。但是，将技术理解为僵化之物、阻碍、推延或混乱的工具，并不是要将它从法律领域抹掉。它确实存在。在理解技术是如何并在多大范围内偏离它的位置和方向时，你们就可以更加清晰地认识它，更好地运用它。你们必须重视技术。它是你和你的胜诉案件之间的连接点。你们可以挑战它。如果能意识到你的职业对于社会的意义，你们可以凭着你理解的技能去挑战它。但你们不可以忽略它。它确实存在，它是你们的生存环境的一部分：是你们要认真考虑的、你们要运用的或你们要挑战的。即使你们要挑战它，你们也要认真考虑它、运用它。

第三章

案例法教学：如何处理判例

我已经以素描（刻薄的批评者可能认为是讽刺漫画）的方式向你们描画了法律和法律官员在我们社会中所起的作用，以及法律案例的大致历史。所有这一切对于设定的、你们需要把握的内容而言，只是背景知识，你们可能会感到难以驾驭。事实上，在做这些演讲时，我已经觉察到有必要在下堂课之前克服前方的障碍，即那些指定你们阅读的案例教科书上的判例。那么，你们要如何处理这些判例？

对于判决意见书，你们首先要阅读它。这不是常识吗？这会让你们感到滑稽吗？你们没有理由感到滑稽。你们已经读到很多的表述，却对它们的含义一无所知。这种一无所知是如此的令人绝望，以至于你们无法对书本上看到的无意义的符号形成客观、理性的记忆。你们只好把阅读《星期六晚报》的方法运用到阅读法律判决中。这个词不认识？快速地跳过，全力以赴，不能让它成为我们阅读这个故事的阻碍。

可惜啊，这招在法律学习中不管用。你们必须学会**阅读**！阅读每个词语，理解**每个**词语。你们是这个法律王国的外来者（outlanders），语言不通，必须得学习。如同学习任何其他的外语：通过阅读和使用词语，直到你们熟悉为止。同时，你们要持续地查阅字典。通过字典查什么？侵权（tort）、侵入（trespass）、动产侵占之诉（trover）、答辩（plea）、损害赔偿之诉（assumpsit）、初审（nisi prius）、新陪审团召集令（venire de nova）、诉求不充分抗辩（demurrer）、诉讼请求合并（joinder）、抗辩（traverse）、终止诉讼（abatement）、全面否认答辩（general issue）、交付（tender）、执行职务令（mandamus）、调卷令（certiorari）、逆占有（adverse possession）、遗嘱附条件的相对撤销（dependant relative revocation），等等。学习拉丁语法律术语、法语法律术语或英语法律术语。这些奇怪的术语对你们意味着什么？你们能依靠法学院残留下来的这些用语吗？Cattle levant and couchant 是指起身躺下的牛群？Nisi prius 是指除非在此之前？Traverse 是指教堂里的高层画廊？恐怕词典——摆在你们书桌上的一卷本法律字典——是你们唯一的希望。你们能相信字典吗？它是否准确？它能给你任何你们想要的东西吗？当然不能。没有任何字典能做得到这点。词语的生命在于使用，在于长期交往、广泛联络，词语是我们称为感觉的无形之物。字典提供了你们学习的基本框架。如果没有这些基本框架，你们就无法形成语感。

对于判决意见书，你们首先要做的是去阅读它，接着要做的是弄清楚实际的裁决、判决。是原告胜诉，还是被告胜诉？这里你们要小心。你们首先要确定在初审法院中的原告和被告。为了弄清楚发生的事实，你们要先知道**初审**的结果，否则，你们无法得知上诉的内容是什么，也不知道是谁提起了上诉。为了更好地理解上诉中做出的**进一步**的认定，你们要对这些问题穷追不舍（follow through）。尽管你们肯定还不知道所有这些程序意味着什么，暗含着什么，这一阶段的程序（form）却是清晰的。然后，你们可以转向你们特别想知道的细节。你们可以考虑将一审和二审的实际判决作为你们学习不可或缺的框架：这一案件对什么问题作出了裁决？就以后会作出什么样的裁决这点而言，你们可以从中得到什么？

你们要在判决意见书、预审事项和法院判决书中寻找以下内容：法院认定的事实陈述；关于起诉到法院的案件的准确描述，包括原告的诉求是什么、被告的反应、初审的判决、初审法院对于起诉的问题的处理；上诉的结果、判决书以及主审法院对于其判决结果提出的理由。弄清这些问题看起来不那么困难，但实际情况要比这难得多。

所有案件的裁决、所有判决意见书的撰写、我们所有的预测以及提出的主张是依据四个假定作出的。它们是我们法学院学习的第一个预设条件。在你们应对自如地处理它们之前，你们必须理解它们。

第一个假定：**法院必须对提交给它的纠纷作出裁决**。法院不能因其审判有难度、可疑或有风险而予以拒绝。

第二个假定：**法院只能对提交给它的特定纠纷作出裁决**。当法院对该问题发表意见时，它的意见是权威的、有法律依据的、终局的，像是具有某种魔力。当法院对提交给它的问题发表意见时，它是在对**法律**进行宣示。如果法院宣示的内容是新的，那么它在进行立法，它在**制定**法律。但当法院谈论任何与纠纷无关的其他问题时，它只是在表达观点，人们无须遵从。那么，法官表述的这些词语是无用的吗？不是的，我们将它称为司法**意见**（judicial dicta）[1]。当它们与涉及的问题完全无关

---

〔1〕 Judicial dicta 指的是法院对于律师直接涉及和辩论的问题发表的意见，即使法院对于该问题忽视，也不会对判决产生重要影响。参见 Bryan A. Garner，*Black's Law Dictionary*（8th edition），West Group（1999），p. 485。——译者注

时，我们称它为**法官的附带意见**（obiter dicta）[1]，犹如沿途洒落的标记、路标。但这些路标对于做标记的人是有帮助的。法官的附带意见将来对法官或对我们会非常有用，但法官可以不受到附带意见（他自己权威的言辞）的约束。法官的附带意见不似神谕，受到人们狂热的遵从。后来的法官可能会缓慢地改变先前法官的附带意见，但并不像在其他案件里那样缓慢。

第三个假定：**法院只能根据涵盖某一类纠纷的一般规则，对具体的纠纷作出裁决**。我们的法律理论不允许法官按照自己的想法作出裁决。如果遇到没有法律规则可用的新型案件，法官就会自由地（实际上是被迫地）对其作出裁决，那么，他们在裁决时至少要制定一项新的规则。到此为止，这是没有问题的。但是，确定一般规则在特定案件中可适用的范围有多宽、有多窄，是一个棘手的问题。不过，公平地说，我认为可以将判例法的实践做这样的表述：需要对貌似极其宽泛的一般规则保持怀疑，不要过于相信（feeing certain）已制定的过于宽泛的法律规则，或者相信从表面上看，制定的法律规则总会得到遵守。因为还有第四个公认的标准。

第四个假定：**法官在判决意见书所表述的一切（无论其是重要的或细微的）应当与特定纠纷和摆在他面前的特定问题结合起来**。你们不能脱离语境去理解词语的含义。在必要时，你们关注正在审理的案件，学习如何理解法官所有的表述，但这些表述仅仅是以**那种**方式对**那个**案件做出裁决的理由。

---

〔1〕 Obiter dicta，指法院在做出判决意见书时作出的与案件的判决无关的，不具有先例效力的司法意见。参见 *Black's Law Dictionary*，p. 1102。——译者注

为什么有这些标准？有三个理由。第一个理由涉及法律的首要目的。如果审判的首要任务是解决无法以其他方式解决的纠纷，那么完成任务唯一的方式就是进行审判。第二个理由，在难以对付的情形，只要纠纷被解决就行了，至于它是**如何**被解决的，并没有多大的关系。

第三个理由，案件必须根据一般规则来裁决。从源头上看，这一理由更多是源于迷信，而不是目的。只要法律被认为是上帝的旨意，或是作为自然秩序里内在正确的东西，法官就会被视为代言人，而不是创造者。法官是普遍性的代言人，要将特定案件的法律适用明确化，不然他将背弃信仰、恣意、偏袒或腐败。而且，在任何存在正义的地方，都会要求对相同的情形作出相同的处理。我不知道这么做的原因，然而事实就是如此。这就需要一般规则，并要求公平适用一般规则。同样，“分权与制衡”原则强烈要求由立法者或立法系统来制定一般规则，而不是由法官来制定，法官只能**根据**现有的一般规则作出裁决。最后，即使是利己哲学也会提出同样的主张。无论少年法庭、家事法法庭或专门审理商事案件的商人法庭基于何种原因对案件进行裁决，当州最高法院发表意见时，它首先是对于一般利益发表意见。制定一般政策的职责要求法官进行广泛的调查，对于涉及的政策进行更加彻底的研究。因此，我们获得额外的保证，避免在具体案件中受到法官个人情绪的影响。而且，不可忽视的一点是，这与正义所要求的普通观念也相吻合。我想顺便指出的是，在我看来，所有的这些都太过于敷衍，无法令人信服。事实上，法院对于一般利益的澄清无须承受来自创制法律规则的持续压力，制定稳妥的法律规则的切身需要，常常导致法院的行为过分谨慎。如同欧洲的实践所表明的，制定一般政策的职责对于法官从事训练有素的、严谨的和认真负责的审判工作是无关紧要的，它也无法保证我们免受干扰因素的影响。最后，普通人对于律师的卓越知之甚少，他们不理解律师实现正义所依赖的是在另一套体系下呈现的东西：传统上对法官的尊重和法官训练、个人的品行，判决的实质合理性。我之所以花时间说这些，是因为我认为它们很重要。在刚开始时，我要提示你们注意我称为社会体制无意识的势利（unconscious snobbery）的因素：反对现实即合理的平庸假设，反对这一动人的信念，即某个体制当前的合理性在于：首先与事实相符，其次详述主题，最后否定了其他的、更好的可能性。法律比任何其他学科更要反对种族和以年代为中心的势利态度，不要陷入对自己本民族和本时代自命不凡的、沾沾自喜的漩涡中：**我们**是希腊人，**所有**其他人都是野蛮人。在艺术、商业组织和最令人印象深刻的科学领域里，由于信息、其运用以及交流上的国际性特征，这些问题得到了局部的矫正，而在法律领域中则并非如此。与其他学科相比，法律像一棵树，扎根于自己的土壤，独自遮蔽一个地方。无论实验室是设在巴黎还是设在芝加哥，原子和X射线的运动规律没有什么差别。阑尾所起到的作用，对德国人和美国人而言也没什么分别。刀子比Volapluk[1]更具有国际性。但在巴洛特鲁士[2]对罗马法渊源加以现代化改造之时，一部法律可以在意大利、德国和法国同样适用的时代已经成为过去。过去，由于意大利城邦是世界商事惯例的起源和发达之地，布里

---

〔1〕 Volapluk这一词语首先出现于1879年，曾经是欧洲多国流行的一种语言。——译者注

〔2〕 巴洛特鲁士（Bartolus），也译作巴多鲁斯，1314—1357，是意大利注解法学派的重要代表人物，被称为中世纪法学发生以来的伟大的法学者，其开设的讲座影响遍及欧洲各国，有格言流传“不是巴洛特鲁士的弟子，就算不上法律家”。此处参考梁慧星教授：《民法解释学》，中国政法大学出版社1995年版，第23页。——译者注

斯托尔的纠纷可以被提交给两个意大利商人处理，这样的时代已经结束了。如果你们坚持研究并真正地**理解**普通法，你们应当有意识地避免自己沉浸其中。或许，在你们**研究**普通法时，在你们将普通法与其他的可能性进行考量时，你们将看到它是如何运作并行之有效。作为一名普通法的法律人，这是我所希望的，也是我正在做的。但我认为，如果因为害怕减损这位任性、固执和迷人的情人（指普通法——译者注）的魅力，而不愿把她和其他人进行比较或者仔细端详，这反而是对她的轻视。

现在我回到剩下的两个标准上来：法院**只能**对提交给它的特定纠纷进行裁决；法官的表述必须与特定纠纷结合起来。为什么呢？同学们，我确信这里储藏着经年累月沉淀的值得称道的智慧，这些智慧源自数世纪未经思索之物（unthinking social sea）所规定的法则。在这里，智慧固定下来成为制度，并通过理性进行精雕细画。是什么样的智慧呢？留意你们自己的讨论内容，留意你们提出的任何主张，你们会知道该朝哪个方向思考问题。你们得出依据或大前提（在匆忙时随意得出，在不紧不慢时认真得出），但该依据或前提是远远不够的，它的意义在于得出你们要找的结论。你们调整用词和内容，借此得出裁决。当把注意力放在自己的目标上时，你们运用词语，提出论证，有效地利用论据进行深化和再次浓缩。完成这些之后，你们已经说了很多无关的话。这里的“无关”，指的是你们关注点以外的问题。为了达到你们的目的，你们不断地进行归纳。所有的争论焦点都被过分夸大。要是对手力主这些争论属于**另一个**问题，你们才不会坚持己见呢。

法官也是这样。准确地说，法官更是如此。法官和你们一样也是人，他同时也是律师，而你们还不是律师。律师擅长于运用各种资源进行说理，为了得出自己的结论而不惜对类比、规则和实例进行歪曲。尤其是，律师倾向于忽视那些对当下案件无直接影响的推断。

类似于有经验的艺术展览的策展人，律师早就知道他要为案件的辩论做好准备。你们设定情绪、基调，你们打下知识基础，所有这一切都指向你们的案件、你们自己的结论。那些听见你们发表意见的人也在对案件进行思考，他们不想在以后被人抓住把柄。你们大张旗鼓，就像棒球投手在投球前抬腿挥臂一样。众所周知，投手投球前抬腿挥臂的动作通常是多余的，是故意用来迷惑对手的。

基于此，你们对我所说的标准的重要性应当能够清楚了。我们为什么要创造出一类由无关紧要的话语构成的**法官附带意见**？对于那些以后阅读判例的人来说，他们现在关注完全不同的案件，会认为这类附带意见对论证的影响并不十分重要。我们为什么要创造出这类法官附带意见？它们犹如投手在投球前大力挥舞手臂、猛嚼口香糖的动作。我们的任务就是剥开坚硬的外壳，发现果实，找到支持案件裁决的真正规则——**案件的法律规则**。

为了作简要的说明，我暂且冒着造成混乱的风险。[1] 我将案件的法律规则视为**判决依据**（ratio decidendi），**法院告诉你们的**法律规则就是案件的法律规则，是依据，是法院据以做出裁决的依据。这是你们必须着手学习之处，而之后你们可能会对此做必要的改进。

为了讨论，我们可以假设一个场景，这样能够更清晰地说明问题。假设法院以五页纸的篇幅来谈论案件，其中只有一页对推定的事实进行

[1] 作者在这里将案件的判决依据和案件的法律规则等同起来了，但如下文要阐述的，这两者其实是不同的，所以作者这里说冒着造成混乱的风险。——译者注

了描述，其余的部分是分析过程。最后的判决结果是支持在初审中胜诉的一方，即维持原判。下面我们来找出其中的法律规则。

第一点要注意的是，**如果实际的判决（这里指维持原判的判决）不是基于法律规则得出的，则法律规则不能成为该案件的判决依据**。也就是说，除非维持原判的判决是基于某一法律规则得出的，否则它就**不可能**成为据以作出维持原判的实际理由（holding）。但此项裁决就是判决，法院只针对确定的纠纷和它已作出的判决发表权威性意见。我认为，在这一点上，你们会开始注意到**程序**问题的影响。对于提交到法院的问题**可能只有**一个判决（以及一个权威的判决理由）。只能通过对初审法院的特定行为提出具体的申诉这种方式，将问题提交给复审法院，此外别无他法。因此，对于没有提出的问题，复审法院不会**作出任何裁决**。

你们可能已经注意到这两个陈述不是完全一样的。败诉方可能对初审法院的 5 个或 14 个不同的裁决提出起诉，但最终裁判只能被维持或撤销一次。如果你们理解当前的陈述，按照我迄今为止的观点，你们会发现我要么前后矛盾，要么违背常识。显而易见，法院在很多或大部分情形会对案件中提出的异议意见逐一进行处理。在这种情形下，我们会遇到上述两个现象中的任一个，也很可能是同时遇到两个。为了使我的陈述更简洁，这次我假定法院**撤销**原判。复审法院给出的理由要么是原审法院在所有的五点上都错了，要么是原审法院在提出的五点问题中**至少有一点**是错误的。首先，假定复审法院认为所有五点都是错误的，那么很明显，无论根据哪一点都足以撤销判决。但很有可能的是，复审法院不会依赖五点中的任何一点去撤销判决，这是因为：如果说五点中的任何一点都足以作出撤销原审的判决，那么从结果上看，剩下的四点就完全是多余的。现在的问题是：选择哪一点？而且，按照我自豪地向你们反复强调的标准，法院只能对提交给它的特定纠纷进行裁决。特定的纠纷是什么？

同样，如果在一个案子中，法官根据其中的四点作出支持原审胜诉方的裁定，但根据第五点撤销原审的全部裁定，判其败诉，那么，在四个裁定中，没有任何一个**能够**作为实际裁决的前提。这四个裁定仅仅是法官附带意见吗？

在这里，你们会发现，我的标准和常识似乎并不一致。事实上，它们都是正确的，又都是错误的。我稍后还要谈及先例原则的这一点，这里只给出结论。法官附带意见之所以没有太强的效力，一个常见、合理的解释是：律师在论辩过程中没有清楚地阐明这些陈述的背景和法律后果，或是没有将其作为应该慎重对待的问题，使其得到法院的充分考虑。显然，前一点并不适用我所举的例子。而对于后一点，如要硬套的话，倒也勉强适用。在我所举的例子中，没有一个判决理由是唯一至关重要的理由，是足以作出最终判决的不可或缺的判决理由，法院可能并没有给予它们过多的关注，而只是让它们彼此孤立存在。但法院对于某些判决理由是经过深思熟虑的，并且具有预期的先例效力。因此，我们可以称其为**多争点判决**（the multi - point decision），它们具有中等程度的权威性。如果一个判决同时依据两个、三个或五个理由，那么，相对于只依据其中一个理由的情况而言，任意一个理由都更容易受到挑战。

不过，从表面上看，对于各个相关理由还是存在“一个判决”。如摩根[1]所正确指出的，对初审法院如何处理手头案件的分歧和争议进行指导，属于上诉法院的职权范围。形式上相同、但在案件事实说服力方面明显更弱的推理，仍然适用于对一方有利的多个争点裁决（该方在上诉中最终败诉）。它们缺少足够的权威（authorities of a third water），而且越来越不具有说服力。

但是，我们还没有完全解决关于判决依据的麻烦，就马上又遇到一个形式上的麻烦。法官陈述事实，阐述立场，对法律规则进行宣示。瞧，法官似乎已经开始了，他要一锤定音（once clean across the plate）了。但是他又回到了起点，挥动手臂，又一次提出了不同的判决理由。让我们迷惑不解的是，这一次他的表述是不一样的。这里比以前更宽泛，那里比原来更狭窄。而且他很可能再提醒你们一次，然后再重复这个过程。我从来就没搞懂为什么会这样。在某种程度上，这可能归因于律师在庭审结束时，倾向于通过总结论辩的过程来得出结论。在一定程度上，可能归因于结构的凌乱，归因于我们的法律及其运作缺少法学或美学上的形式感，也就是罗马人所谓的**典雅**（elegantia）。有时，我有一个啼笑皆非的怀疑：法院之所以反复这么做，是因为对自己的法律依据感到不安。就像除广告词以外别无他物的广告主一样，为了获得信心和做出确信，法官提高音量，大声地对自己的结论进行祈祷。此外，在阅读判决书时，我常常会有一种在未知国度进行探险的激动。判决理由

---

〔1〕 埃德蒙·摩根（Edmund M. Morgan），生于1878年11月11日，生前主要在耶鲁大学法学院和哈佛大学法学院任教，1936—1937和1942—1945年间任哈佛法学院代理院长，著述颇丰，并担任多个社会职务，包括担任波多黎各地区和以色列国的顾问，帮助其制定民事程序法典。——译者注

的第一点和第二点陈述以及得出结论的各种因素对于我来说，就像是对奇峰怪岭进行第一次、第二次勘察，就像对已经发现的和推测的东西进行第一次、第二次描绘。在意见形成结论时，你们的知识和洞见不断地增长。但无论基于什么原因，我们面对的是经常性发生的重复，此外，我们担心这些重复缺乏精确性。那么，我们应该依赖于哪种表述呢？

就像判断一个表述过宽的法律规则的适用范围一样，也许我们可以在法院认定的事实中找到指引。提交到法院的实际纠纷要受到事实与程序规则的限制，这一点是明确的。没有事实支持的诉求，法院不得做出裁决。哪怕只是超出事实一点点的法律规则，也是不可信的。

但是，了解这些能对我们有多大的帮助呢？什么是事实？原告的名字叫阿特金森，被告的名字叫沃波尔。被告虽然有个英格兰人的姓氏，但在血统上却是一位意大利人，而原告的祖先则与清教徒有关。被告有一只名字叫作沃尔特的红毛猎犬以及价值三万美元的人寿保险。所有这些都是事实。然而，案件与寿险无关，它涉及的是机动车事故。被告的汽车是浅洋红色的别克车。被告已婚，他的妻子坐在后排座位上。她脾气暴躁，有一头浅金色的头发。她在后座唠唠叨叨试图操控驾驶时，事故发生了。被告转过头来抗议他妻子指手画脚，这时汽车改变了方向，撞上了原告。这一天阳光明媚，西边的斑驳天空令人心情愉悦。事故发生的时间是十月下旬的星期二。路面平坦且坚固，是由麦卡锡道路维修公司修建的。以上哪些事实对于判决是重要的呢？如我们所说的，哪些事实是与法律相关的？道路是在乡下还是城里？路面是混凝土的、沥青的，还是泥泞的土路？是私人拥有的道路还是公共道路？这些都有关系吗？被告驾驶的是一辆别克轿车还是其他机动车，有关系吗？在汽车变向时，被告是否四处观望，这重要吗？关键吗？如果他喝醉了，为了取乐而变向，想察看能离原告多近，结果判断失误而撞了上去，结果是否相同？

当你们看到事实陈述时，为了发现事实在法律上的关联，你们必须放弃某些不相关的事实，放弃那些虽引人注目却毫无法律意义的事实，这是显而易见的。此外，你们看看剩下的那些貌似相关的事实，不再将它作为具体事物处理，而是基于某种理由——重要的理由，对它们进行归类，这也是确定无疑的。它不是一条在波茨维尔和阿林顿之间的道路，它是一条“高速公路”。它不是车牌号为732507的浅洋红色别克8型车，而是“轿车”，或者简单地表述为“机动车”。你关心的不是转过身来看安德莉·沃波尔这一动作，而是驾驶员正当操作时的疏忽。我认为，案件中的每一个具体事实都**代表着**更为宽泛、抽象的事实**类别**，它的法律意义源自于它所属的类别，而不是事实自身。但是，是什么让你们认为所属的类别是“别克车”“轿车”还是“机动车”？是什么让你们认为所属的类别是“道路”还是“公共高速公路”？法院可能会告诉你们，但是你们需要准确了解的一点是，该在多大范围相信法院的表述。你们尝试解决的确切问题是，对于法院所说的，你们是应该照单全收，必须有所扩展，还是必须有所限缩？

这最终将我们引向了案例法教学。事情的真相是如此明显和老套，以至于它经常被学生们忽视了。**判例自身不具有任何含义！**判例自身无法为你们提供指导，它无法告诉你们判例的适用范围和表述所囊括的确切内容。起作用的、能指导你们的、能够为你们提供确信的是与你们必须阅读的、与判例相关的**其他案件的背景**。它们影响着判决意见书中的表述和专业术语。但最重要的是，它们为你们提供了必要的支持：哪些事实是重要的，在哪些方面是重要的，以及在多大范围内相信所制定的法律规则。

我认为，这就是案例法教学的基石。在案例课上，我们要做什么？通过编辑或我们自己的选择，我们将一些在某方面相关的系列判决意见书摆在你们面前。它们在结果上可能不完全相同，但在法律上的事实相关性方面，它们总是被认为有些相似。事实上，就**哪类**事实在法律上是相关的而言，相似的事实为你们提供了初步的指导，即事实是否起**相同的**作用或完全不起作用取决于法院。另一方面，事实陈述极少是完全相似的。你们面临的最引人注目的一个问题是：当两个判决结果不同的案件一起摆在你们面前时，你们需要确定的是，究竟是哪些事实上或程序上的差别造成了不同的判决结果。这是你们在审阅判决意见书时应铭记在心的两个问题。我再重复一次：第一，哪些类型的事实是至关重要的？它对于法院的重要性体现在哪些方面？第二，事实或程序上的哪些**不同**，导致法院在相似的情形作出不同的裁判？

这就是案例法教学训练，将判例进行比较的训练。我们的训练大致上是通过比较和区分判例的逻辑方法来进行的。

这里需要指出三点：第一，通过对不同案件的事实和问题的比较，我们回到起点：法院什么时候在特定案件中作出过度的归纳，或者法院什么时候对它所表述的全部判决理由表示肯定。T. R. 鲍威尔[1]，一位睿智的教授评论道："美国最高法院的法官绝不是像他们所说或人们所想的那群蠢人。"我们研究这一问题，希望能够在对案例的宽泛表达中找到一些矛盾之处。即使法院在裁决中制定的法律规则可能前后不一

〔1〕 鲍威尔（T. R. Powell），生于1880年，生前为哥伦比亚大学和哈佛大学法学教授。

致，我们也可以通过对预先设定的问题进行研究来发现一些差异，并通过这些差异来整合案件的结果。我们将缩减事实的类别范围，以使某一案件的法律规则能够套入被缩减的、更狭窄的新类别中。我们对另一个案件也作同样的处理，以使两个案件可以并行不悖。例如，在第一个案件中，某个人提出要约，但在其要约被承诺前撤回。法院认定，不能就他的承诺提起诉讼，指出除非当事人双方的意思同时达成一致，否则不存在合同。在第二个案件中，某个人发出过类似的要约，并已经邮寄了一封撤回通知，但对方在收到他的撤回通知之前已经发出了承诺函。法院认定，可以就其承诺对他提起诉讼，指出他的要约在送达前的任何时候都重复有效，直到承诺函正式寄出时为止。这是两条难以同时适用的法律规则，我们很难凭直觉对这两个裁决进行协调。我们需要找到公平对待这两个裁决的途径，我们可能得出结论，如果已收到要约的一方认为且合理地认为，在他作出最后的承诺时，要约人还在信守要约，那么两人的合意不需要同时达成一致。为了检验每个案件中制定的法律规则，也是为了检验我们的初步构想是否涵盖两者，我们要做两件事。第一件，也是最容易的，对事实加以改变，将案件逐渐推向极致，直到我们找到它不适用的范围。例如，假设我们案件中的那个人确实认为要约人仍受要约约束，并且依据他得知的所有信息合理地这样认为，然而撤回通知已经到达，但他的秘书忘记了提醒他。我们可能比预料的还要早地发现不再适用的情形，这时就需要对我们之前所做的归纳进行重新修改和限定，甚至改成另一种完全不同的思路。第二件，也是更加有难度的检验方式是通过查阅判例集（books），找到更多在案件事实上有变化的案例，而且该变化已被证明具有重要性。第一种方式是在直觉上对假设进行修正，第二种方式是对假设是否合理进行实验性检验。两者都是需要的，第一种方式节省时间，第二种方式用于核实。在你们的案例教科书中只有一些有代表性的案例样本（sampling）作为讨论的基础，但如果有足够多的案例，就有助于解决问题，引发你们的思考。在确信所得结果（无论是你们自己得出的，还是你们从课堂上得出的）之前，你们必须从博览案件的学者那里寻求帮助，听听他们的看法。

第二，我所进行的全部论述都基于这一假设，即任何地方的所有判例都可以并行不悖。毋庸置疑，这是你们必须首先要作出的假设。如果可以，你们应当把它们放在一起讨论。同时，你们不应忽视的是，我们的法律是由各州来制定的，它们不是按照同一个模子来制定法律的。由于有 48 个州最高法院[1]和联邦法院一起运行，时不时地有冲突规则的出现，这是不可避免的。然而，令人吃惊的是，冲突的规则极其少。某个州（如宾夕法尼亚州）已经制定了一条法律规则，另一个州（如纽约州）又制定了另一条法律规则。从极端的角度而言，宾夕法尼亚州的看法不会仅仅因有 15 个其他的州遵循纽约州的立法而改变。在这个意义上，共同适用的法**是不存在的**。我们所看见的是 15 个州与纽约州一起以同一种方式进行裁决，1 个州以另外的方式进行裁决，**而对于其他 30 个州而言，法律仍然是不确定的**。然而，在这种情况下，我们确实是在谈“共同适用的法”，这是因为：尽管各州大体上都会坚守自己的权威（如果有自己的权威的话），但是各个州有个共同特点，它们都拥有一个庞大的基础性组织机构，各个州的法律规则至少显示了一种兄弟姐妹般的相似性。如我所揭示的，这种相似性可以达到令人惊讶的程度，说是一模一样的也不为过。而且，对待法律权威的**方式**、思维的**方**

[1] 在原书中标注的州最高法院的数量为 48，应为 50 个。——译者注

式、运作的**方式**、阅读判例的**方式**、根据判例或制定法进行推理的方式，这些在美国各个州的所有法院中所使用的**普通法技术**，在实质上都是很相似的。最后，如果某个州对某个问题没有明确的处理方法，该州法院可求助于作为共同法律库的联邦法院的裁判。如果只有一种判决方法，即使法院之前对于该问题从未做过裁决，它有可能提出自己的观点："这个问题就这么判了。"如果针对该问题的判决是有分歧的，法院更有可能遵从可能存在的任何多数意见的判决。但是无论法院是与多数判决意见一致、与少数判决意见一致，还是采用自己的第三种不同的方法，它都可以像引用本州的判例一样引用其他州的判例进行审判活动，只不过其他州的判例对它没有至高无上的强制力罢了。

因此，在比较判例时，如果无法使这些判例相互一致，你们可以将这个方法作为最后的方法：这里存在冲突，这些判例代表了两种不同的观点。

然而，在你们这样做之前，你们必须确保判例来自不同的司法管辖区域，否则其中一个判例将被视作对另一个判例的直接否决。这就涉及溯及力问题。对于你们比较的判例而言，一个重要的特征是它们的判决日期。你们必须假定，如同任何人类制度一样，随着时间的推移、经验的积累和条件的变化，法律经历了并正在经历着发展、重新阐述和变化。因此，虽然早期的一系列判例至今**可能仍然**保持不变，但其更多是扮演先驱的角色，对一些问题的早期探索起到指引作用，即便是在作出这些判例的州，它们也不是最终的解决方案。这尤其适用于1800年之前的判例，也适用于某些部门法中比较晚近的判例。但无论在何种情况下，如果一个判例难以归类到其他判例里，你们可以考虑按时间和空间来对其归类。

在比较判例时，需要指出的第三点是，依据你们的素材（事实上通常是依据现有的所有素材），你们无法完美地进行比较和区分。例如，案例一，存在事实 a、b 和 c，程序设置 m，判决是 x。案例二，**如果**你们幸运的话，同样是程序设置 m，但这次的事实是 a、b 和 d，判决是 y。现在，你们如何确定地知道在第一个案例中结果的改变是由于缺少事实 c，还是由于新事实 d？法院可能会告诉你们答案，但我再强调一下：你们的目的是**检验**法院在判决中的表述。这时，你们可以看案例三，这里判决还是 x，事实 b、c 和 e，但没有 a，这次的程序设置不是 m 而是 n。这可能在一定程度上加深了你们的怀疑：是事实 c 导致了变化的结果，但仍然缺少“决定性实验”（experimentumcrucis）。[1] 生活中的案件不随着我们的意志而转移。我们可能拥有科学的预测**方法**，可以在素材允许的范围内运用它。但是，我们没有**得出精确结果**的科学方法。请你们记住，这是一种科学的**方法**，仅此而已。科学只是将幸运的你们带到了球场上，但谈到击中球，想要赢得比赛，你们得凭着技巧和直觉。

我们谈到哪里了？我们已经知道了判例的背景是怎么回事，知道了判例的构成，理解了必须对判例的事实、程序和结论进行阅读和分析。此外，我们理解了要将判例放一起进行比较，以便找出具有法律后果的

---

〔1〕 决定性实验是科学实验的一种基本类型，一般指能决定性地判断相互对立的两个假说或理论中的一个为“真”而另一个为“假”的实验。常见的科学实验类型有比较实验、析因实验、模拟实验、判决实验等。决定性实验可追溯到实验科学的始祖培根（Francis Bacon），他最早考虑了理论的“决定性事例”（instantiacrucis），胡克（Robert Hooke）和牛顿后来才用拉丁文的 experimentumcrucis 来称呼相应的实验。波普尔（Karl Popper）认为，决定性实验顶多能否决（或证伪）理论（we shall haveto say that it can at most refute or falsify a theory），而不能确立理论。——译者注

事实，并据此将事实归入相应的类别。同时，在比较过程中，我们可以判断出，在判决依据中有哪些表述代表了法院的真正意图。

但如果你们得出结论，某个法院的真实意图和它明确给出的判决依据不完全一致，该判例只能限定在法院自己设定的、作为衡量标准的那些判例事实范围，那么，你们要准备接受我在早些时候所暗示的区分：判决依据（法院自己认为的案件的法律规则）和案件**真正**的法律规则（**其他法院在将来会遵循的法律规则**）。构成先例原则的诸多要素中，有一个重要的要素——任何后来的法院始终可以对先前的判例进行重新审查。根据法院只能对提交给它的案件进行裁决的原则，我们必须从这个角度来解读早期的判例，最后得出的结论是：先前法院的纠纷所涉及的范围，要比它所认为的更窄，因此需要适用更窄的法律规则。实际上，我们还可以进一步论证，制定得过于宽泛的法律规则**不可能**具有权威性，因为这样做其实是篡夺先前法院的权力。

在对大量相关的判例进行比较时，你们的任务是归纳出能够协调、涵盖所有案件的法律规则（如果这是可以做得到的），并通过不同事实之间的比较，来检验你们的归纳。最后，如时间允许的话，检验你们的归纳是否与学者对于所述主题和其他判例是否一致。

过早地求助于学者是没有太大好处的。如果你们禁不住诱惑这样做了，你们将失去自行对判例进行比较的过程。如果没有进行比较，你们就是在冒险。如果你们将学者的观点作为一种假设，而不是作为答案，如果你们有耐心将它与案例教科书中的判例比较，并阅读学者引用的一些判例，以研究他的结论能在多大程度上得到证实，这种做法要比你们很早就求教于学者好得多。但是，如果你们试图将学者所归纳出的观点作为捷径（as a trot），那你们将在以后的庭审中面临灾难性的打击。

现在，你们来上课了。在课堂上，你们发现老师们讲授我以上所描述的同样的程序，所不同的是，他更加有技巧，拥有更多的知识和洞察力。他能够指出你们还未觉察的那些差别，他以你们未曾想到的方式处理判例，他以丰富的具体事实和背景知识指出了隐藏在判例背后的内容。准确地说，正是基于此，在你的老师对判例进行分析比较之前，你们自己动手对判例进行分析比较是必要的、重要的，这是案例法学习最基本的要素。你们不是看他炫耀判例分析的技巧，而是将他的对比结果与你们自己的对比结果进行比较，根据他的分析过程，对你们自己完成的分析过程进行批判。事实上，如果你们自己不参与这个训练，**你们就跟不上他**。在橄榄球比赛中，看懂比赛战术的人必定是自己曾采用这样的战术打过比赛的人。来自哈莱姆区的观众能随着踢踏舞的节奏摇摆身体，而如果你们从没去过那里，你们就无法理解踢踏舞有多难跳。我想强调的是：你们必须没日没夜地、反复地、持之以恒地进行训练，直到夜幕降临，不然你们从课堂上学到的知识将是微乎其微的。同时，随着技巧的增长，你们可以对讲台上的老师提出批评。你们将会发现，他今天讲的课和他五周前所做或所说的不一致，他不是神。这对你的老师是有用的，你们更是受益无穷。

那么，你们要为案例课做哪些准备呢？案例是指定的。在运用它们之前，你们要先“吃透”它们。经验表明，做案例摘要是有益的，它对于即将进行的讨论是有价值的。在复审时，案例摘要几乎是必不可少的。请你们不要在这上面犯错。日复一日，每天 10 到 15 页，记住足够多的素材，才能跟上课堂的讨论。但是如果你们踌躇满志，打算一次阅读 300 页、400 页或 500 页，你们将会发现，自己对于大部分案件都是一头雾水，而且你们也没有时间来弄懂它们。只有一种案例学习的方法：做摘要、进行概括和融会贯通。

关于案例摘要的价值，我想补充另外一点。你们无法在案例教科书上对课堂讨论的内容做充分的笔记，但你们需要在某个地方记下案件的实质问题和讨论的内容。典型的方法是在纸上做案例摘要，然后将它直接粘贴到笔记的相关段落。对此，我的看法是，在课堂讨论之后，你们通常会发现之前所做的案例摘要不怎么样。在你们粘贴摘要之前，要进行修改，确保它是对的。

我还想指出的一点是，做案例摘要极有价值，几乎可以说是必不可少的。但是，如果不注意的话，做案例摘要也会成为法科学生要面对的最让人难受的圈套（saddest trap）。想一想眼睛在夜里会变疲惫不堪，或者顶不住看电影的诱惑，案例训练的时间紧迫，因而你们盲目地**逐个**做案例摘要。我要指出的一点是：仅仅阅读案例自身是没有意义的。做案例摘要**最早**从指定的第二个案例开始。只有在你们阅读了第二个案例**之后**，才会知道如何处理第一个案例。我再次指出，做案例摘要的目的是归纳出一个案件如何对于其他案件陈述的问题产生影响。每个案例摘要应说明：这一案例与**我就该问题所知的其他案例相比，增加了什么东西**。因此，在明智地做案例摘要之前，你们至少要阅读两个案例。当你们读到第三个和第四个案例时，你们需要在阅读和做摘要的过程中将它们与之前发生的案例进行参照，否则你们将一无所获。你们要思考的是：这一案例增加了什么新东西？这一案例与我所知道的**有什么不同**？这些是摘要的主旨。基于同一理由，在进行法律研究时，你们不能轻信摘要，不能轻信你们初期所做的大部分摘要。在研究中，做摘要的时间越早，你们在做摘要时知道得越少，它就越无用。再次仔细阅读第一个找到的案例，你们就能领会了！在研究时你们会发现，之前所做的摘要可能有一半要扔进垃圾堆（ashheap）。经过进一步的学习和重新阅读，你们对案例的理解将更加丰富。随着你们智慧的增长，你们从案例中将获得更多的知识。

那么，案例摘要应当包括哪些内容呢？（1）**首先，作为指引，应当包括案例教科书中的案例名称及其页码**。（2）**其次，标明引用的法律、案件所在州以及案件日期**。自此以后，在很大程度上，顺序就没那么重要了。我将为你们提供一个可行和有用的顺序。（3）**准确地说，原告想得到什么？他的诉求是什么？**这是摘要中最重要却经常被忽视的部分。这是提出问题的第一步。（4）**反之，被告想得到什么？案件的争议是如何产生的？**（5）**初审法院是怎么处理的？初审法院的判决是什么？**（6）**最后，当事人对初审法院的哪些行为提起了上诉？**只有当案例摘要具备上述这些内容时，你们才可以寻找到相关事实和所涉法律规则。只有当你们找到这些内容时，你们才可以通过交叉比较，得出案件的争议问题。（7）**记下上诉的结果是有用的**。我发现这是大有裨益的。它能即刻表明，法院在特定段落的表述对于判决而言是否是必要的。（8）接下来是法院认定的案件事实。在这里，我要严肃地告诫你们的是，不要对案件事实做过多的删减。如果你们希望深入地了解**法律规则对人们的影响**，你们应当像法院所做的那样，将眼光放在那些更加引人注意的事实和细节上。同学们，我知道你们会对它们失去耐心，但你们必须这么做。**你们需要准确的事实和精确的细节，但你们常常对它们失去耐心**。如果你们认为它们是多余的，如果你们已经对案件的背景有所认识，事实就绝非枯燥，反而会引起你们的兴趣。如果事实纠缠和困扰着你们，这就表明你们不了解这些案件在生活中的意义，你们需要迫切地研究这些事实。

那么，哪些事实是至关重要的？我再次回到我的主张。案件无法告诉你们哪些事实是重要的。只有你们学习了一组同类的案件，才能帮你们解决这一问题。因此，在做案例摘要之前，你们阅读的案例越多，就越清楚哪些事实是重要的，但你们要根据案例的整体情况来做案例摘要。

最后，我希望你们记住这一点：只有在事实（根据其他案件所阐明的、**选定的或归类的**）与程序设置给定的问题交集之处，你们才能找到案件的细节问题，**只有在这种情况下**才能找到。

（9）**事实之后是判决依据，它的措辞要与法院采取的表述一致**。（10）如果你们不喜欢法院的表述，你们应以其他的案例作为依据，注明你们认为应当如何来表述法律规则。

除了上面这些要点，对于做笔记我没有太多的限制，可以按照你们自己的喜好来做。（11）**我始终认为，揭示法院热衷的论证思路会很有用，我希望使它们呈现出来**。（12）**此外，法律初学者会在案例中发现很多关于法律的评述，这些评述尽管对于他正在学习的主题没有什么影响，却非常有趣，很长见识**。我过去的做法是，当学生将评述记下来时，让他们自己来记，这有助于他们进行记忆，也不妨碍他们进行复习。

对于案例摘要，我就说这么多。你们会发现，如果你们遵从这些建议，在你们把最后的案例摘要做好时，你们的课程准备也就充分了。因为如果你们不把案例摘要放在一起相互参照，没有对达成一致的结论做出表述，你们就无法对四个案例中的每个案例做案例摘要。你们最终的案例摘要应包含（或至少暗含）所有的其他案例。我想再次强调的是，你们只有将案例放在一起考虑，并且仔细考虑你们措辞的某些影响之后，才算准备好，才知道**任何**一个表述的含义为何。

第四章

案例法教学：先例

心理学家喜欢谈论统觉团（an apperceptive mass）[1]。我对统觉团是什么不是很确定，也不确定它是否存在。但我非常确定的是，心理学家遇到了真理的难题（have a strong truthby the tail）。如 A. G. 凯勒[2]曾经指出的，唯一的问题是，我们是否有足够的耐心和技能去获得真理。

我们所了解到的事实是：在判例中，你提出来的东西就是你观察到的，不会有更多。如果你提出很多的东西，说明你观察到很多。如果你什么都没提，说明你什么都没观察到。每个判例都**些许地**增进你的了解。同样地，增进的标准就是你提出了什么。

我在上一个讲座中精心详述了有关案例摘要的问题。现在我将再次对它进行阐述。案例学习的过程是缓慢的，而它所起的作用也是深入细致的。它之所以有效，必须起到深入细致的作用，是因为它日复一日地

---

〔1〕 统觉团，心理学术语，指通过整个人以前的经验去理解新的概念或知识。——译者注

〔2〕 凯勒（A. G. Keller），生于1874年，美国知名社会学家，生前为耶鲁大学教授，以编辑美国社会学家威廉·索姆奈（William G. Sumner）的多卷本文集著称。——译者注

研究**琐碎的**材料。因此，你们**好像**是在学习，**好像**是在理解，然而你们脑中每天记住的只是当天要学习的案例，仅此而已。同学们，就此而言，我们所学到的只是细枝末节。你们**好像**在学习，但如果你们确实是**在学习**，那么你们需要每天、每周将新旧素材整合在一起。你们还需要对它进行扩展，最重要的是，你们需要扩大（特别是整合）法律方面的统觉团。你们需要将你们目前获得的**整个**知识用于每个新的案件和案例摘要中。做案例摘要的核心——“这一判例**增加**了什么新的东西?”——对你们有帮助，随着案件内容的增加，将有助于提升你们现有的技能和品质。

我知道你们之前已经听过所有这些。我知道你们已经听过我们古老而熟悉的青蛙爬井的故事：一只青蛙白天在光滑的井里爬三尺，在晚上睡觉时滑下两尺。这只愚昧无知的青蛙不会坚持不懈地爬，它对自己的统觉团一无所知。用军事上的行话来说，它不会巩固自己的地位。由于没有尾巴，它也就关注不到在臀部之外的问题。

你们可能认为你们比青蛙强得多，这是有可能的，至少在理论上你们是有智慧的。院长办公室向我们保证，你们通过了我们的秘密精神病鉴定委员会这一关。我告诉你们，使缓慢变化的案例教学获得动力的唯一途径是日复一日**加速**学习的进程，此时你们应该能够**理解**我的意思。你们不会大量地增加新的学习素材，但你们每天都可以提高你们从新素材**所获得知识**的数量和质量，但只是以一种方式：通过每天、每周复习、整理和整合你们所拥有的素材。我们的课堂教学对于你们不是必不可少的。但是，我之前就坚持认为，只有**你们自己**先尝试解决问题，准备接受课堂讲授，课堂教学对你们才有价值。而且，我今天仍坚持认为，只有你们自己（或以小组方式）解决问题，将你们所学到的内容融入未来能**产生作用**的能力上，课堂教学才对你们有价值。你们所希望获得的唯一的东西是，课堂教学能够给你们带来启发，但课堂教学**自身或许**比基思剧场（Keith's）的节目还要差劲，并且费用高昂。

现在我来告诉你们，在讲座结束前，我希望向你们揭示案例素材中有足够多的细节，足够多值得遵从的妙语，促使你们认识到讲述的意义。最后的一个劝诫是：尽管你们的老师讲授某些案件已经有十几、二十次，但他们在讲授之前仍然反复地研究它们。他们**不断地**从同样的材料发现新内容、新观点和新问题。他们增强了自己的统觉团。他们成功地驯服了这只野兽！

我想强调另外一个问题：记笔记几乎是必不可少的。书写有助于记忆，并使记录得以保留。但是，容易记的东西往往也忘得快，一下子就溜走了。如果你们要巩固记忆，你们就需要记笔记。但就像做摘要一样，笔记是个不可信的工具。有价值的笔记不是**简单的复制**，在记录之前要作出批评性的分析。有价值的笔记不在于它记录了什么文字，而在于它的内容是经过了挑选、加工和精心制作。有价值的笔记保留了对老师提出的问题和你们的独立思考。如果你们积极地（尽管是安静地）参与讨论，你们的大脑应当随着课程的推进而提出疑问。这些疑问就是记录的内容。老师给你们的信息只有参考价值，你们可以从中看到案件的背景，你们可以判断什么是实际的理由，什么只是法官个人意见。

以这种方式记笔记会更加困难，更加缓慢。更加困难是因为：为了记笔记，你们必须对笔记的内容**进行思考**，你们需要对这些内容作出回应和重新表述，依据讨论的内容，从周围纷乱的词语中挑选出重要的词语，同时，你们必须在整个讨论过程中聚精会神，使用你们顺手拈来的用语。同样，用心动脑做案例摘要会更加困难、更加缓慢。坚持每天花时间整合笔记也会更加困难、更加缓慢，这些事情需要心理上和精神上的勇气。它们是你们法律学习中的不规则动词、词形变化和句法。它们是你们的工厂、引擎和机器。如果你们克服困难一下子找到要点，如果你们把它们整合到一起并运转起来，你们就真正掌握了它们。投入是全方位的。一两个月内你们将收到回报，六个月内你们将发现它们是一笔意外之财。你的机器已上好了润滑油，运行平稳，而你那个在一个橄榄球季就“无忧无虑”的邻居，他的机器却是磕磕碰碰，动不动就熄火。这就是青蛙故事所暗藏的智慧。

好了，这部分我说完了。让我们继续谈些有意思的事情。

我们之前讲了从比较判例中提炼出法律规则的技能，今天我们要更进一步接着讨论：具备了这一技能后，我们该着手做些什么？如果你们有足够的领悟力，我们还要学习提炼出某些隐藏在判例中的不那么系统化的知识。这两种学习密切相连。它们将我们带回到判例本身，就像我们在冶炼时需要矿石一样。

因为这些案件已经在某种程度上向我们揭示了——产生了哪类纠纷。在这里，就像对法律规则的效果进行评估一样，我们必须记住的是，上诉法院所推定或采纳的事实已经经历了变形和扭曲。因此，即使案件事实呈现在我们面前，我们也不应认为它们是对相关事件的准确描述。但如历史学家所知道的，从带有偏见的、片面的，甚至是宣传家的解说中，还是能拼凑出许多有价值的东西。而且，为了方便，我不断地提到案件的“事实”。我相信，你们会理解我的看法，始终认为应该像历史学家阅读一份史料那样来解读案件的“事实”，寻找带有偏见的、遗漏的、歪曲的证据，并且不是像得出实验室证据那样得出事实的结论，而是像一个富有技巧的记者阅读“伦敦来信”那样得出结论。

我前面指出，判例为我们揭示了产生了哪类纠纷。但是，作为法律上的判例，它们首先揭示的不是生活中的纠纷，而是由法院处理的争执（quarrels）。我已经指出，由法院处理的争执只是生活争执的一小部分。而生活中的争执只是生活事务更小的部分。在我们强调案件的意义时，有必要对这两点都进行强调：事实是典型的吗？是什么的典型？

你们会发现有一大批案件是注定要提起诉讼的，它们就像杀人狂或昏睡病一样，与我们的正常生活息息相关。它们之所以被诉至法院，是因为它们是如此独特，以至于正常的社会方式无法为解决它们提供坚实的基础，或者是因为正常的社会调整机制不具有可以约束它们的强制力。从这些案件得来的法律则是非常有用的。事实上，它们对于律师很重要。就像擅长于治疗眼病和耳病的医生一样，律师擅长于处理这类零碎的事务。在律师眼中司空见惯的案件，在普通人看来是事故、不幸和终其一生的事。事实上，这些案件对于充斥于整个群体或整个社会的外行人来说可能是罕见的。我强烈地怀疑，我们大量的法律规则将会在研究中被证明只触及这些病态的案件，这些法律规则很少触及生活的规则。基于推测，任何发挥作用的法律规则在生活中都是异乎寻常的、难以预见的。尽管它们顶多作为可能性很小的意外事件被**加以考虑**，但还是有必要为其寻求保护或保障。这些规则是**裁判的规则**，是官员的规则，是专业人士的专门规则。它们引起你们的兴趣，是因为你们也可能成为这样的专业人士。它们引起你们的兴趣，还因为它们揭示了普通人不会想到的意外事故。如果他来向你们咨询，通常会给你们带来必要的酬劳，以使他获得更加充分的保障。

但是，对于你们的学习和理解更为重要、更为关键和更受关注的，应当是贴近生活的那些案件，那些经常发生的、代表整个利益冲突群体的经常发生的纠纷。在这里，制定的规则就是人们可以预见到的规则，即便他们没有预见，规则的适用也可以对他们产生威慑力。这也就成了人们在诉讼之外通常用以调整其行为的法律规则。你们在不断增长的制度边缘会经常发现这类案件。人们对新型的合同、市场组织、保险、公司股票总是满怀期盼，它们不断地被试验，然而它们的范围和影响是不明确的，这时纠纷便产生了。每一方当事人都真诚地认为对他有利的观点是正确的。对于有疑问的内容，相关当事人处理的方式和态度是不确定的、是有变化的，甚至相互矛盾。在社会的试错和模仿程序可以得出相当确定的结果之前，纠纷可能会达成妥协，也不会将纠纷诉至法院。不过，纠纷还是有可能引起诉讼，或许是有意将其作为推动立法的试验案件，或者是因为社会事件而引发，或仅仅是因为一方当事人的固执己见。无论何种情况，它都会成为一个试验案件，法院会发表类似准立法机构的意见。这些试验案件，一旦对它们作出裁决，将影响、限制或阻碍制度的进一步发展。如果法院在未来遵循它过去作出的裁决（这是很有可能的），则该裁决不仅会塑造法律的进一步发展，而且影响社会的进一步行动。因此，裁决或许可能是在两个世纪之前就作出的，它依然能对今天的社会组织产生影响。一方面，法院的权力对社会产生影响；另一方面，社会的发展也影响着法院。正是社会（而不是法院）催生和塑造了新生的制度，促使法院作出行动。只有通过对社会进行观察，法院才能理解新生制度需要满足的是什么，需要抑制的是什么。在一定程度上，法院对社会进行直观的观察（look at）。在一定程度上，法院研究自己过往积累的针对类似问题所做的判决，也就是既有法律的“状况”。无论如何，如果需求非常紧迫且反复出现，对它们的承认迟早会写进法律。它们要么促使法院突破或和背离早前的模式，要么促使律师找到某种“旧瓶装新酒”的方法，并使得瓶子的容量和形状随之发生变化。从长远来看，这适用于所有的社会制度。最后，如果法院自己坚持不让步，还对律师的试验施加限制，而需求又反复出现，并且持续足够长的时间，难度足够大的话，则此时只能通过立法来作出改变。

每一个案件（除了那些完全非理性的案件）都是这一伟大实验室的实验，问题是如何从这些实验中汲取你们法律训练所需的营养。

首先，设想当事人之间最初的法律关系是怎样的，这不只是出于从案例中汲取营养的目的，也是出于法律学习的目的。他们是谁？他们长得怎样？更重要的是，每一方希望得到什么？他为什么希望得到这个？如果你们能够找出每个交易的时间顺序，如果你们能理解每一方在实现其愿望时的各种主张（无论这些主张是正确的或错误的），并且设身处地地按照当事人当时的情境去理解和感知，只有在这个时候，案件对于你们才是真实的。这时，案件会嵌入你们的脑海中，案件的表述会发挥作用，促使你们进行思考。如果你们愿意，可以称之为“编写剧本”。如果你们愿意，可以称之为“创作小说”。它们至少在这点上是相似的：在遵循一定规律的前提下，放开你们的想象，将自己置身于该情景中，理解和感受每个事实的质地和纹理。

同理，当一个事件引发了案件时，也是如此。你们会发现，对**交易**（transaction）和**事件**（event）作出区分是非常有帮助的。当两方或多方聚集在一起完成某事时，我们就有了交易。交易双方讨价还价、出售、出租、承保保险。在这种情况下，先有交易，然后才有纠纷。此时，预先形成交易的可能性始终存在，旨在实现当事人双方或一方的目的。因此，这里会有提供各种法律保护的空间，会有律师施展才华的空间。但我所称的**事件**，尽管有时可能会满足一方的希望，但很少是双方都希望发生的。例如，某个人被杀了，这可能是杀人者的目的，但它不大可能是死者的目的。又如斗殴，在某种意义上，双方斗殴是事实，斗殴可能是有意的。但事先就抱有斗殴的想法的情况极为少见。对于事件而言，设想同样是有帮助的，但它们的戏剧性特征通常导致你们只能发现你们设想的那部分内容。因此，对侵权案件的事实确定通常很“容易”。但确定合同案件或财产案件的事实时，你们更有可能迫使自己动手做。之所以说迫使，是因为这是你们必须要做的。

然而，除了当事人想要什么、做了什么，还有更多需要编排（dramatize）的，尤其是在交易活动中。在交易中，你们常常面临这个问题：**如果你是律师**，在谈判的各个阶段，你需要向你的当事人**提出什么建议**？你将如何分析眼前已知的案件事实？事实的法律意义是什么？如何运用这一法律意义去影响当事人作出合适的决定？

如果你们能读懂事实，则案件就不再枯燥无味，而会像起着金色泡沫的多伦多麦芽酒，（一些疑问）会像微细气泡从你的脑海中冒上来：法院会像当事人那样理解事实吗？法院了解了当事人的意图了吗？用法律语言来说，法院对事实的解释是合理的吗？

这将我们引向一个最为显著和有用的区分：在阅读案件时，你们必须区分基于推定事实制定的**法律规则**和**法院对**提交的**事实进行解释的方式**。我将这些称作裁决的两个不同层次。在逻辑上，你们首先会注意到对案件事实进行的解释。在记录中存在一些关于证据的表述，你们将赋予这些表述某种意义。你们将决定这些表述究竟是何种意义。你们还要搞清楚适用的法律规则对已确定的事实的含义会产生何种影响。它完全没有涉及原始证据，它只涉及经过核查后的证据。

但在生活中，这一过程可能是相反的。法律规则和裁决可能会支配着事实的解释。面对一个实质上相同的案件时，如果后来的法院不喜欢先前的法院作出的判决，它可以用两种方式作出相反的裁决：它要么拒绝第一个法院制定的规则（这是不大可能的）；要么接受其作为文字上的规则，可能会引用先前的判例作为权威，但对新案件的原始证据作出不同的解读，最终得出结论，由于事实上的差异，这些法律规则不适用。例如，所有人都承认，如果 A 向 B 提出一份要约，然后 B 写了一份有意作为承诺的信函，但对提议的合同增加了一个新的条件，以增加该条件作为承诺的前提，则 B 实际上并没有作出承诺。这一规则看起来足够明确。但直到你认真对待我提出的裁决的第一层次，这个规则才有意义，即通过了解法院在判决中如何解释不同种类的信函来判断是否适用该规则。例如，A 向 B 提出了一份要约，以三万美元的价格出售他在格林威治村的马棚，B 需要在周二付款。A 在纽约，B 在费城，该要约本来是在纽约支付三万美元，B 做出回复：接受要约，但货款在费城订约时支付。这是一个新的条件？还是仅仅是一个请求 A 改变付款地的提议？在此问题上，仅仅根据普遍性共识，无法理解“法律规则”是什么。基于此，我推论出：在你们学习裁决的第一个层次（对当前案件的事实进行解释）之前，你们并不**懂得**法律规则**是什么**。在你们理解这些话语**所代表**的含义之前，我不在乎你们对它们了解多少。这对整合案件很重要，对节约时间也很重要。仅仅因为你们不喜欢法院对证据的解释方式，而对法院制定的法律规则争论不休，这很不值得。你们可以理解和接受所制定的法律规则，但保留你们对于证据的不同看法。但为了巧妙地进行辩论，你们需要对争议点做出澄清。另一方面，在谈到法律规则对于生活、实际的纠纷、实际的交易的影响时，很显然，你们关注的焦点是裁决的第一个层次。

接下来我将阐述关于法院的另一点。你们会发现某些法院在进行解释工作时，非常热衷于发现当事人的真实情况是什么，法院会像当事人一样解读他们的言辞，解释琐碎的证据。这些法院像你们应当做的那样行事，他们引导你们进行思考。其他的法院则看起来极其地冷漠，他们不仅自己制定法律规则，而且自行对事实进行解释，似乎生活是为法律而安排的。我认为，不同法院对于证据的解释有着**态度上**的分歧。

此外，这种“**态度**”的概念还有更深远的含义。我在上一讲座中谈到一个屡见不鲜的现象：对于两个案件，两个法院提出了不一样的法律依据——两个不同的、相互冲突的法律规则。我谈到制定第三种法律规则的可能性，一个可能与每个案件制定的规则不同的法律规则，但能够协调案件、兼顾两种结果。这种规则通常是通过区分来达成的：挑出能够**区分**这些案件（但未能得到法院强调）的某些特征，并坚持认为这些不同特征会影响到判决结果。这些不同特征可以是事实问题，也可以是案件程序设置上的差异。无论如何，从我们的角度来看，引人注意之处在于，这些差异没有得到所述两个法院的充分关注。这将我们带到“态度”的问题。假如**法院愿意**的话，它也会找到对这些案件进行区分的足够的差异，也就是说，假如这一区分在技术上**能够**实现，问题依然存在：法院会这么做吗？任何法院都会这么做吗？所述的两个法院中的每一个法院都会这么做吗？或者说，两个明显相反的案件事实提交到它们面前时，法院是否会说：“我们不能像那个法院那样作出裁决，因为在第一个案件中我们已经确立了相反的规则。”

你们注意到，在这里我们已经离开了纯逻辑的领域。我们也确实离开了纯科学观察和推理的领域。逻辑和科学可以确定地告诉我们，理论上的**可能性**是什么。它们告诉我们，如果没有自相矛盾的情况，这些案件的结果是否可以相互协调而并行不悖？它们甚至可以为我们提供法院论证的工具，即案件**应当**以协调一致的方式来裁决，但逻辑和科学无法保证的是，论证中所体现的可能性**是否**一定会被某个法院所采纳。

但是，有这样一种情况：在我们寻求纯理论学说时，恰恰是为我们案件带来很大麻烦的那部分细节，现在会给我们提供帮助。法院的一些表述、法院甄选出和加以强调的问题、对于律师引用的案例和提出的论点的态度（无论耐心与否）、对当事人实际上达成的合意是否有兴趣（在证据解释层面）、对法院逻辑推理工具的迟钝或敏锐，这些内容都奠定了预测的基础。这种预测虽然无法精确推断出特定法院在后来的案件如何作为，但仍非常有帮助。

要达成这样一种预测，其他法官偶尔作出的附带意见是很有用的。在英国的上诉法院中，各个法官依次地给出案件意见是常见的做法。法官有时候自己作出事实陈述，他经常提出自己的推理，并最后得出结论。你们会发现不同法院对事实的陈述经常存在差异，尤其体现在法官整理和强调的那部分。你们还会发现，不同的法律论据对于每个法官的说服力是不一样的。他们偶尔也会有结果上的分歧，但这并不经常发生。我们需要注意到一个具有挑战性的问题。如果法官在看到同样的记录、听取同样的论据后对案件作出不同的解读，甚至对于“本案”推定的事实作出不同的选择，则可以推断其对事实的选择和呈现方式表明了他们对于案件思考和反应。而且，如果不同的法官发现不同法律论据最终能够得出一个相同的判决，则可以推断法官对于事实的反应基本相同，至少要比单纯用文字形式表达的法律规则更具有可预测性。可以肯定的是，坚信可以从“文字的一般性归纳”中得出结论的人，当他们发现英国法官在同样案件中引用不同法律规则作为同一裁决的理由时，一定会有所犹豫。在英国的司法实践中，法律规则在具体判决意见书中会存在差异，这个结果就造成了：对于哪个判决意见书代表“本案的法律规则”（对于以后的法院而言）的疑问通常会存在一段时间。法院提供了不同（或者可以说是相互对立）的判决理由。

大体上，无论是否有业务上的压力，我们的法院都还局限于给出书面的司法意见。这或许是因为由一位法官准备一个案件的判决意见书可以使法院能更快地处理案件；或许是因为这么做可以巧妙地避免律师们对于法院以后案件中所依据的何种法律规则产生困惑；或许是因为相对于英国的法官而言，我们的法官总体上缺乏口头提出司法意见的训练，只愿意留下书面意见。无论基于以上何种原因，都导致了我们的法官更愿意将主要精力放在书写上。不过，这并没有彻底地根除古老的英国实践。我们仍然能发现特别意见的存在。这些特别意见之中，有时是附随意见（concurring opinions），这是法官发现无法认同最终判决意见书的部分推理的情况。有时是反对意见，这时法官对于裁决持有强烈的反对意见，他不满于仅仅投反对票，而且把自己的观点记录在案。在这里，有意思的是，反对意见为我们提供了第二个观察点，我们可以通过它预测法院在未来的作为。

我要补充的是，尽管我们很难概括反对意见对未来判决的影响，但还是可以得出某些推论。首先，在对案件作出裁决的法院，存在反对意见证明发生过争论，而且争论已经被解决了，多数意见几乎可以确定会保持不变，至少在同一批人担任法官期间是这样。有些案件却是这一规律的重大例外（当然，这很少见），用卡多佐的话说，这类案件中的反对意见是“新时代的声音”，它们在当时还不太被人熟悉，还需要等待日后的认可。在作出判决的法院之外，反对意见的影响就不明朗了。在某种程度上，反对意见总会削弱判例的权威性。在某种程度上，是因为反对意见出自一个意见有分歧的法院，它与多数意见的推理是同时存在的，另一种推理的出现削弱了判决权威性的心理效应。但对此通常也有一种更有力的反驳：正是因为存在了反对意见，所以法院在作出判决时才会更加谨慎，因此判决的权威性应当增强而不是削弱。

我认为，我们现在可以对**先例**（precedent）这一问题展开讨论了，看看可以从中学到什么。不过，恐怕我对于先例的看法将如同我对于法律的看法一样被认为是非正统的。一个奇思妙想需要另一个奇思妙相配合。尽管很多或大多数关于先例的讨论都将法官对先例**所作的表述**当作原始材料，但我打算将法官对于先例的所作所为（而不是法官对于先例所做的表述）作为先例的原始材料。

首先，什么是先例？暂且不考虑我们法律和法律学说的细节，大致地说，先例是官员在类似情形下重复地作出的行为，而这些行为实质上与他自己或其前辈之前的行为是相同的。先例的基础是整个社会的民俗、制度以及个体的习惯。在这一宽泛的含义上，构成先例的元素与构成习惯和制度的东西是一样的。解决问题需要耗费时间和精力。一旦你们解决了一个问题，下次还要重来一遍就非常愚蠢了。事实上，你们很可能会对重来一遍的想法极不耐烦。惰性和贪图方便都要求你们在现有的基础上更进一步：要求将曾作出的裁决、**曾得出的解决方案**融入你们现在的技术操作中，**而无须重新审查是之前的哪些因素促使你们得出解决方案**。从这一点来说，无论官员是否希望获得先例，也无论他是否认为先例存在，对于先例的渴求都会在官员的行动中得到体现。从这一角度来看，先例只是对官员或公务（the office）**实践**的一种尊称。显然，没有这种实践，就没有公务或官员。此外，由于书面记录这一制度的存在，官员实践的范围可能得到相当程度的延展，外部推广、外部仿效的可能性更是如此。最后，如果存在书面记录，并在某种程度上被认真和持续地引用查阅，那么在未予公布的实践中渐渐出现变化的可能性将大大地减少。从法律视角来看，在这里律师制度就显得很重要了。尽管法院可能对审判进行记录并予以保存，却极少关注它们，或可能仅给予漫不经心的关注。法院为了改变对某类案件的看法，甚至会故意地忽略不利的记录。而律师为了找到支持其观点，会对案件记录进行搜索，通过对先前判例的发现、明确和竭力主张，利用人类倾向于重复的本能对法院施压。

这时，有一个伦理因素介入了，即法院和其他官员不仅要处理案件，而且应当按照过去所做的那样来处理。在这里，第一个类似的情况也同样出现在民俗或个人习惯中。我不知道其原因，也不知道如何变成这样，但我注意到一个事实：人们过去的所作所为，到一定的时候获得了另一层价值、另一种特征——政策、伦理或道德层面的特征，而并非仅仅是一种实践。过去所做的变为要做的“正确”的事，而不仅仅是预期发生的事，人们期待着它们的发生，如果不能发生，人们也会愤愤不平。对于习惯被打乱的个体来说，的确如此。在社会交往中，当预期的事件（在我们的期望建立在对他人习惯的了解之上时）得以实现或未得到实现时，也是如此。事实上，随着社会事务的不断增多，发展出不同的社会群体，**追使人们**做出**符合**现有的和所期望的社会行为。

现在，律师将所有这一切加诸法律的影响之上。这就该谈谈司法良知（Judicial conscience）了。

且不说这一粗暴无理、毫无逻辑的事实——应当依附于实践，对于官员尤其对于大多数的法官而言，支撑这种司法伦理因素的政策理由是以往的实践。以往的实践为没有经验的新官员提供了其前辈们积累的经验。如果他无知，可以向前辈们学习，并从他们那里获得知识。如果他懒惰，他可以注意前辈的行动，从前辈们的勤奋中获益。如果他愚钝，他可以从前辈们的智慧中获益。如果他存有偏见或腐败，公众通过对他的作为与以往实践相比较，可以限制他肆意妄为的程度。最后，即使他的前辈在确立惯例时自身就是懒惰、无知、愚钝或带有偏见的，但只要他会继续遵循前辈以往的做法，也会给予人们预测法院行为的依据，人们可以利用这种预测事先调整自己的期望和事务。了解法律是有用的，即使恶法也是一样。因此，容易理解的是，我们的制度先是发展出遵循先例的习惯，然后才发展出先例应当被遵循的法律规范。我们已经看到这一原则的主要形式。这一原则实质上就是，每个案件都应该作为一个一般规则下的实例，法官应当按照其对案件进行裁决。这对于所有的法律制度而言几乎都是适用的。其他的原则被视为附属原则，其目的是帮助我们运用以往的判决，根据以往的判决进行推理。

但你们可能想到，尽管我说的这些都是支持先例的，但也会有一些反对的意见。前辈们的无知、愚钝、懒惰或偏见可能会对意志坚定的新法官构成束缚。环境可能已经发生了变化，尽管先例在确立之初是好的，但它现在可能已经变得过时了。判例出现时制定的法律规则的表述无比糟糕，没有预见到后来困扰法院的纠纷类型。我们的社会在发生变化，法律要适应社会，也必须发生改变。同时，我们的社会需要稳定，否则它就不是社会。法律要适应社会，也需要保持稳定。这都是事实。对此，或许有两全其美的办法：在大局问题上最需要稳定，在细枝末节问题上最需要变化。无论如何，我们现在的任务是，探究我们现实中已经运行的先例制度如何同时做到既是稳定的又是变化的。

我们首先转向我称之为正统理论的先例学说，你们已经熟悉了它的实质。每个判例确定了一个规则，也就是本案的法律规则。明确的判决依据是案件表面上的法律规则，因为它是法院用以作出裁决的依据。但后来的法院可以重新审查这个判例，援引“法官无权对未向其提出的问题进行裁决”这一原则，通过对事实或程序问题的审查，对实际上提交给法院的事项进行限缩，并认定对已作出的裁决应当做限制性理解。在极端的形式上，这便导致众所周知的“将判例限定于特定事实”。例如，某一规则仅仅适用于坐在浅洋红色别克车里的那个红发的沃波尔。当你们发现这是对一个以往案件的表述时，应该意识到它实际上已经被推翻了。只有那种在某种程度上有点荒唐的惯例，才能避免在该情况下直接推翻法律规则。说法院在先前的案件中出错被认为是明显不妥当的，如果审理该案件的法院是同一个法院，就更加不妥当。人们坚信这样做会损害“法院不犯错误”的信条。人们一边对这个信条高唱赞歌，一边对先前法院确定的法律规则开膛剖腹。只不过对它的处决是在庄严的司法礼仪下进行的。

在我看来，这种关于先例权威的正统理论——我称之为**严格先例观**——只是完全对立的**两种观点**之一。在实践中，它常被用作一种教条，适用于**不受欢迎的**先例。正是这一公认的、合法的和可敬的技术降低了先例的重要性，让律师在其辩论中、法院在其裁决中不受其约束。它简直就是一把手术刀。

我认为，这一观点之所以成为正统，是因为它比另一种观点得到了更多的讨论。考虑这一情形：剖析分解案例并不容易，它需要思考，需要有意识的思考，需要分析。如果仅仅是拿到一个判例，阅读它的语言，然后将其中明确表述的某些句子加以适用，这谈不上有多大的技艺，或有多大的困难。但困难在于挖掘法院所做的表述之外的东西，在于敏锐地重新审查法院先前的判例，在于证明法院所使用的话语完全偏离了主题，而这些主题只能用“放大镜”慢慢地、细致地分辨。因此，区分判例的技术日趋体系化，进而导致了对判例的审查愈加细致。当人们在谈论权威或先例学说时，他们自然而然转向自己**有意识地**针对这一问题所做的那些思考，他们挑选在该条件下作出的判例、分析和论据，把这些放在一起，并称之为“学说”（Doctrine）。我怀疑，支持这种正统性观点还有另一个理由，那就是只有更出色的思想，只有具有像心理解剖刀一样的敏锐头脑才可以完成这样的工作。只有出色的思想家、具有明显优势的思想家才能著书立说，并由此确立撰写教科书的传统。在这些思想家看来，平庸之人所做的思考是低劣的，文如其人嘛，远不像他们独立进行的思考那么优秀。他们只说对了一半：你们可以轻而易举地从严格先例观转到另一种学说。如果你们可以处理这种学说，你们可以在二者之间游刃有余，反之则不然。严格先例观是你们要学习的一种技巧，**但不要误认为它是全部**。

在研究法院的实际运作或者律师的辩论时，你们会发现，除了“严格先例观”，还有一个完全不同的观点在起作用，我将称它为**宽松先例观**。这种观点就是：经过法庭辩论和审理之后，法院对其所选的、据以结案的任一问题（或者说全部问题）都作出了裁决，而且是权威性的裁决。无论表述有多么宽泛，无论事实或程序问题多么无关紧要，如果这是法院确定的规则，那就一定是有效力的裁决。事实上，这一观点通常将法官个人意见——甚至是冠冕堂皇的（grandly）法官附带意见——带入判决意见书中。在极端情形下，这会导致完全用以往判决的**言辞**进行思考和争论，进行援引和运用，而不考虑产生这些言辞的案件事实。

显然，这种观点不是用来让法官摆脱以往判决的束缚的工具，而是在发现过去的判决方便实用之时，将以往判决作为跳板使用。这是一种利用**受人欢迎的先例的**工具，律师和法官都以这样的方式使用它。从最受人尊敬的法院和普通法院的**实践**来判断，这一先例观和严格先例观一样，是公认的、合法的和可敬的。

因此，对于先例学说，我想让你们铭记的是，它是个两面派。它不是一种学说，而是两种学说。**这两种学说如果同时适用于同一先例，相互之间是矛盾的**。一种学说是为了消除被认为容易引起麻烦的先例，另一种学说是为了利用看似有用的先例，这两种学说并行存在。同一律师在同一个案例摘要中，同一法官在同一份判决书中，使用严格先例观砍掉一半过往的判决，运用宽松先例观，利用另一半的先例来进行重新建构。如果没认识到这一点，你们就无法理解法律何以历经变化和发展而仍然能立足于过去，你们就无法理解如何利用法官在判决里的恰当见解，去避免法院过去犯的错误。事实上，在我看来，这里有先例是好是坏这一问题（即以能干的前辈的工作来为愚钝的法官提供支持，但以愚钝的法官的错误来约束能干的法官）的部分答案。请你们再次考虑学说的**困境**问题：严格先例观（切掉过去的判例）是很**难**运用的，缺乏主见和技巧的法官根本用不了它，因为以往的裁决会对他形成约束。但对于我们赋予其自由的老练法官而言，他得到了自由，他利刃在手，游刃有余。

在你们看清先例学说在实践中的两面性之前，你们无法意识到，**单凭法律规则**，你们所能预测的细节是多么有限。为了预测的目的，你们必须在多大程度上求助于法官对案件事实及其周围生活的反应。在这一点上，我们再次想到英国的法院，所有的法官都一致赞同判决的结论，但对得出结果所依据的法律规则可能意见不一。

在我看来，将这个两面的先例学说适用于案例课程的学习，你们会获得这样的结果：你们从作为先例的最大价值的角度（至少是针对质量上乘的先例）来阅读每个判例。你们可能还记得，我曾经建议你们以法院自己的话语记下判决依据。现在你们应该明白我的用意了吧。另一方面，你们还要从作为先例的**最小**价值的角度来阅读每个判例，并将它与最大价值相比较。在这样做时，你重点要做的是缩小判例的范围，越窄越好。第一个问题是，这个判例会有多少内容被后来乐于遵循此先例的法院所完全坚持？你们可能会补充一些似乎经过了深思熟虑的法官个人意见（尽管这些意见在权威性上略有瑕疵）。第二个问题是，对于想规避它的后来的法院而言，在这个判例中有多少内容是无法被规避的？

你们现在已经拥有了从判例得出的说理工具，可以在新案件中作为**任意**一方的律师。把它们用于预测的问题。对于事实稍有不同的后来的案件，同一个法院会采用哪种观点？它会选择严格先例观还是宽松先例观？另一个其他的法院（你们手握其判决意见书）将如何使用这个判例？在这里，你们要转向我讨论过的态度问题。在这里，你们将运用你们所知道的一切，包括每个法官或特定法院的倾向，甚至是行业的、当前情势下的或大时代的趋势——在以后的案件中对于法院来说更为明晰和重要的任何东西。但要始终记住，每个先例不只有一种价值，而是有两种价值，而且两种价值相差甚远。不管后来的法院赋予给它哪种价值，都是值得尊敬的、在传统上是合理的、在原理上是正确的。最重要的是，当你们将这些信息应用于你们的法律训练时，我希望你们会发现，在最有争议的案件中，先例的表述**必然**是含糊不清的，直到法院下定决心认定接受它们中的哪一个，不接受哪一个。因此，落在你们肩上的说服工作，不仅要为你们所主张结果的权威性提供一个技术工具，而且，如果要按照**你们**提议的方式使用先例，就要说服法院，在案件事实方面你们的陈述是合理的。

人们——奇怪的是有那么多人——认为先例创造了或创设了一种不涉及判断和说理问题的确定性，要么认为我所描述的只是法院不恰当的含糊其辞，要么认为这与黄金时代的法院做法背道而驰。我认为，这些人一点也不了解他们生活在其中的先例制度。

第五章

船只、鞋子与封蜡

案例法教学只是法律和法律学习的一部分。最紧要的内容已经说完了，你们至少已经知道案例学习为何物。现在，我们可以放松休息一下，充分发挥自由的想象，让识途的老马带我们到法律的牧场里闲逛一会儿。法律的牧场是没有尽头的：逻辑、法制史和《令状录》（Register of Writs），大陆法、夏安族人（Cheyenne）的法律和少年法庭，霍菲尔德式的分析（Hohfeldian analysis）和联邦宪法，布雷克顿（Bracton）和布莱克斯通（Blackstone）、曼斯菲尔德（Mansfield）、科克（Coke）以及边沁，英国法律是如何引入美洲的，制定法、法官政治、法律检索，律师执业准许、律师协会，对图书馆的利用、法典以及法律迟延。让我们挑出几个，填满烟斗，擦燃火柴，吐一口烟，看看烟雾中的画面。

一

可能要先谈谈逻辑在法律中所起的作用。因为如果你们还有印象，就会知道我对于逻辑的评价是有点苛刻的。有一种观点认为——我觉得某些人仍持有这种观点——法律是由原则和规则组成的。一位法学大师能将这些原则和规则编制成一个完整庞大的法律体系。理想的情况是，在这一体系顶端的是唯一的大前提，即高高在上的秩序统治者，在他下面是“克里格”（Kleages）、“克劳克森”（Klaxons）、“克劳斯”（Klaws）等官员，也就是普通的法律规则。在这些普通法律规则之下，依次排列着不同的案件：每一组案件事实，都处在它应在的位置上，都是小前提中的一个条件，大前提则是支撑作出分类的规则。这样的体系已经在特定的细分法律领域中，以不那么理想化和宏大的形式被反复地尝试。实际上，我之前强烈要求你们把一组案例整合在一起，本质上就是在细分领域里建立类似性质的微型体系。

这样一个逻辑体系，无论在范围上是多么保守，仍然会不可避免地超出当下的案例。归纳建构的核心是大前提的建立，这个大前提不仅包括观察到的现象，而且包括所有**相似的**现象。因此，针对判例规则作出的最适度、最具有纯粹描述性的逻辑排列，也总是宽泛到足以涵盖比你们初学的判例还要多的判例。对于这些更多的判例，当作为**描述**体系来考察时，你们的逻辑架构会指出：“**如果**我对案件的描述是正确的，那么就像以往的案件 a 和 b 会有结果 x 一样，未来的案件 a 和 b 会有结果 x，而且 a′和 b′也会有这样的结果。但对于未来的案件 c 和 d，会有和先例相同的结果 y，因此案件 c′和 d′也会有相同的结果。”

但在法律中，你们的逻辑体系不再停留在描述和对现有观察作出整理的层面。由于有事实和先例学说的支持，你们的逻辑体系将其内容转向应然的层面（这不会影响到逻辑），它的表达在方式和内容上都发生了改变。现在它们是这么表述的：“**如果我对公认的学说的描述是正确的**，对于未来的案件 a 和 b，会有结果 x，它们**应当**有这个结果，而如果法官正当履行职责，他就务必这么做。”因为你们的逻辑体系现在已经融入每份原始资料中，也就是融入搭建这个体系的基础判决——应然的观念之中。这些原始资料的表述不再**仅仅**是法院如何对特定事实作出裁决，由于先例的补充，它们成为法院**已经作出**的裁定和未来法院**应当**如何裁决的表述。通过向未来的官员描述依照先例作出的权威命令，描述一个判决就等于宣告另一个判决。

因此，通过整合案件得出的规则不仅仅是描述性规则，而且是应然性规则，也就是说如果规则正确无误，可以从一个大前提推导出结论，未来发生的案件应该**作出**这样的判决而不是其他的判决。此外，这实际上还暗含了一点，就是在未来的案件中法官会恪尽职守。

在**预测实际**将发生什么的层面，这样建立起的法律规则，显然会受到三个方面的攻击。第一，通过挑战逻辑来攻击它：你的推理过程不严密；或者，比如说，你犯了律师最为常见的逻辑失误，措辞模棱两可(ambiguous middle)，在两种不同意义上使用同一词语符号（word - symbol)。第二，让我们重新回到观察的层面，你们建立的所谓法律规则无法涵盖你们目前的某些案件，或是涵盖了某些与裁决相反的案件。这时不是你们的逻辑**推理**出了问题，而是你们**归纳**的充分性存在问题。第三，有人会质疑这些规则对于未来法官的意义——即使你们选择的前提是绝对正确的，能涵盖所有的资料，从中推理出一个合理的结论，但是未来的法官可能并不受此约束。正如我在上一次讲座中提到的，他的**态度**可能不准许他接受你的推理。而且，既然我们已经意识到，根据未**来法官可能的态度来判断，每个先例都是模棱两可的**，可以根据需要调整适用范围的宽窄，所以你们最初的归纳必须依据未来的法官在此问题上的态度，否则就无法与他将未来的行为保持一致。

从这些情况来看，有一点很清楚：尽管你们在**适用**法律规则的推理方面可能是完美的、是完全确定的，但你们之前作出的归纳不是从确定的材料开始，而是从不确定的材料**开始**的。因此，在你们将归纳固定在确定的任意形式以使逻辑操作成为可能时，判断、直觉和预测因素参与进来了。显然，在选择你们赋予它确定的形式时，你们受到这一愿望的指引，即你们得出的结论可能会在现实中得以实现。因此，你们必须根据法院如何将每个案件作为先例进行处理的**预期**，对每个案件的原始材料进行裁剪。迄今为止，你们是充当非参与方、业务顾问的角色，一个为了安排诉讼事务而推测法院**将**如何行动的人。

但作为律师，作为将在法庭上进行辩论的人，情况就稍微有所不同了。在法庭上，你们通过归纳得出的法律规则具有一个显著的特征，这一特征是作为观察者所不具备的。除了涵盖教科书给出的案例，这个规则还必须涵盖你们当下的案件，还必须要令人信服地涵盖，并且按照你们希望的结果对它进行裁决。在这里，你们的归纳推理具有一个预先给定的目标。而且你们提出的归纳推理很少依据当前法院的**实际**态度，而更多是依据你们所希望法院所持有和你希望引导的态度。这没有改变构建一个逻辑完美的规则体系［我称其为达到目的的合理的技术阶梯(technical ladder)］的任务，但它会影响到你们对先前案件中指向不明的原始材料的处理方式。而且，由于你们的技术阶梯在推理方面也必须具有说服力，它影响你们对当下案件的事实的强调、编排和归类的方式，把便于纳入你们建立前提的重要事实方面讲透彻，将这个案件钉牢在“法律规则之内”。

事实上，现在到了对我到目前为止所做的假设提出挑战的时候了。我们一直假设，在这些逻辑体系的纯推理方面，当你们进入事实的世界，能够发现**确定的**结论。想想生活中无限多样性的事实情况。同样想想在法院判决中“对原始证据进行解释”的层面。最后想想，即使在**事实**层面根据其本意对证据进行解释，仍须解释其在**法律**层面的意义：将个别事实或数组事实放入法律抽象分类（即法律规则术语）中，“摩托车”还是“机动车”、“道路”还是“公路”，等等。在私家公园中，应当对小型摩托车作出怎样的处理？这里要进行判断：首先，选择原始证据；其次，对所选定的原始证据进行解释或转换；再次，弄清其**事实**的意义之后，对材料进行法律意义上的分类。对于律师而言，不仅要在对含混不清的先例归纳方面有说服力，而且要在推理方面将具体的事实归入抽象的事实类别，这些都是法律规则希望解决的。事实上，当法律逻辑这个技术阶梯的两脚分别立于两个不同的争论战场上之时，无论法律逻辑在方法上多么受益于形式逻辑，无论逻辑推理过程多么精密，也一定会失去所有的精确度和坚实基础。

这是逻辑不严谨的借口吗？不是的。在逻辑上出错会给你们的案子带来麻烦，即使在其他方面是好的，结果也是糟糕的。但如果将逻辑误认为是说服力，那就大错特错了。每一个材料存在歧义之处，会同样有一个如你自己的逻辑一般毫无瑕疵的逻辑阶梯来反驳你。而且，在你们最初建构的逻辑阶梯中、在你们的辩论中，仍然面临着**说服力**的问题。

到目前为止，我们已经从观察者、业务顾问和律师的角度考察了法律和逻辑的关系。我们已经看到律师为何必须在其逻辑中加进他对于法官态度的理解，以及律师不仅仅只是加进这一点，而且还加进必要的手段来说服法官接受其得出结论的大前提。**法官自己是什么**？他是只有一种态度、一套装置，机械地运作的机器，而观察者只需要去发现，是这样吗？或者他是一个律师可以随便摆弄的风向标？还是说他是一个暴君，不受任何人的控制，由于材料的歧义性提供了空间，他可以根据他自己的意志、偏爱、随心所欲或是其所收受的贿赂，随意确定他的判决的方向？对于最后这一个问题，在某种限度内，答案是肯定的。但更准确的是，法官不是暴君。法官**可以**决定判决的方向，**但他绝不是随心所欲**的。对他而言，一个或若干个逻辑阶梯可以使他与过去的判决保持联系。作为法官，他希望如此。作为法官，即使这非他所愿，也不得不如此。这是公众对他工作的监督。这是他对自己工作的自我监督。因为尽管针对同样的案件逐步建立大量不同的逻辑阶梯，并再次适用于同样的纠纷，但**只有少数这样建构的逻辑阶梯经得起批评**。在这些少数的逻辑阶梯中，只有一个或几个相当明确地得到先前判例的坚持。此时，你们已经能看到法官行为的界限。最后，在所有这一切都完成后，在某种意义上，法官确实有自由选择的余地，但是在另一种意义上，他是不自由的，因为他是法官。作为人，他的“态度”作为他的人生经历约束着他；作为法官，他态度中的强有力因素（即他的良心）约束着他。在他看到两种清晰的可能性时，他的职责是决定哪个逻辑阶梯将导致**公正的**结论或**明智的**结论。他需要履行这个职责，而且在大体上做得很好。但事实上，他经常做不到。通常，先前的判例是自成一套的严密体系，法官无法将它们自行编排。除非案件结果引起法官的注意（是**他的**注意，而不是你的注意），拿枪顶着他的头，迫使他作出一个不同的结果，否则法官从不会探讨什么正义问题。他会“根据法律”作出裁决，并到此为止。尤其是，回到早些时候提出的观点，这对于那些缺乏能力、缺乏技巧的法官也是如此。利用合理的逻辑推理向他步步紧逼，他会感到很不舒服：职责要求他适用法律，一个更有能力或更老练的法官会发现可替代的逻辑阶梯，但他的技巧还不足以找到它。此时，我们再次看到智慧被制度化，吸收并转化到一个运行的制度之中：通过逻辑，能力差的法官被关在其前辈建造的围墙内；同样是通过逻辑，能力强的法官在必要时会翻过那些围墙。而且，不管哪一个方面，都能促进公共福利。

从不同类案件建构大前提这一特殊的逻辑方法，与其说是发现不同案件中有什么，不如说是为了对当下案件进行裁决。这是我们判例法制度的本质。不是每个法律制度都是这样的，甚至对于建构在判例法之上的各个制度也非如此。古罗马法学家尽管是逐个处理案件，但也建立了一个不同寻常的系统。在有法典之前，法国和德国的法学家在那条道路上走得更远。可以用一个拉丁语"Elegantia juris"对其进行表述：法律整体及各个组成部分**形式上的逻辑一致性**。我们的不足之处是缺少优雅和鉴赏力，我们的优点是拥有坚固、朴实的常识。

从这一角度，我想你们会理解你们某些导师的态度。他们对于从某个命题得出的推理结果没有多大兴趣，他们对自始至终遵循演绎推理没有耐心。把麻烦的案件硬塞在法律规则内，将让人失去战斗的兴奋。在看到麻烦的那一刻，他们便抛弃了法律规则，再对法律规则进行重述来省去麻烦，然后继续。他们看上去并不沮丧。接受过严格演绎推理训练的学生会对此感到吃惊，而且通常会感到厌恶。我认为这无可厚非。你们的老师是经过特殊训练的人，他在教学时知道法院如何运作。他所寻找的不是支持案件的一般性法律规则，而是**对于当下**案件仍然有效的法律规则。他的兴趣在于**形成**与官方相一致的**前提**，以及形成根据当下的案件的需要作出裁决的前提。除了说服力问题，这两种前提是差不多的。你们的老师来教你们，能够教给你们一件值得学习的事，即**选择**大前提时的灵活性。这是一个务实的世界。大多数的大前提是按照需要和已经确定的结论来决定的。

我不是让你们的学习停留于此，你们必须进行演绎推理方面的训练。幸运的是，你们将遇到设定大前提并对其进行运用的老师。尽管所有的老师在逻辑上都有弱点，但他们同样是我们法律土壤栽培的产物。除了专有定义，我们的法律不喜欢定义。一些细致的法规会确实包含一些定义，但对于法律整体而言呢？完全没有。“在本法中”就是他们想涵盖的范围。即使在那里，它们缺少（也有理由缺少）清教徒信念坚定的气息。定义采用含糊其辞的词语：“除上下文或主题事项另有规定外”，x 指 a、b 或 c。没有术语定义的演绎就是警察抓小偷的游戏，抓到的都归你。在这种学术演绎推理练习中（就像法学家所做的），你们会发现被我们认为是最困难、最模棱两可的任务往往被直接略过——将原始事实归入普遍“重要的”法律分类。

总之，在逻辑方面，我们的法律有很多需要学习的东西，而你们的老师要学习的东西也很多。但正如我希望我已经表明的那样，这并不意味着你们并不需要逻辑。它意味着，如果你们能运用**各方面的**逻辑，将案件的理解和常识结合起来，将有机会改进现有的法律技术。

而且，从这一角度来看，你们会注意到案例学习的另一种价值。每份判决意见书是关于先前的案例或源自先前的案例法律推理的例证。每份判决意见书是某些法院认为有说服力的例证。无论是在逻辑的法律运用方面还是说服力方面，这里都有需要学习的东西。而且，提请你们注意的是，无论是糟糕的推理还是充分的推理，都能学到东西。出色的判决意见书是一个模范样本，但一份糟糕的判决意见书也提供了你们需要应对的法官的思维模式的范本。

就此而言，我也想提请你们观察逻辑论证和论证陈述之间的不同，展示两件不同的事情在特定逻辑关系上的不同，并通过在你的讨论或描述中**赋予**某种关系来**说服**别人这种不同是存在的。没有比试图通过引入的法律规则来对事实进行描述更令人惊讶的了。在技术上类似但在逻辑上不同的是，在你们的论证中使用**有感染力的**用词，以将态度引向你们论证所想要的结果。你们可能已经意识到，愚蠢案件出现在传统的诉状中。你们要密切注意判决意见书中的这些东西，它们通常（尽管并非总是如此）意味着有缺陷的逻辑正在被掩盖。

二

既然我已经提出将法律规则作为应然规则，作为告诉法官和其他官员应该做什么的规则这一问题，并且在第一个讲座中主张：法律与其说是规则，不如说是官员的所作所为，那么我必须努力阐释两者的关系，还有这两者在整个制定法中所处的位置。

或许回答这个问题最好的方法是回到我在开篇时的阐述，并主张（可以说是作为修正的假设）法律的核心必须包含官员的所作所为，法律规则只有在帮助人们预测官员将做什么、让官员做什么时才具有现实意义。或者，如果你们愿意，将法律的纠纷方面描述得足够宽泛、能够涵盖群体内部最原始的法律形式和我们所称为国家的群体之间最原始的法律形式：活法（living law）的中心和核心是纠纷在事实上是如何被解决的，法律规则只有与此相关时才具有实际意义。无论你们是否赞同我的这一观点，你们肯定会同意，需要同时关注法律规则和结果。这是一方面。另一方面，如果你们知道自己在说什么或要做什么，就不能混淆两者。

在这里，需要你留心观察并且逐一区分我们所谓的法律的**讨论层次**，尤其是在案例课中。跨层次的讨论**向来**是无益的，人们必须时刻清醒意识到他是在哪个层次进行谈论，其他人在哪个层次进行谈论，以确保能够纠正不同层次的分歧。而且，人们应当知晓并表明他在不同层次上的转换，否则虚假问题、不一致的目的以及普遍的无依据将接踵发生。

1）（a）第一个问题是，法院在特定案件中**实际上作出了**什么样的**裁决**：撤销判决或发回重审，以及它所宣称的判决理由。这些是对事实的观察，是所有讨论的起点，在掌握它们之前，针对任何事情的讨论都是无用的。

1）（b）还有一个问题是，与大量的其他案件对比得出的**该案件的法律规则是什么**。虽然这并不简单，但确定它的技术程序是清楚的。技艺精湛的观察者通常能够同意这两点：（i）该案件能被予以适用的最大限度安全、合理的规则（safe maximum rule）；（ii）该案件必须包含的最小限度确定、合理的规则（certain minimum rule）。

2）与上述两者相反，第二个问题是法官对于原始证据的**解释**或转换的方式、态度和准确性。在这里就涉及了判断因素，你和我对此可能并不一致，但至少我们可以将讨论的层次与上述层次区分开。我们假定事实是我们在此讨论得出的解释，并把注意力放在根据已经转换的事实制定的法律规则上。

3）第三个问题是案件对于法院（无论是特定法院，还是通常的法院）**来说，案件可能存在的**先例价值是什么。在这个问题上，判断因素同样占了很大的比重，不太能存在客观的一致性，因为我们必须将第二层次的工作结果考虑进去，而且还要考虑更多的东西。在这里，就论述的**层次**而言，大家可以达成共识：这是预测某些法院事实上做什么的问题。如果你们愿意，可以从应然的层面来表述这一点：某些法院怎么理解这个案件对其要作出裁决的影响。我认为，后面这个表述容易让人误解、复杂冗长，但它确实是正当有理的。

4）第四个问题是**评估**该案件对于外行人的**后果**（以及它对其他案件的影响）**是什么**：法院的**做法**和那些受法院影响的人的**行为**之间的关系。我认为这个问题纯粹是停留在描述或预测层面，但确实是一个非常复杂的问题，和第三个问题相比要涉及更多的案外信息。例如，这种影响可能取决于对后来案件的结果作出非常不准确预测的相关人士（他们对于案件的严重曲解），还取决于根据关于法院行为的**虚构的**环境（而不是根据实际的环境）来调整其行为。

5）（a）第五个问题是对法院在案件审理中的行为**进行评价**，得出它是多么令人满意的结论。当然，这是所有问题中最为复杂的问题，因为它包括所有以上问题以及以何种价值作为基准和目标的各个前提。至关重要的是要理解，在你们**解决**了第一个和第二个问题，并且处理第三个和第四个问题之前，你们是无法开始解决这个问题的。最后，尽管评价问题是其他问题的前提，但不会触及讨论这个问题的**层次**。

5）（b）还有从学说的角度对法院的判决或理由进行评价的问题。在这里，某些权威性的前提或概念是假定的，在与该前提进行比较时，检验法院行为是否在教义上是正确的。不那么教条的思想家在同一逻辑层次上运用同样的技术，不是观察案件是否“正确”，而是它是否与特定的假设（学说上的或预测性的假设）相符，即检验它与从其他案件归纳得出的“法律规则”的表述是否一致。显然，这里不涉及第三个或第四个问题，甚至（实际上）也不涉及到第五个问题的 a 部分。

冷酷无情的理论家（a case - hardened theorist）打算将这些问题排除出法律领域。但我认为同样显而易见的是，这些问题的核心是法院将做什么。我还认为，同样清楚的是，在对一类案件进行研究，并评估法院遵循先前的法院判决的程度之后，可以着手建构关于法院行为的一般性表述和一般性预测。我毫不犹豫地将这些预测称为法律规则，但到目前为止它们只是法院行为的规则，它们是对法院实践的描述。由于有先例学说，法院也会认为这些规则是为法院服务的行为规则，是法院的**箴言**。到目前为止，预测和应然这两个方面涵盖了同样的领域。在你们抛弃尝试用于预测的相对可靠的依据（the relatively solid rock）时会遇到困难，理由是：当你们被告知某一特定规则是恰当的法律规则（不是"正确的预测"）时，你们所面对的是他基于无人知晓的东西所作出的价值判断。**如果**你们愿意将这一事实铭记于心，并脚踏实地立足于判例；对于作为**应然规则**的一项规则而言，它是否（以及在多大程度上）能在权威性上得到认可，唯一的检验方式是：法院在多大程度上将遵循它，如果你们愿意专门记住这一点，那么无论使用什么表述，你们都会万无一失（be safe）。

我将如何调和此观点和现实中的制定法呢？我们生活在理论上的"分权与制衡"制度下，到目前为止，该理论在现实中实现了。法院和立法机构的共识是，当立法机构通过正当程序通过一项制定法之后，法院将受其约束。但是制定法是法律规则，采用的是书本上的文字形式。

制定法和判例法最根本的区别是：法官在特定案件中或围绕特定案件制定法律规则，并且是往后看的。案件塑造了法律规则，法官坚定地以具体案例为依据，他制定的法律规则通常是理智的，并且是相当严格的。创新经常限定于相当狭窄的范围内，在一定程度上是设法使新的判决符合旧法，即使在口头上与旧的法律规则保持一致，进行大胆的创新也是有难度的。在一定程度上，创新受限于有意识的政策：判例法规则（尽管是新的）仿佛**总是**作为法律来适用。这来自于我们的信念："法官只是宣示法律，而不是创造法律。"法官认识到其裁决会发生追溯的效果，并且无法预见一个新裁决会打乱多少人的谋划，因此法官在转向新的依据时总是显得小心翼翼。在对一个案件作出判决时，该案件进入了普通法的海洋，可供英美法系的任何一个法院（特别是美国的法院）使用。最后，重要的一点是，判例法的边界是很灵活的，法律规则在用语上通常是不确定的，并且不容易确定。要不然你们为什么要学习法律?

但制定法通常涵盖相对更为广泛的范围，并且是关注未来的。它们只适用于在其生效之后发生的事件和交易，那种谨慎的因素也就不存在了。而且，制定法是公认的对法律进行重新调整的机制。制定法代表的不是单个的纠纷，而是整类的纠纷。制定法在本质上是政治性的，而不是司法性的，代表的是遵循权力制衡思路进行的重新调整，不是通过微小的规则变化来对单个纠纷进行裁决，而是对大量的冲突利益进行重新安排。同样，制定法的制定也限定在一定的范围内，限定在与整个社会有关的自由运动的有限范围之内，但与法院相比，立法机关是一匹没有缰绳的野马。最后，制定法的措辞明确且严格。他们的影响仅限于各州。你们不能根据制定法推断出普通法。某个州的制定法无法提供任何依据，支持另一个没有类似制定法的州得出相同的结论。恰恰相反，制定法的存在表明，它所在的州的普通法是不同的。这通用于各个州。

你们可能会说，这些具有确定用语的制定法规则使我们完全摆脱了预测的问题。这是纯粹的想当然。对此，我不得不提出怀疑。制定法的依据在于它的普遍性，在制定时无须考虑特定案件，或无须在某些情况下过多考虑单个特定案件，也不需要探究法官的以往经验，因为它的用语要面对的是一连串的具体案件。与上述所提出的推理中存在的问题一样，制定法的问题是如何对这些新的含糊不清的具体事实进行归类：它们是否能够纳入制定法的盒子？就像判例法规则的意义一样，制定法在生活中的意义取决于对这一问题的回答。如果我们要读懂制定法，我们应当转向对法院将做什么的预测。如果可能，为了使我们作出合理的预测，我们应关注法官做了什么。

在这里，我没有触及宪法，法官有权将宪法置于立法之上，并否定某一特定制定法的效力。我要处理的是制定法的意义，通过法官的宣示和实践，法官受其约束，只是对制定法加以“适用”。

我描述的很多情况是案件所固有的特性。我们在那些通过祷告和技巧制定法令的国家也能遇到它，多年以来法官几乎认为自己只是机械的翻译员。即使在这些国家，我们也会发现，为了理解制定法的含义，在大多数时间里我们必须求助于判决。大陆法系的同行也已经开始意识到了这一点。但是在我们的法律体系里还有其他的原因。（为了解决这些问题）首先要考虑我们有大量立法质量糟糕的制定法，让人怀疑立法者是否知道他想要什么，更不用说他们在话语中表达的含义了。随着官方立法委托服务（legislative drafting service）的增多，这一弊病得到了减轻。其次，我们制度中还存在着法院和立法机关之间长期争斗的遗骸（诸如职务自尊，威望自尊，对技能、技艺和职业的嫉妒）。对法院而言，普通法是一个内在融贯的体系，可以对天下所有的潜在纠纷提供合理的解决方案，但制定法是单个的创新，是对这一体系的干扰，是普通法身体上的肉瘤。体系化的、完整的、专门的法典化法律对我们而言是陌生的，但欧洲大陆熟稔此道。我们将单个制定法视为肉瘤，因此也把它们当作肉瘤对待。在一定程度上，这是有一定原因的。无疑，制定法需要相互补充，它们无法孤立存在。没有一种语言可以孤立存在，它从其语境中获得生命。制定法中使用的技术术语语义不明，必须从产生它们的法律中获得含义。只有案件的背景信息才能告诉我们制定法的立法者旨在澄清或变更的法律是什么，必须对照这一背景信息寻找它的含义。如果你们对此有疑问，可以观察一些明晰的制定法，例如，作为杰出立法代表的《买卖法》，其调整的对象是货物买卖，你们可能觉得每个商人对它都再熟悉不过了。但读上十条或二十条以上的条文而不结合具体案件，看看它们能告诉你的东西是多么的可怜。最后，如我所说的，制定法需要适应普通法，这种适应只有通过将两者结合在一起才能实现。在某种程度上，这种相互适应是必要的。人们不会认为，立法者只抱有一个目标：希望曲解或毁灭它未涉及的所有相邻的现行法。

但在另一方面，对制定法的敌意还远谈不上有什么道理。制定法的颁布恰恰是为了终止变化，所以应当划出制定法的范围。以普通法的含义充实制定法是一回事，通过人为的解释削弱它是另一回事。如我所提示的，我认为技艺自尊心和嫉妒心对这一伟大的格言（即背离普通法的制定法应被严格解释）的产生起到某些作用。这意味着，制定法被赋予的含义跟其能被赋予的含义一样屈指可数。其他起作用的因素可以归因于法官在阅读和书写方面的训练：首先，作为财产法律师，将不动产转让契据控制在该用语最接近的范围内（谁会将他无须转让的东西转让出去?）；其次，作为有经验的、专业的状师（special pleaders），他们受到过专业训练，可以巧妙地解释文件以反驳写出该文件的一方。不难看出，我们古老的制定法中啰唆的用语体现了与不愿配合的法院的斗智斗勇。

另一方面，还有另一条更为重要的格言：对救济法（remedial statutes）应该给予自由的解释。这条格言描述了一种真知灼见。但在这里需要注意的是，在先例的情形，在整个法律中，法官所使用的是具有双面性前提的法律技术。在他需要时，如在他眼前的案件中所极力主张的，在遇到适用困难时，他可以对制定法进行严格的解释（作为“对普通法的背离”），或者如所揭示的那样，自由地对制定法进行解释（作为“救济法”）。

在我结束制定法这一话题时，必须提到的一点是：如果它们在效力方面是地方性的、区域性的，如果它们无法为案例库的推理提供依据，在案件中遇到制定法时，你们可以略过它吗？它有没有**普遍性的**影响？需不需要牢记？**作为纯粹的信息**，你们可能不需要它，除非有迹象显示类似的制定法会在其他州出现。但作为一个法律技术问题，与普通法判决相比，你们的案例法教科书中的制定法更值得深入研究。因为无论制定法的具体内容是什么，它向法院呈现了一个问题：如何进行解释，对它怎么处理？对于这个问题，法院的做法和解决方案是我们所有法院的典型做法，是你们应当了解的典型程序。离开令人生厌的内容，你们无法理解程序。你们不能像阅读案件一样阅读制定法。以不同的形式重复同一种思想，不会让人感到愉悦。每个词语都有存在的意义。制定法中的每个词语，你一个都不能放过，不然就会忽略了整体的意思。没有词语是可以省去的。事实上，在制定法中几乎没有法官的个人意见。注意你们所遇到的每个制定法中的**每个词语**！

三

回顾前面讲的，我提到法院**应当**如何对制定法进行解释。在若干场合我对法院**应当**做什么作了评论。在很长时间里，法律被**完全**视为应然问题来处理，以至于很难让人们将思维转向并停留于描述实然的层面。当然，完全停留在描述实然的层面也没有任何益处。只要法律官员对人们的事务发出命令，大家就必须考虑我们希望该命令的结果该是如何。我们之中有些雄心勃勃的人希望坚持作出“正确的”命令，其他人则可能会对谁知道什么是“正确的”命令、该如何辨别“正确的”命令产生疑惑，然而他们仍然会同样坚持认为，自己的最佳判断就是最好的。

这个层面——我称之为社会价值——总是容易引起对法律进行思考的外行人的关注。这些外行人包括普通老百姓、哲学家、政治学者和改革家。在一定程度上，这已经成为一个不太动脑筋的问题。法律规则本身比它的影响更容易被注意到。如果你们将意愿看作行为，将书本上的规则等同于实际行为，似乎更容易获得成功。在一定程度上，这是研究对象的性质所造成的：如果我们是外行人，我们想从法律中得到的是结果——社会秩序产生的结果。而法律人（law - men）的任务是产生某种结果，而公民只需要指示法律人去做**什么**。最后，古往今来，作为正义的布道者，法律人获得了很高的地位，在道德层面进行讨论也符合法律的尊严。我认为，深入思考能让人体会到极大的自尊。我从脚踏实地中感受到了一种高贵的尊严，当法律作用于行为、作用于每天都略有提高的有效行为时，我认为这是相当高的层级。但是，这毕竟只是个人的异想天开，它极少引起外行人的兴趣，更不用说引起大多数法律人的兴趣了。

因此，我回到人们普遍感兴趣的话题：法律的正当方式（the right way of law），即法律权利。关于这个问题，你们立刻会感到极大的困惑。为人所用的法律上的**权利**指的是**公正**或**正确**，**在道德上合理**，**或是社会所希望**。在这个意义上，正确的法律即是正义。严格说来，这是一个有争议的问题，因为对于什么是公正，人们会有不同的意见。我们可以通过区分**社会**正义（社会整体建构上的正义）和我所谓的**法律**正义（在任何给定时间的社会框架中可以实现的正义）对这种不同意见进行某种程度的限定。任何一个人对于两者的观点都是相关联的，但他对第二种正义的要求应比第一种正义要更保守。在社会正义方面，他会批判整个法律，甚至是其他社会制度。他会将更多的罪恶归咎于在这些社会制度上，还会将应由自然界而不是社会负责的诸多不幸归到它们头上。他的诉求是立法、修宪或革命。但在**法律**正义方面，他必须关注并批判法院。如果他有判断力，就会知道法院必须在一定的规则框架内行动。这些法律规则尽管在社会的角度上对于他或其他人貌似不公平，但依然存在。在某种意义上，法院是法律规则的代言人。法院能做的，它能做的一切，是在细节上缓和整个体系的严苛之处。但即使在这里，同样存在产生纠纷的可能性。那些对整个体系或其中某一部分持批判态度的人，会要求法院最大限度地行使权力，甚至超越其职权范围。而其他人一旦发现法院有个风吹草动，就会大喊“狼来了”。但这两方中的多数人都**欠缺**我前面所说的判断力。他们不区分社会正义和法律正义。他们依照自己理想的形式，要求从所有的法律官员、法院及其他人那里同时获得这两种正义。如果这一要求无法实现，他们就会咒骂“法律”。在某种意义上，这是事实。对“法律”中不公的斗争意识将释放改革的动力，而冷静的权衡者将会置之不理。另一方面，那些清晰地看到这一问题的人，如果投入权利的斗争，将发挥更加有效和持久的作用。

所有这一切都能够触动到我们，因为几乎每个与法律打交道的人都曾在讨论的某个阶段引入他对于正义的见解，法院行为的正当性以及对所制定规则的正确性的理解。而且，他在这样做时很少区分、很少明示他所谈的是哪种正义：是法律正义还是社会正义。并且由于他很少明确他的假设、价值前提是什么，而他正是根据这些假设、价值前提来论证特定案件正义与否。这意味着，你无法判断自己能不能认同他的想法。最后，这特别适用于撰写法律著作的作者，因为一旦这些作者作出有关正义或非正义的判断，通常对自己的观点都抱有十足的信心，这反而使得他们无法看到、讨论或适当衡量与自己观点相反的案件和权威意见。我们可以原谅他们忽略对自己不利的政策论据，但很难原谅他们在热情地说服法院改变做法时有意歪曲法院实际的行动。事实上，极少有作者能免于这一指责。

正义和法律权利的问题需要解决另一个问题，一个更直接、更实际的问题。法律的正当性引起**法律权利**问题，法律权利引起一般的权利，而权利是一个充满混乱的表述。首先，权利存在于法律领域和非法律领域之间，存在于与法院有关的事项和与法院完全无关的事项之间。因为在日常语言中（实际上通常在法律判决书中），权利指的是法院所希望并被社会认可的行动或关系的不同方面。“你不觉得这是在我的权利范围之内吗?”“我想要的是我的权利。”这些与我想要的、想做的相关，而且与我所想要的、想做的能够得到的社会认可相关。在这一意义上，我享有人们认为我应当享有的权利。然而，很明显，这些事项有可能涉及不到法院，也有可能导致法院作出对我不利的行动。在我坚持逆时针发扑克牌，或者因为你被错误的人所引导而阻止你时，我可能得到社会认可。在我追赶并痛殴向我眼睛扔洋葱的人时，也有可能得到社会认可。法院可能不关注其中一个行为，而对另一个行为则可能对我处以罚款。因此，在法律讨论中，人们应在一开始时就严格地将**权利**这一用词限定于**纯粹的法律**事项。我们有另一个足够恰当的术语——“利益”（interest），来指代你们**所想的**或需要的，且与法律无关的事物。

然而，这不是全部。法律上的**权利**是（如同在非法律领域中的用法一样）有用的。而且，如同在非法律领域中的用法一样，权利被认为是附属于**个体**的，个体享有权利。在这一思考范围内，法律被设想为是由法律规则组成的，个体的权利来源于法律规则。特别地，产生权利的法律规则是实体性规则，这些规则是设想用来指导社会行动的。如果一项权利被侵犯，作为救济，你则享有一种不同类型的权利，如“起诉的权利”“派生的权利”“获得赔偿的权利”。你们会看到，基本权利和救济权利的**内容**是不同的。作为基本权利，我的权利是要求你履行协议、离开我的土地或者停止殴打我。但在所有这些情形中，在法律上我的派生性的权利很可能只是获得**赔偿**。

在这一点上，你们会意外地发现可以称为快乐的理想主义者和黑脸的愤世嫉俗者之间的观点分歧。理想主义者（顺便说一下，他们正统且有力，在权利问题上支配了以往的法律思想）几乎将基本权利看作是实体（things），例如我要求你履行与我订立的合同的权利。这些基本权利大体上是真实的，它们是抽象法律的**实质**。因此，理想主义者不会认为这是一个问题：你享有完美的权利，但仅仅因为你唯一的证人死了，就无法得到强制执行。即使救济失灵，但这只是次要的事情，他们会来安慰你，基本权利仍在。即使在没有这类不幸情况时，作为派生性权利的救济可能设置得不够充分：在法律上，你们无法获得基本权利的全部价值。对于理想主义者而言，这同样是不幸的，但对于权利而言却无足轻重。

疯子、律师和情人，
都是幻想的产儿。

这一引用虽说是假借名人之口，[1] 但在权利理论诞生之前，莎士比亚就已经表达了这个意思。

另一方面，愤世嫉俗者说，权利最好根据其在生活中的效果来进行评价。无救济即无权利，救济的缺陷即为权利的缺陷。准确地说，权利就是法院将要做什么。实体法和程序法这一区分是个假象，尽管这一假象的流行（如同任何其他假象）对人类行为产生影响，因此必须被加以考虑。理想主义者所称的实体权利不是实体，甚至不是虚幻的实体，它们是法律官员自己设定的**目的**：让你履行自己的协议，离开我的土地。但法律只能从其**效果**上来观察。显然，通过目的来评价效果是有用的，从目的来观察法律效果、以目的来排序以便于观察，这些都有用。但是，我再强调一遍，不要误将词语当作是结果。词语、实体法规则以及从前两者得来的权利概念，这些可能是一个好的开始，可能是达到目

---

〔1〕 这一用语借用了莎士比亚《仲夏夜之梦》中的句子并进行了修改，所以卢埃林说是假借名人。莎士比亚的句子是，“疯子、情人和诗人，都是幻想的产儿”。参见《莎士比亚全集》（第二册），朱生豪译，人民文学出版社 2014 年版，第 215 页。——译者注

的所需的，它们两者都是必需的，但仅仅凭借它们无法到达所要到的地方。让我们继续进行讨论。

你们可能注意到，我支持的是愤世嫉俗者的观点。然而，即使你们与我得出同一结论，还是要了解另外一种观点。这一观点再三地影响着法院的判决和法律著作。

除了理想主义者和愤世嫉俗者，或者正统学说和现实主义的争论（随你们怎么称呼），还有另一种以权利为中心的争论，即由科宾[1]和库克[2]基于霍菲尔德的分析所做的进一步阐述。限于篇幅，我在这里无法对其作出充分的评判。我将以最简要的提纲展示这一问题或其中的一部分。我认为它对于你们的法律学习会有极大的好处。

问题的实质是这样的：专业术语在法律上的应用在两个方面上犯了错，并且到现在也依然在犯。它涉及两个方面的语义不明：一词多义，词义过于宽泛导致无法准确地适用于单个纠纷的细节。首先，人们不是在单个意义上使用术语，而是在几种不同的意义上使用同一个术语，而且是没有意识、没有差别地在几种意义上使用。这带来了混乱，它使得糟糕的逻辑几乎不可避免，它使得思想的明确表述变得困难，它使得清晰的思想自身变为不可能。称职的逻辑学家不会支持它，科学家也不会支持它。但是法律植根于传统，法律术语在很大程度上是从世俗语言借用而来的：信托、代理、买卖、合同、要约、撤销、过失。在法律用语

---

〔1〕科宾，Arthur. L. Corbin，生于1874年10月17日，美国著名法学家，著有《科宾论合同》。——译者注

〔2〕库克，Walter W. Cook，生于1873年6月4日，生前曾担任美国芝加哥大学、哥伦比亚大学和耶鲁大学、西北大学等大学的教授，主张以科学的方法研究法律。——译者注

中仍然保留着某些世俗的特质，或多或少，风格不一。即使是纯粹的法律用语，类似的语义不明也普遍存在。这是一个运行方式很特殊的体系，没有学术机构对其术语进行提炼和明确：第一，含糊不清的用语。第二，过于宽泛的用语——合同、信托、代理、买卖、财产，每个用语具有多种含义。正如霍菲尔德所说，它们是不能用的，就像食盐、石英的化学组成一样。当然，人们可以找到更小的共同要素，它们之间的不同组合构成更大的复合体。人们找到一个数字，描述它们，界定它们，表明它们的相互关系，赋予它们清晰的名称。而在本质上，这些更小的共同要素被证明是法律中通用的权利概念的分支。在这里，我要指出的是，我是从前文所描述的愤世嫉俗者的角度来介绍霍菲尔德的。我不确定霍菲尔德是否会同意我的分析，但我将尽力对我老师的观点加以改进。我相信，你们也会尽力对你们老师的观点加以改进。

在这里，对法律术语的使用来说，至关重要的是霍菲尔德所选择的三个主要分类：狭义的**权利**或诉求、**特权**（privilege）或自由、**权力**（power）。如同科宾所说的，**义务**（权利的另一端）是我**必须**做的，**特权**是我**可以**做的，**权力**是我**能**做的。**权利**是某些其他人**必须**为我做的。在这套体系中，“**必须**”“**可以**”和“**能**”都只是指法院在该种情形可能会做什么。**必须**做，否则法院会对你采取强制措施；**可以**做，不会受到法院的干预；**能**做，会影响到法院将做什么。让我们继续逐个谈论这些狭义的概念吧。

某人只在相对于另一个人的时候才拥有**权利**。所有的法律关系是人与人之间的关系，而且只限于人与人之间的关系。在法律关系的**每**一端总有一个人。我重申，A 享有要求 B 做某事的权利，如果 B 没有做，A 可以让法院找 B 的麻烦，权利的另一端是 B。从另一端来看，**权利实际**

上也是义务。这一关系是同一的，唯一的不同在于观察的角度。如果从受到法院制裁的人的角度来看，你们将它视为义务；如果从要求法院去制裁他人的角度来看，你们将它视为权利。在任何一种情形下，你们看到的是同一只大象，无论它像一堵墙还是像一棵树。如果B对于A负有做某事的**义务**，这意味着，如果B没有做，A可以让法院找B的麻烦。

现在，我们看这对于愤世嫉俗者意味着什么。在愤世嫉俗者看来，所谓的义务的"履行"（按照我的约定给一栋房子喷漆，或者不再称你为小偷，或者圈住我的牛以免它们进入你的菜园）**只是使法院不找义务承担者麻烦的某种作为或不作为**（abstention）。对于愤世嫉俗者而言，这样的**义务**完全谈不上有什么实质性内容，也不存在任何道德上的效力。对他而言，这纯粹是对于法院的预测问题。**除非**我给房子喷漆，否则法院将找上门来。另一方面，对于义务的**衡量**是非常清楚的，它有两重含义：如果法院要找我，有多难？法院有多大的可能性找到我？随着寻找的决心或可能性的降低，义务在减弱，也就是说权利在减弱。出于实际的目的，有的时候将可能性**看作**确定性会很方便，就像被法院找上门与采取某些措施阻止该行为的发生，都同样让人不舒服。但是，忽略这一事实毫无益处：对于**任何承担义务的个体**而言，可能性的程度、找上门的限度才是问题的关键。最后一点，基于假定的事实，对于某种义务是否存在这个问题，有且仅有一个确定的检验，即法院针对所提出的请求所作出的、对原告有利而**对被告不利**的判决。通过这样的界定（definition），你们可以观察到这一点。

就义务来说，**支持被告**的判决是含糊不清的。它可能指的是从未存在某种义务。例如，被告从未作出承诺，或是承诺并未附有对价（consideration)，因此不存在法律上的利益。或者，它可能指的是：尽管义务是存在的，但被告已经完成了他应当做的——也就是“履行”。再者，它可能是：原告方面没有采取必要的措施让被告立即履行其义务。例如，原告坚持自己应获得货物，但没有提供相应的报价。还可能是：原告在程序上有过错，因此确定被告是否有实际的义务就没什么必要了。但是，**支持原告**的判决总是暗示着某种义务。对于在**反诉**（across - action）中支持被告的判决也是如此，在该判决中，被告实质上是原告。为了方便起见，诉讼程序只准许同时审理两个反诉请求，因为两者很大程度上都是依据同一事务。

到目前为止谈论的是权利 - 义务。如果是霍菲尔德，他可能会提醒你们，每次在使用**权利**这个术语之前，一定要找到**义务**。你们认为**谁**是义务的承担者？他履行义务的行为，与另一方享有权利的人的行为相比，每一点、每一条都能相互对应吗？霍菲尔德会说，如果不能，你们就不是在谈论我所称的权利。你们是否有**权利**按照你希望的方式使用你的手表？谁是另一端的义务承担者？每个人是否有义务不烦你或不得干涉你？X 的不干涉是否对应并且涵盖了你对手表的使用？在这里出现了一些失衡，问题在哪里？

霍菲尔德的回答转向了他的第二个分类：**特权**。他说，按照你希望的方式使用手表完全不是“权利”，而是特权。它不同于如果另一方没有做某事，**你可以**反对（kick）的情形。它是如果**你做**某事，另一方**不可以**反对的情形。这一情形与权利 - 义务完全不同。它不是通过“**除非**某事发生，不然法院**可以**作出行动”的预测来评价的。它是通过这样的预测来考量的：**即使**发生某事，法院也**无法**因此而作出行动。**我能够做某事且不受法院的干涉，此时我享有特权**。但是特权的另一端也有确定的人。特权的另一端是霍菲尔德所称的“**无权利**”（no - right）。当A享有摔碎自己的手表的特权时，B对于摔碎行为享有“无权利”。如果你将该用语替换为“**不反对**”（no - kick），会更加清楚地看到此点。这个词虽不优雅，但却有用。它生动地阐明了霍菲尔德的另一个观点，特权（如同侵权法中的权利）通常是大批出现，它们在内容上很相似，区别仅在于另一端的人。我享有一大批毁坏我的手表的特权，一个可以对抗任何人的特权，如果我这么做，他们都只能“不反对”。但我可以与B订立合同，专门将该手表卖给他。之后，尽管我保留之前的、对抗你和C以及无限的其他人的特权，**我失去了对抗这一未来购买者B的特权**。现在你们开始看到霍菲尔德理论的用处了。当你们进行系鞋带、吃午饭和抽烟这样的日常事务时，设想自己背负着成千上万个特权，这实在太麻烦了。但在理论建构上，霍菲尔德是一个务实的人。他考虑的是诉至法院的案件：每个案件有一名原告、一名被告。需要核查的是一个问题：原被告之间的特定关系是什么，是一个特权还是一个权利。而且，在这里，将A的**权利**限定于B的**义务**、将A的**特权**与B的“**不反对**”关联起来时，问题就清晰了很多。

在你们的侵权法学习中，特权成为切身的利益。A攻击了B，表面上看，A有义务不攻击B，但如果B先袭击A，A是以攻击的方式进行自卫，则A有攻击B的特权，B只能“不反对”，法院作出了支持被告A的判决。对你们的案件进行这样的归类，比你说A有**权利**攻击B，但却无法让A获得赔偿要更加清楚，对案件的分析也会更加清楚。因为如果**支持被告**的判决不是基于原告程序上的过错，而是依据特定的事实，那么就意味着推定事实中的**某些部分**给被告创设了某种特权，而如果依照严格先例观，给任何人**创造**任何**权利**都是不太可能的。

另一方面，在合同法中，你们会特别地遇到霍菲尔德关于关系的第三个分类。它与其他两个分类有很大的不同。可以说，权利 - 义务和特权 - 不反对是关于现有法律地位的要素，它们涉及的是暂时可以被视作静止的世界。第三个分类，**权力 - 责任**（power - liability），处理的是动态的世界，法律状况会通过人的行为发生改变。权力 - 责任最终是要指向创造两个人之间的“权利 - 义务”或“特权 - 无权利”关系的条件，但到目前为止，这种预期的创造并未发生。为了便于对**权力**的讨论，为了方便起见，我们先暂时抛开愤世嫉俗者的观点，假定权利和特权**是**某种为了便于标明一些不同的步骤（steps），这些步骤会影响我们对法院将做什么的预测。这对你们的思考和讨论来说充满危险，但我希望我们可以渡过难关。

霍菲尔德说，**权力**是这样一种情形：A **能够**以某些重要的方式**改变** B 的某些法律关系，改变 B 的任何一个法律关系。因此，权力是一种预测，这种预测提前两步排除掉了法院的行为。如同大多数的特权一样，大多数的权力并不重要。如果我们愿意，可以设想它们存在，但这没有什么意义。如果说我通过袭击你为你创设了一种你原来没有的、要求我赔偿的直接权利，这有什么意义呢？在这种情形下，重要的是义务的方面，而不是权力的方面。然而，如果问题是我是否有权力违反你和我的契约，从而不仅赋予你请求赔偿的直接权利，而且将你的赔偿限定到某个特定日期，权力的概念能够更加清楚地阐明——所谓的履行权究竟是什么。

而且，在很多领域中，权力的概念是特别有价值的。因此，在我向你提出要约时，我为你创设了**承诺的权力**，而且，如果我们从这个角度来考虑这个问题，即你现在可以通过**独立于我**的单独行为改变我们之间的关系，那么我们之间的整个谈判将更加明晰。但从另一端来看，忘记权力是行不通的：一方的法律关系（即这种情形下的**被动**一方）可能受到另一方的影响。他对于将要发生的关系的改变（例如对要约作出承诺）负有某种**责任**。这一用语中令人不快的商业内涵就被去除了，我可能特别想让你接受我的要约。在这里，“责任”这一用语仅仅意味着：某人自己的某些行为将改变另一个人的法律关系，对方因此负有法律责任。

我来谈谈这些奇怪术语对于你们的用处。判例是复杂的，难以对它们进行比较，有太多的事实、太多的讨论。理解它们各自的要点很难，对它们进行图解，明确它们之间的相互影响会更难。但是在你们要学习的**每个**案件中，如果仔细观察，你们会发现问题总是聚集在两个不同人之间的**某种**霍菲尔德式的分类上。原告是否负有法定的义务？被告是否没有履行其义务？被告对于其行为是否有针对原告的法定特权？被告是否有法定的权力？如果有，它是否得到了正当的行使？其中的一些问题是争论的焦点。凭着更精巧的思考工具，以更精巧的术语进行思考，你们可以理清问题。通过这样思考，你们可以通过比较，将一系列的问题明确化，你们会清晰地看到一个判决是如何对其他的判决产生影响的。梳理得清楚，是因为你们的用语并不是含糊不清的。梳理得精确，是因为你的用语非常严谨。

然后就要把更大块的法律放在一起，而不是跟着那些语境不同、内容就不同的一般性用语一起东游西逛，你们用这些明确的砖块构建一般性概念，并拥有一个清晰的整体。你们可以运用这个整体，因为你们了解它的各个部分，了解它的结构。“合同”是由于某种约定产生的 A 对 B 或 B 对 A 的义务（更加常见的是互负义务）。但首先注意的是，即使存在两种义务（如在买卖合同中），在任一特定案件中**只有一种**义务可能出现在诉讼中。你们如何知道法院不允许 A 要求 B 赔偿，同时依据同样的事实拒绝 B 对 A 提出赔偿呢？为了弄清楚这些，你们得对各个义务**逐一**进行分析。而且，你们会注意到"合同"通常是由当事人之间的一系列话语构成的。法院以要约和承诺的术语来谈论这些问题。但是如果你们注意到何种情形赋予 B（根据他自己的意向）权力作出某些事情，影响 A 的法律安排（legal set - up），然后追问 B 对于 A 的法律安排能有何种确切影响，以及为了得到该影响他必须**做什么**，你会更加清楚地了解案件的情况。你们会发现，即使在"承诺"后，B **仍然**享有对 A 的权力，因为所有的人都喜欢承诺的权力，除此之外，从 A 的意愿来说，它们大多数是**不可撤销的**。A 已经失去了撤销的权力，但是我们离 B 要求 A 做某事的直接权利仍然很远。按照这一分析，当"合同"这一术语同时适用于一百个案件时，就不再含糊不清了。合同变得明确，因为你们理解了它的构成要素。你们必须使它变得明确，因为构成法律的正是这些一个接一个的构成要素，而不是大而化之的"合同"。这些构成元素作为转折点存在于个体案件中，它们将是你们要学习的内容。

四

在我们结束关于封蜡、卷心菜和国王的讨论之前，还有一个问题需要探讨。在所有零星混杂的重要问题中，它是最重要的问题。它同时与统觉团有关，与法律是什么有关，与案件背后的因素有关，与程序法和实体法的关系有关，与你们的法律学习和法律执业有关，与整个世界有关。在所有现有和以往的法律讨论中，这个问题简直是无可救药的偏见。**我们讨论作为最后手段的立法机关和法院，几乎没讨论其他事情**。你们发现我试图以详尽的篇幅让你看到案件背后的东西。是为了案件自身的原因吗？完全不是，**只是为了让你们理解上诉法院的判决意见书**。你们发现我试图分析“法院”和“法官”的工作，这里是批评，那里又转向赞美。我说的是什么法官？是**上诉法院的法官**。你们发现我讨论“法律”，法律是什么，法律都做些什么。我说过，法律的中心是官员——**所有**法律官员——的行为。刚说完它我就离了题，以数个讲座来讨论这些高级别的复审法院以及**它们**做什么。

显然，我这是祸从口出（I am damned out of my own mouth）。如果如我所主张的上诉法官**所做的**比上诉法官所说的重要得多，那仅仅是因为它对于**其他人**、对于外行人、对于他们处理的可怜鬼来说有重要意义。在我看来，这是判断它重要性的主要标准。这样，你们肯定会问我：上诉法院会对**多少**人造成影响？如果有 1000 个案件上诉到最高法院，就会有10 000个案件停止于中级法院的审查。如果有 1000 个案件提交到中级法院，有10 000或20 000个案件完全没有上诉。可能比这还要多。在高级别的审判法院（郡法院、巡回法庭或州最高法院）审理的 1000 个案件中，同样有10 000或20 000个案件在低级别的法院（小额索赔法院、市法院、治安法院、治安法官）得到了**最终的**解决。在这些不断流动的大量**未**上诉的案件里，体现了官员对于社会的影响，甚至在诉讼领域内也是如此。在这一范围之外，行政机器有着巨大的影响。按照我的表述，按照我的前提，这些因素才是重要的。我没有注意到它们，是我的失误。

然而，我能做什么？与每一个从事法律工作的人一样，我是统觉团的受害者。我最多能看到我所学到的东西。与其他人一样，我自己也是古老真理的受害者，该真理认为现存之物（the available）限定了想象力，现存之物就像一个整体一样膨胀。我有关于基层司法官员工作的记录吗？我如何能得到它们？它们是否存在？如果有，我必须自己查找吗？但是上诉法院的记录很容易获得。上诉法院把报告发布、印刷、装订，并放在图书馆里供我使用。信息来源的**便利性是**很有吸引力，人们首先使用它，因为它的确存在。因为人们已经用它来开展工作，便把它建构为思想体系。思想体系再发展、传播并得到认可，获得了自身的力量和存在，成为声名显赫之物——**终审法院**的法律规则和概念。还有比这更重要的。**如果**案件被上诉，上诉法院的话一言九鼎，我们无法忽视它，这点确凿无疑。在重大的问题上（它值得提起上诉），我们可以并且应当以我们最前沿的思想与高级法院打交道。即使在小问题上，我们也发现上诉法院的规则有助于向低级别的法院施压，低级别的法院会倾向于听从它们，我们可以借此促使低级别的法院理解我们的做法。我们有借口、有理由将注意力固定在这些上级法院身上，但是否有借口或理由**止步于此**呢？

我们有什么依据假设司法制度（我完全没提行政制度）的运行具有一致性呢？我们观察各州的最高法院，发现它们的**表述**与其**行为**有很大的差距。在他们的行为中，我们发现我们只能部分地（仅仅是部分地）相信他们的法律规则。在他们的工作中，法律规则和结果之间的传动皮带开始出差错。随着距离拉长，当我们继续下去的时候，我们难道不应假定会出更多问题吗？在每一个阶段，声望显赫的法官越少，犯错的法官人数也就越多，我们难道不会猜测他们的平均水平更低吗？在高级别法院的法律规则越来越趋向无效时，我们不会猜测有其他因素

（即皮带和齿轮的相互作用导致机器进入到了古怪、未知的状况）介入吗？无知、偏见、对于事故的经验、偏袒、懒惰乃至腐败：它们的数量有多少？发生得多频繁？在什么时候？在哪里？程序体系的建构处于法律规则和结果之间的什么位置？不过，**你们可以通过结果来了解它们**。对于社会而言，法律**是**法律的**所作所为**。在仅针对上诉法院的这一研究中，你们能描画出一幅怎样的画面？

同样，如经常发生的那样，我没有补救的办法。我们可以提供的**至关**重要的一点是：用来发现官方适用的法律规则的必要手段，观察最高级别的官员如何适用规则的某些经验，还有一些他们的实践和信息。需要考虑的是，对于那些其事务重要到需要考虑官员行为的外行人来说，这些实践和信息意味着什么。对于这样建立起来的整体图景而言，我们还能时不时地提醒，要注意其局限性，但当你们更加深入地学习某一个部分，而忽略所有其他部分时，我们无法阻止这幅图景逐渐失真。我们无法带你们进入其他部分。我们既无这个智慧，也无这个知识。我们没有，任何人都没有。在获取必要知识方面，我们已经有了一个开始，也正处于开始阶段。只是第一个起点。我们已经实现了通往智慧之路的第一个阶段：我们当中的一些人开始猜测，我们自己拥有的知识是多么有限。同时，对你们而言，在你们学习时，始终要尽你所能地为自己设定问题：无法理解的是什么？这一法律规则到底对**什么人**有意义？甚至是对于具体的那个人，**有多大**的意义？

第六章

法学院提供什么?

法学院现在已经拥有了你们所需的（或至少是听说需要的）足够的专业知识，以使案例课顺利进行。现在回到我们开始的那些问题，并再次关注法律的全部内容。我提议我们沿着三条不同的思路对这些问题进行观察。第一，法学院能为法律职业提供什么样的指导？它能为你们提供什么？为什么它提供这些而不是其他的东西？有什么是你们执业所需要但它无法提供的？对这一问题的答案是：法学院几乎能够提供你们执业所需的一切。而且，不可避免地，我要谈谈你们要如何度过在法学院的时光。明天，我将谈第二条思路：法律与文明有什么关系？法律的价值是什么？它是通过怎样的方式来实现其价值的？法律能给我们带来什么？在讲座结束时，我们将谈到值得探讨的第三条思路，某种程度上它是从前面两点衍生出来的：在学习法律的过程中，存在哪些可能性？为了什么目的？在学习的过程中，有什么是需要把握的？

现在，让我们将目光转到法学院。首先，谈谈法学院的课程设置要达成什么目标。我们已经了解到，它至少要达成两个目标：一个是为你们的法律执业做准备，另一个是为你们学习法学院的课程做准备。让我先从为你们的执业做准备这个目标讲起。

我认为，像任何人一样，通常你首先遇到的事是你需要“学习法律”，即你需要信息、知识，你要成为法律规则的宝库。**我是传谕者，当我张开嘴巴时，你们就不要说话了。**[1] 同学们，如果你们愿意，我们也可以让你们变成这样！但为了达到臻于至善（the making stretches），你需要大量的学习，而这些是三年的课程难以做到的。我觉得可以很恰当地说，这种学习要伴随你的一生。任何法律体系都足够庞大。高度文明社会中的法律超出了人们所能理解的限度。为了对社会中的各种利益冲突进行规制，我们制定了复杂的法律制度，而这却让我们感到窒息。即使如此，由于法律规则是抽象的，我们还是有希望学习到大部分的法律知识。虽然人们为了理解每一条规则，不得不钻研十几个判例，但抽象的概念减少了“要涵盖”的范围，这些首尾相接的法律规则不再扩展得过于宽泛。因此，在法国和德国，大部分的法律规则被制定为体系化的法典，法律学习就是拼命地学习这些知识，努力跟上有志于掌握**所有**法律的人。由于以下事实，这一任务是相对容易做到的：法典是经过了有条理思考的规则体系，编排有序，整体表达恰到好处，适用范围广泛。由于实际上德国只有一个法律体系、法国也只有一个法律体系（只有一个立法机关，一个最高法院），这一任务是相对容易做到的。尽管如此，你们的老师还是放弃了完成这一任务的努力，忙碌地从事于（pant at）貌似不可能的尝试。然而他们所讲授的内容依然过于

---

〔1〕 此为莎士比亚《威尼斯商人》第一幕第一场中葛莱西安诺的话。朱生豪先生将其译为：“我说的话都是纶音天语，我要是一张开嘴唇来，不许有一头狗乱叫。”参见《威尼斯商人》，《莎士比亚全集》（第二卷），朱生豪译，人民文学出版社2014年版，第240页。——译者注

抽象、令人绝望，导致越来越多的忧虑。在德国，忧虑是如此严重，以至于年轻学生在三年或四年的法律学习之后，还需要经历三年的实习才被获准执业。

我们只有三年的学习时间。除了少数的州，大部分州完全没有实习期。即使有，也是松散、短暂的。而且，从学习的角度看，糟糕的是我们没有成文法典。虽然我们有制定法，但是它们大多数是对已发生的值得立法的事项的无规律集合。它们既不是有序的，也无意涵盖完整的法律体系。况且，我们的法律规则是在案件中发现的，它们难以发现、难以挖掘、难以表述，它们冗繁且难以运用。更糟糕的是，我们不是只有一个立法机关、一个最高法院，我们有 49 个立法机关。[1] 它们各自拥有立法权，都可以将其判决公之于众。去图书馆数数，用于存放法律书籍的书架有多少英尺，问问图书馆管理员每年还要增加多少英尺的书架！是的，由于我们采用的是多个管辖制度的司法体系，我们根据其偶然的相似性进行制定法的汇编，我们通过归纳法分析具体的案例材料来得出法律规则，以上的这些特点，使得系统、整体地学习法律知识的机会十分渺茫。

那么，该怎么办呢？我们可以挑选某些看起来特别有用的知识领域，某些我们认为**每个**律师都需要知道的知识。但事实上，这样的知识是极少的。这种放诸四海皆准的知识，我个人认为，除了某些程序和证据的相关内容，就再没什么了。此外，可以明确的是，我们应当熟悉一些在我们制度中作为基本学习和思考工具的知识，这样才能像律师一样

---

〔1〕 在 1951 年本书出版时，美国有 49 个州，现在则为 50 个州，故卢埃林说有 49 个州最高法院。——译者注

思考，面对某一情形能够作出判断，并使自己熟悉不同的部门法。同时，律师还需要了解一些可以直接用于法律实践中的部门法知识。因此，你们要学习合同法、侵权法、信托法、公司法、财产法、衡平法。学习这些知识以后，知识问题就变得不那么重要了。即使在课程中，任何学生**直接**利用这些法学知识或其他类似的知识的可能性是很低的。知识毋宁成为了学习的**工具**，没有知识就没有认识。因此，知识是需要学习的，但从专业使用的角度看，它自身**没有**特别的价值。一个人可以开设我们没有、任何法学院都没有的 20 门课程，用它们来取代我们提供的 20 门课程，在总的效果上不会有很大的区别。不过是再拿着法学院的课表去查找指定教材，记下《国法大全》（Corpus Juris）主要条款的目录，并将它们跟你们的法学课程表相互比较。而且，任何精力充沛的老师都可以根据《国法大全》中不被人熟悉的内容开设若干门有用的精品课，或者从我们“讲授”的任何“一门课程”分设出三门课程来。

因此，在详尽地论述大多数人确实需要的细微琐碎的知识之后，我们转向知识的一面，转向你们的大学老师努力让你做的：武装你自己，在你知道想要什么时，**找到你想要的东西**，并知道它将来会是什么。在这两个问题上，我们所做的都很差。可以毫不夸张地说，我们简直是任由你们自生自灭。留意你们的第一个课外作业：以法律的方式去找到你们自己所需要的东西，在你们需要时找到获得它们的方法。在第一年，这不是特别的重要，**它是你们下一年的主要任务！**

明年和后年的另一个主要任务是补充知识，自我阅读。你们之所以需要知识，是因为你就是你，而不只是课堂上的一员。知识应当与**你们**将来的法律执业、**你们的**兴趣或**你们**现有储备的不足相关。因此，知识不是像雨水一样分布不均、随意倾泻的，而是需要加以裁剪，以适合**你**

们的需要，特别体现在三个问题上。第一个问题，你们要去执业的那个州的**判例**。仅仅知道美国“主流的”观点是不够的。如果案件发生在芝加哥，你们需要知道伊利诺伊州的法律，该州的法律可能有独特之处。在这方面，无论从何时开始做笔记和独立阅读都不嫌早。需要注意的是，即使在确定的法律领域，你们所在州的法律也不是唯一需要考虑的。如果你们还没意识到，**方法**在哪里都是相似的，那我就一直在白费口舌。而且，除非去深入挖掘充斥法院的相同案件细节，不然你们就学不会这些法院的方法。而且，毋庸置疑，交易会跨越州界，邮件也是如此。你们需要对本州之外的法律具有广泛的了解。对于你们已有法律知识的漏洞，可以以其他州的法律来填补。对于当地法律，我建议你们持续地做简洁明了的学习笔记。

这引出了第二个问题：所在州当地**制定法**的文本内容。如果当地立法机关一直忙于修改普通法有效的旧规则，那么了解这些旧规则对于打官司的帮助不大。你们所在的州出台了哪些制定法？制定法的内容是什么？然后回到判例：法院是怎么处理它们的？你们会发现，课程中很少有这些内容。

最后，有一些**法律领域**，你们是没有时间通过上课去学习的。事实上，有些领域也无法开设课程，对此你们可能有一些不满。你们是美国人，而美国人知道，教育是靠包装的。就像香水一样，成分是次要的，但包装必须吸引人，你买了，就属于你。没有课程，就谈不上教育。如果没有老师的推动，你们就会陷入一片黑暗。你们感到不满，但无济于事。在这个问题上谈不上正义，无论是社会正义还是法律正义。当然，你们有书本。这是一个有趣的想法：钻研书本可以成为法律教育的一部分吗？收集书本可以成为法律教育的一部分吗？我有时候在想，在法学院存在之前，学生是怎么理解法律教育的？你们可以相信这一点：如果你们寻找的是**知识**，可以从书本上获得，只需花费案例课1/10的时间成本。而还有一点，你们同样可以相信：在知识方面，所谓的课程并没有**涵盖**一个完整的学科。编制课程或案例教科书的首要工作是决定一个学科的哪些部分可以省略，哪些部分可以完全不提。认识到这一点是很重要的。我想强调的是，即使是"课程"，也没有**涵盖**同名的各个"领域"。由此可以得出：首先，从书本得出的对一个学科的**整体**观点，**总是**比从课程得出的更好。其次，你的老师"论及"（cover）整部案例教科书内容的益处不大，因为更重要的东西通常是被案例教科书的主编省略的，而不是授课老师。再次，即使你们认同教育包装理论，还是会遇到麻烦：你们学到的总是比你们的老师所教的要少。

总而言之，在"理解法律规则"的问题上，答案是：涵盖全部的内容是不可能的，但将近一半的课程涉及的内容，对于大多数律师是有价值的。我们并不打算讲授你们需要知道的法律规则。我们坚持认为，我们是个全日制的法学院。这意味着，学生们来这里不是为了上课，而是获得教育，为此他们每周要投入50个小时。

另一方面，我们勤勉、有技巧地努力工作，以便让你们遇到案件时能够处理它们。这是判例法技术问题。我就不再赘述了。我只想指出，在这方面，不是我们教，而是你们学。**如果**你们学会了，那也可以说是我们教的，但我们的角色就像播种：必须播种，必须施肥。但播种很快就完成了，决定收成的是时间、土壤和气候。而且，你们会注意到，案例课上任何**宽泛**的主题综合都是留给你们来做的，我们提供阶段性（piece - wise）的帮助。至于任何整体性的学习，那些更明智的老师还是会留给你们自己来完成。复习功课的两个理由。第一个，每日复习和每周复习，目的是建立牢固的技术基础。第二个是进行整体复习，了解学科的整体情况，获得洞察力。也就是说，将所学的东西灌输到脑海中，以便你们可以快速地找到方法，并为你们整体训练的方向提供指引。

你们要开始学习的另一项技术是：从案例中得出**论据**（argument）。但同样，这里的课堂训练只触及最有限的论据，更大范围的论据会留给你们自己来完成。我们看一下训练是如何进行的：首先，分析案件情况，选择相关问题，**提出**描述的问题。这是双重的综合工作。第一，将问题涉及的法律归到一起。当海恩斯或哈里斯在向你讲话时，手持香烟戳你的纸牌中的“A”牌，这并没有把他的案件贴上一个“侵权案件”的标签。更有可能的是，这个案件的情节涉及侵权法、审判实践、公司法（你们可能确实学过，但都是分开来学的）的要素，以及你们几乎从未听说过的某些时期的公共规章（public regulations）。所有的一切有待整理，所有的一切有待观察，所有的一切有待归于一处。在这里，**围绕案件事实**，通过重新综合不同“领域”的法律来进行分析。看到可能性，从阅读中发现其他的可能性，找到判例和制定法，并发现其影响，观察案件和制定法是如何相互适应和彼此影响的，**衡量**它们的相对重要性。实现有效整合的下一个任务是组织论据。给论据一个完整的开头、中间和结尾，从论据的开头引出中间内容，并根据开头和中间论述得出必然的结果。认真思考你们的说理策略：以哪一点为中心？强调哪一个事实？你是先提出强有力的问题使人印象深刻，还是最后提出问题以留下深刻的印象？或是抛除最为重要的问题之外的一切，而把宝押在清晰度和专注力上？这些问题是我们法律职业的核心，但在课堂上尚未占有一席之地。你们可以在课外的**模拟法庭**开始这些方面的训练，学生们在这里围绕假定的案件进行辩论。模拟法庭训练还会引导你们走进图书馆，引导你们首次对**寻找**法律进行抨击。模拟法庭将使你们迅速地接触到一群学生，这群学生代表了教育的希望。

我先讲到这里，我想向你们提一些忠告。我试图在墙上写下的警示语是：你们面临的任务巨大、压倒一切，法学院的官方课程不足以涵盖它。"提客勒：你被称在天平里，显示你的亏欠。"[1] 要做的事不是上课，而是必须将所有的时间沉浸在法律中。咀嚼法律、谈论法律、思考法律、畅饮法律，在睡觉时也对法律和判决书念念不忘。把自己沉浸在法律中，这是你们唯一的希望。要做到这点，你们不仅仅需要课程、案例教科书以及你们自己。你们需要同伴，需要旁边的同桌。用铁钩把他跟你的灵魂牢牢钩在一起——不得已时，用钩爪也行。在小组学习中，思想会变得深刻。在小组学习中，闪烁着思想的火花、不同的意见、争论、有争议的实践、合作思考和协商实践。这对于弱者是鞭策，对于强者则是乐趣。"三个臭皮匠，胜过诸葛亮。"小组学习是你们的救星。

如果你们观察构成法律实践的一些要素，所有这一切就变得相当明显。对于案件的审判，你们的课程只是提供了一些背景知识：第一年的程序法，第二年的程序法和证据。但是对于从客户那里得到的事实（那些对他不利而选择保密的事实），这些课程讲了些什么？对于在证人席、在交叉盘问中被闻所未闻的事实所抨击时，这些课程又讲了些什么？对于让陪审团来衡量证据的效力讲了些什么？对于总结陈词的技巧讲了些什么？甚至是对案件上庭前的初步分析（不是分析案例涉及的"法律"，而是能否说服法庭）都讲了些什么？课程为你们提供了一些

[1] 出自《旧约·但以理书》第5章第27节。——译者注

初步认识——包括探讨案件的方式和方法，如何让你的记录和证词不至于被推翻，或者抨击其他同行的庭审记录。剩下的问题是：首先，进入法院，观察参与开庭的人的工作，设想自己面对他们的问题，并得出自己的解决方案，一点点地收集他们的方法，并观察它们在多大程度上有助于你们自己的思考。

就上诉实践而言，你们学习的大部分“案例”是上诉案件，但你们知道如何撰写案例摘要吗？你们看见过法庭记录吗？你们练习过通过查阅法庭记录来判断哪些案件在上诉时会胜诉吗？（或者，同样有启发性的是，判断一下在初审中犯错的律师如何在庭审中引导法庭排除你提出的异议）假定这是最为重要的操作，你们的模拟法庭会给你们提供其他的一些实践。是你们的模拟法庭，而**不是你们的课程**。

就业务咨询而言，得益于法律教育取得的新进展，你们的确获得了观察法律规则对业务产生影响的某些训练，甚至获得了让你们从各个法律角度来对**某一情形**作出判断的某些训练。但需要多少训练才能按照客户的需要对相同的情形作出判断？需要多少训练可以获得与另一方当事人或其律师谈判的技巧？谈判需要审时度势，考虑在什么时候要坚持有利的意见，在什么时候要作出让步，以及作出多大的让步。什么时候最好亮出底牌，什么时候你最好通过让对方获得更多的其他诉求（作为对他的一个让步），以迫使他最终让你得到你唯一想要的诉求。你们要独立地进行谈判，但要与其他人打交道，让每个人都参与讨论，并且把他们之中任何一个人都认为最有利的立场推定为所有人的观点。诸如此类。你与客户打交道面临的风险所告诉你的是：他会根据片面的事实来向你征求意见。如果你提供给他，他将依此行动。如果出了问题，他会要求你承担责任。你的确是要承担责任的，因为作为律师，你应当有足够的知识去怀疑更多的事实，怀疑这些事实究竟如何，让它们浮出水面，而无论你的客户是否愿意坦白。谁会告诉你，对于聘用你的“一家”企业客户，有一半的时间都是他们的高管在向你咨询问题，不是为了获得法律意见，而是在其判断失误时推卸责任？谁会告诉你，谨慎的律师从来不对一个不确切的案件事实提供法律意见，却会在其法律意见里小心翼翼地、全面地对提供给他的事实进行重述，且明确地仅针对**这个**事实状态发表意见？

此外，还有法律文书起草。你们中的大多数人还没学会用通俗英语写作。你们无法组织一个支持或反对啤酒和麦芽酒的简洁明了的论证。你们无法作出一个像样的论述，更谈不上迅速和深刻了。有一种弥补的方法，即法律实践，但你们还没有执业。而且，即使解决了这个问题，还有法律写作的任务。对于文书起草，我真不知道还有比这更难的技艺，还有比这更吸引人的技艺。法律是既定的，我们事先假定你们理解它。情景也是既定的，我们也事先假定你能理解它。不仅理解你的客户**想要**什么，而且理解他**能得到**什么。现在，牢记这些并将它们转化为行动。找到它们相应的文字，使文字清晰，轮廓明确，避开法律风险，保证第一段和第四段的用语前后一致。在阅读用语时你不仅考虑到自己想达到的目的，而且要敏锐地从对方律师的视角出发，考虑到如果出现15个意料之外的麻烦，他们会怎么说。同学们，这就是文书起草，我向你们隆重推荐。恰当的口号依然是：**提客勒**！

我没有提到在实践中获得巨大发展的另一方面，有些工作不是与法院打交道，而是与税务官员、建筑专员、劳工恤养专员、立法委员会以及其他人打交道。我没有提到律所管理，没有提到法律实践的很多其他方面。然而，我必须提到一点，即对于案件结果和法院如何作出判断的

直觉力的培养。如果我对于法律在任何单个**细节上**都有不确定性的论断是正确的，如果我对法院在事实和先例方面拥有回旋余地的判断是正确的，如果我关于法院态度的无比重要性的观点是正确的，则直觉对于你的法律实践就是至关重要的。你的客户会为你正确的直觉买单。当然，如果你判断错误，他也得为你买单，但这就是一锤子买卖了。

这一直觉不只是纯粹的猜测。从街上随便拉来一个人，问问他的直觉是什么，这毫无意义。良好的直觉力是理智、想象力和**渊博**知识的产物。对于法院的所作所为了解得越多，直觉就越准确。知识理解得越透彻，阅读案例的眼界就越开阔，你们的直觉就越熟练。法学院的案例课训练以另一种方式奠定了你们执业的基础。仅仅从课堂得来的知识基础是**不够广泛的**，你们需要阅读更多的案件，越来越多的案件。是否能记住它们的细节、它们的裁决、从什么地方可以再次找到它们，这些都不重要。重要的是持久、认真地阅读案例，反复地观察、遵循和**理解**法院的反应。在你们查明案件事实，看到结果**之前**先凭直觉作出判断，然后再回头看。如果你的直觉是正确的，你的依据是法院所展示出来的吗？如果直觉是错误的，你在哪里出错了？好和坏、盲目和敏锐、愚蠢和明智，相互交织在一起。因此，你必须对**所有**类型的法官作出直觉判断。你们的案例教科书总体上为你们提供好的案例，而不是糟糕的案例。为了合理选择案例，你们应当阅读先前的案例快报（advance sheets）。而且，案例教科书提供给你们的基本上是疑难案例，而不是已经得到更好解决的案例。同样，为了获得更透彻的视角，你们应当看判例快报中的有用材料。我再次重申，你们是否记住特定的规则不那么重要。如果你们记住了，那很棒。但如果你们没有记住，它仍然是一个无形的、不寻常的知识储备，在将来支撑你们的直觉。总体上说，**权威**总是能找到的。一个将会发生的结果，一种将会被采纳的理论，这就是我们的目的。

我还没有提到你们如何度过法学院的时光。对于处理案件、做案例摘要和复习功课，我已经说得够多的了，可能还有这一点：如果你们用红笔在笔记上的适当段落作了标注，会更加省时省力。

我要谈一谈考试。法学院有两类考试。第一类考试是问答题。问答题考试由若干个问题组成。A 做了这个，B 做了那个，C 去躲债了，甜甜圈归谁？遇到一个问题，首先要先阅读。聪明的学生会按照时间的先后顺序来阅读，按照事件发生的顺序逐个理清事实，并弄清楚**每个事实**的影响。这样，他就只有一个崭新的、不断变化的事实需要马上处理。在他读完之后，也就对案件**做了分析**。如果发现案情复杂的话，他可以做一些小的注解以免遗忘，并将其放到他想要证明的法律观点里。当他开始回答问题时，应该建立一个论据。如我所提示的，这个论据**以结论为出发点**。如果不知道目的地在哪里，就会很难到达。让你们的指导老师看到你们如何得出这个结论，就更为困难了。我坚持这样一种观点：如果没有终点，就没有开始，肯定也没有过程。我坚持这一点，是因为学生们通常会在这一问题上走弯路。他们紧张兮兮地来考试，迅速读完全部的问题，就像上班族狼吞虎咽地吃早餐一样。剩下的是很多相互冲突的想法，导致自己比之前还要紧张。他们咬坏了半截钢笔，而各种想法还在眼前打转。突然，一瞥手表，时间已然过半，于是急忙地开始答题，写了半页纸，突然得到一个新想法，推翻自己的观点，产生更多的疑问，以“没能答完，时间不够”结束自己的答题。但如果知道目的地在哪里，你们就能够到达。剩下的时间可以被用来理清思路。在问答题中，你们可以围绕问题展开奇思妙想，指出如果情况发生变化，所有的事情将会怎样。**如果**有时间，你们可以这么做，但**首先**要回答设定好的问题。

最后一点，如果需要对案件要的事实**或**法律作出一连串的决定，那么就遇到一个解决一个，并**明确**指出你们已经查明了一个疑点，以及你们是如何确定的。而且，如果你们查明疑点的方法已经解决了所有其他的困难，说出来，但不要停留于此。即使你们已经成功地解决了其他困难，你们的老师也会希望就这些困难展开讨论。因此你们继续说："另一方面，如果以另一种方式解决这一疑问的话，那么……。"总之，问答题是为了测试你们在分析、判断和论证方面的能力，以及当规则出现矛盾的时候对政策问题作出判断。但它们也会被用来考查你们对该学科知识的了解情况。如你的老师所说的，如果没有问答题，其他的测试都没用。但是如果没有其他的测试，仅有问答题也是不够的。即使是在案例课上，我们也需要**某些知识**。**你们把知识记下来，然后**以它们为基础，并用它们来答题。

另一类考试为是非题，它由众多的陈述构成，这些陈述要么是正确的，要么是错误的。它的重要价值在于可以在较短的时间内覆盖大多数的知识领域，首先引导你们注意特定要点，其次节省了手写的时间。你们不应将是非题仅仅视为记忆的练习，也不应仅仅将其视为知识测试。我们可以设计问题，或者设计一系列问题，来测试你们整合知识的能力，而这很难用问答题来解决。我们可以提出一套事实，然后针对该事实设置是非题，这几乎可以像问答题一样测试你的分析能力。但是非题或多项选择题通常无法测试建构论据的能力。基于这一理由，我们通常以问答题作为补充。

现在，是非题可能并不好答。首先，总会有一些没说过的对错标准。选择老师的看法作为标准答案，通常是比较稳妥的。而且，学生上课的一个任务是判断自己的老师想在考试中考什么。对于问答题，这是可行的。有些老师喜欢学生奉承他的观点，而有些老师喜欢学生反驳他的观点。有些老师坚持认为，你们的解决方案（dope）必须是他们最认可的那种方案。有些老师没有这样的倾向。有些老师则对政策争论极其有兴趣。但是，我强调，尽管如此，应该坚持的是，在你们沉溺于政策讨论**之前**，要先陈述案件裁决的实际理由。有些老师几乎只对案例展现的结果感兴趣，有些老师则只期望你们理解课程材料。另一方面，有的老师想考察你们对学科整体的理解，而不管有多少内容是在教学范围之内的。这些是你们需要注意的有关老师的类型与特点（stripes and spots）。对老师的分析（即使是在问答题测试中，也需要这种分析）与日后对法官的分析一样重要。但在是非题考试中，这些因素至关重要，是法学院一直存在的问题，你们必须采取相应的行动。

对于我们无法控制的律师资格考试，我要说的不多。在我们的课程中，它占了一定的分量。它是这么发挥作用的：既然我们知道，你们将在第三年期间和毕业之后针对律师资格考试进行阅读，扩大你们的信息量和深化你们对特定州的法律知识，就此来说，我们始终觉得可以通过这些考试完成这方面的教育。我们认为，授人以鱼不如授人以渔。至于律师资格考试，可以肯定的是，任何完成法学院课程并坚持下来的人，都已掌握了足够多的技巧来通过考试。他更多是需要关于制定法、程序法以及与相关州的判例的信息。就像我之前提到的，你们可以去图书馆查找这些信息。

在我们把课程与实践相结合之前，对于如何安排这三年的学习，仍然存在一些看法。就像我在前面说的，法学院第一年的目标是向你们灌输处理案件的核心技巧，同时为法学院的学习和法律执业奠定基础。就像一句老话所说的，它的目标是让你们“像律师一样思考”。第一年最困难的任务是让你们丢掉常识，暂时麻醉你们的道德伦理。将你们的社会政策观、正义感、糊涂的思考及概念边界模糊不清的所有思想一起丢到脑后。在给定的一大堆材料的范围内，你们要获得精确思考、冷静分析、学习、观察和操控法律体系的能力。把普通人变成律师既不容易，也不安全，因为纯粹的法律人（legal machine）是一种社会危险。纯粹的法律人不会是优秀的律师，因为他缺少洞察力和判断力，缺少将那部分无形的社会经验引入直觉的能力。但是，如果不先牺牲某些人性（some humanity），几乎不可能获得什么技能。因此，我们要尽快地先削减所有人共有的**人性**（homo），致力于我们要发展的**智慧**（sapiens），然后重新获得**人性**。

第一年学习中最为重要部分是程序法，因为它提供了适当和必要的手段，用以解决所有课程的案例程序方面的**专门**问题（narrow issue）。合同法通常被认为是关于合意的一般法律理论，为你们以后遇到的其他主题奠定基础，例如买卖、保险、合伙、抵押等。侵权法课程的重要性不在于作为特定主题的基础，而在于对交易领域之外的领域进行清理，要尽快地对其进行清理，避免交易方面的法律不会使整个法律的未来图景变得模糊。法律制度的发展以及侵权法和程序法的部分内容，都试图揭示一个最重要的法律现象，即影响法律发展和法律诉讼的条件不仅仅取决于最近发生的特定先例，而且取决于整个法律史的进程。在你们看来，这些历史方面在很大程度上是奇怪的、死去的和无用的。但无论它们有多么奇怪，它们既没有死去，也不是毫无价值。它们没有死去，是因为它们支配着现在的发展。它们还有价值，是因为通过它们且只有通过它们，你们才能理解现在的发展状况、现在的发展是如何结合在一起的，以及为什么它们现在不再是更充分、更有效的社会工具。仅仅研究现今存在的法律制度是不够的。我已经提到过，现有的制度存在势利的一面。就这一点来说，没有比法律领域更引人注目的了。相对于其他领域而言，在法律领域的势利之徒中，有更多的依靠没落贵族为生、血缘疏远的后裔。法律碎片作为毫无价值或更糟糕的遗留物存续下来，依然没有受到质疑。碎片的价值，就像是已使用电子水泵的邻近地区的老式吊桶。仅仅按照它们的现状来研究这些法律，会不可避免地将法律视为当然的现存物，是一种奇特却又真实的存在，而这仅仅是因为它们没有受到过质疑而已。只能通过对于差异的感知，才能获得全局观（perspective）。为了感知到差异，差异就必须得到展现。将这些遗留物放在适当的时间和环境来考察，不仅是为了了解他们的现状，而且要了解他们现在有什么价值。我们不能指望对于每个法律制度都能实现这一点，因为没有那么多时间。但是可以继续发展这种观点，可以根据足够具体的材料来把它讲解清楚，并且这些材料本身也是有价值的。

你们的历史也会产生另一种影响。就像地质学，改变过去的力量在今天仍发挥着作用。判例法每年都在变化，但当你在阅读一个现代案例的时候，在进行整理判决的实际理由时，你们会不可避免地失去了变化的感知和对于变化方法的洞察力。只有长久地进行搜寻，你们才会变得活跃、清醒，保持对于变化、方法和含义的敏感。

在第一年的第二个学期，你们将遇到第一个兴奋点——“财产法”。到那时你们就会了解合同法、商业交易法在很大程度上依赖于当事人各方的塑造。你们已经知道，侵权法是一个不断变化的领域，由于人的活动导致了一个又一个的冲突。起初似乎相当严格的程序法，现在似乎成了律师的特殊仪式。然后你们遇到财产法，还会发现有一个完整的法律制度对当事人的行为模式进行严格的限定，这是侵权法和合同法从来不曾企及的。这一制度有着特别的价值：当你们以后遇到像租赁和抵押这样的法律制度时，乍一看，你们期望可以像商业交易一样对它们进行处理，但却发现它们不仅混合着商业法律和概念，还混合着财产法的概念。同时，程序法也在发挥作用，持续地发挥作用，并将你们带到在程序和法律上更加灵活的、我们称之为衡平法的领域。衡平法是在当时的普通法（它已经屈服于制度的永恒存续的倾向，因此在变化方面变得过于僵硬）之外的衡平法院中发展起来的，适应着不断变化的条件。在这里，你们再次遇到一种新的观点，揭示你们以后将遇到的大部分法律：对票据、信托、抵押回赎和禁令救济的改革，以及对于土地买卖合同的特定履行。在第一年的第二个学期，你们还将遇到、而且是首次遇到系统地学习立法（而不是对于判例）的方法。在那之前，立法只是作为像魔鬼一样的东西隐约地出现在背景中，看都看不见，更多是靠猜测。今天将立法作为法律的重要程序提出来，可谓恰逢其时，因为立法这一工具可以一下子解决 50 多个案件要解决的问题。最后，你们将遇到刑法。我已经指出，对于你们的大多数人而言，这是一门与你们的生计不相关的课程。刑法是你们职业训练中首次接触的我称作思维开放的、资料型（background）、与文化有关的课程。刑法被放在第一年，因为这门课至少对于你们理解法律在社会中的地位来说，还是非常重要的。

当进入到第二年，你们会开始上一些选修课。在这期间，基础工具、基础的背景资料也已经提供给你们了。你们掌握的知识当然需要实践，需要大量的实践。实践的范围和技能均亟须发展，但你们已经学习了最基础的课程。案例教学法（case method）已达到其最大的限度。你们对常识的认知已经发生了变化，现在要设法重新获得它，重新塑造它，要从世故人情中得出你们的伦理观。然而，这次以更好的幌子出现的常识、大量的伦理不再与法律相冲突，不再阻碍你们观察法律问题，而是使你们了解法律，帮助你们提出解决方案和批判，不再对你们的技能构成阻碍，而是推动技能的发展。我认为，实现这一目的的最好方式是，立即学习一门或多门背景资料课。在家庭法中，你们可以观察到法律如何应对我们最古老的制度带来的难题，同时婚姻制度也随着城市的发展、旧有社会群体分崩离析的趋势而变化。在劳资关系问题中，你们可以观察到，法律在第一时间扑灭所有社会变革的行动，然后逐渐地帮助它们向前发展。在宪法中，对于所谓的司法部门至上，你们可以看到，华盛顿的九名大法官在立法机关多大程度上可以修改美国的社会体制的问题上一言九鼎。与历史相比，比较法、罗马法对重新审视我们自身制度提出的挑战可能更为有力。

或者，你们重新捡起在制定法学习中所学到的，并将其融合到商业票据和买卖的案例学习中，这个法律“领域”已经整体被纳入一部法典，要被逐字逐段并作为整体**进行解释**，彻底地解释，并与近半年遇到的案件进行对照。你们重新捡起在程序法中所学到的内容，并应用于我们现代法院更为复杂的诉讼程序。或者重新捡起你们在商业方面所学到的内容，应用于介绍现代商业组织结构的商业组织课程，或是应用于债权人的权利、收债法或担保法。

在你们完成第二年的学习时，有两点是很清晰的：一是你们选择的范围已经超出了你们在**课程**中所学到的，二是你们在课堂之外更加独立学习的时机已经到来。我想补充的最后一点是：等到毕业迫在眉睫，即使有机会做一些拓展你们思维的工作时，你也没有时间了。第二年是充分利用这些机会的良好时机。在第二年开始有论文考核，论文是你自己的研究成果。在这一过程中，你们应当熟悉图书馆和论文写作的技能。

我对于法学院第二年所说的，同样适用于第三年。第三年只有一个新的问题（其实它不应该是新问题）：准备律师资格考试。稍有智慧的学生在开始学习处理案例时就开始准备律师资格考试。这是显而易见的，无须赘述。

但是，我还是要提三个问题。第一个问题，除了我提到的选课问题，还有一个关于老师的问题。你们会发现一些喜欢的老师，还有一些你们不喜欢的老师。你们会发现，有些老师以夸张、富有戏剧性的方式将知识传授给你，但是在让你保持清醒的头脑方面却没什么建树，而其他的老师则是一本正经。对所有这些，需要记住的重要一点是，保持课堂活跃的技巧不等同于拥有才智或深刻思考。更重要的是，缺少这样的技巧也不是缺乏才智或深刻思考。法学院的老师每个人都有不少值得你学习的东西，但最有特色的是他的表演技巧。其实，如果你比较关注自己的教育，就不会信任那些把课讲得太有趣的老师。他可能很不错（sound），事实上也是如此，否则我们也不会让他给你讲课。但是，**你从他那儿学到的未必是扎实的学问**。他的表演越是让人愉悦，越是让人觉得有趣，就越能代替你自己的思考。我想强调的是，尽管有些见识平庸（cheaper minded）的人认为这些表演者漫无目的（wet），但因为有这些老师，你受到训练的机会要大得多。去上他的课，你要自己保持清醒。同样，要自己保持清醒，你得从他的课上汲取营养。你是否考虑过这些所谓的“让人产生深刻印象”老师让**你**付出的**代价**？他们使你自己的想法变得迟钝，丧失了从其他课程所收获的知识。

关于教职人员的另一点是，每一个老师都是优秀的。同样，每一个老师也都有自己的不足。我们每个人都是不均衡的，我们的教学比我们自己更不均衡。在某种意义上，这是我们成长的方式。在某种意义上，这也是有意为之。我们认为你们应当接触一系列不均衡的人，目的是让你学习他的优点，看到他的每一个缺点，以使你在法律知识的均衡性、多样性和体系构建方面能够青出于蓝胜于蓝。

如果你偏科，就会危及全体教职员耗费多年才设法达到的恰当平衡：一边让所有的老师开课，提供机会让他们发挥个性和才能；一边挑选最有个性才能的老师。

第二个问题，关于非正式的指导。如果你们中的某些人学得很好，希望摆脱课堂学习，将更多的精力放在更为深入的小组学习，在第二年及以后的时间，这样的机会就会开放给大家了。抓住这样的机会是很明智的，我认为这一点无须多言。

第三个问题，关于“法律评论”。在法学院里，有一个特殊的贵族群体。也许可以说，这几乎是一个完美的贵族群体。每个人只能凭借学业成绩获得会员身份。会员身份意味着荣誉，但这份荣誉所承载的是一种责任——其他学生所没有的拼命工作的责任。之所以说是完美的贵族群体，是因为想要保证持续的会员身份，必须要有比其他非会员学生更为优秀的成绩。法律评论是学术出版物，法学院的声誉在很大程度上依赖于它。法律评论是美国人特有的，也是美国人非常引以为豪的。据我所知，除了美国的法律评论，世界上还没有任何学术机构将自己在公众面前的声誉寄托于在校学生的工作。为这样的机构服务是一种特权，加入这样的机构是一种荣誉。而且，凭着在法律评论的工作经历，你们可以确信一点：争得这份荣誉，就是获得一种教育。我坚持认为，要把加入法律评论作为你们第一年的最高目标，这一机会对你们第二年的实际训练助益良多。

我们到达目的地了。把你们中的任何一个人从毫无准备（out equipped）发展到独当一面，可能需要双倍的努力、双倍的时间（即六年的时间）。医学院的学生，如果是一个人单独完成学业，需要六年的时间，只能为公众提供糟糕的服务。不管从哪个方面看，我都不认为他们的任务比你们的更困难，只是对于大众而言，他们的钱包没有健康那么宝贵罢了。

因此，同学们，这是你们的未来：一片荆棘丛。你们面临一大堆需要理清的案例教学法的细节，在理清这些问题之前，你们还要学习半年的程序法课程。然而，你们马上就得开始披荆斩棘，在前进的道路上，有逻辑、历史、法律规则的社会影响、霍菲尔德分析以及相互冲突的法理学流派，有数不清的、多变的、敏锐的、无序的、无情的、参差不齐的内容。所有这些在课堂上呈现的东西，只是为你们拓展其他问题提供凭借。挤进一片荆棘丛，尖锐的钩刺会撕破衣服和皮革，刺伤眼睛。烈日当空，脚下无路可寻，眼前一片漆黑，饥渴难耐，荆棘密布——对于这些恐怕没有解救办法。对于法律，除了制定更多的法律，没有解救办法。即使不惜代价陷入荆棘丛的深处，也无法使你们获得光明的视野。但男子汉会说，如果你们能抵挡住数以千计的凶猛危险的钩刺，如果你们能奋力穿过，到达下一片荆棘丛，伤口能换来光明。

另一片荆棘丛

第七章

法律与文明[1]

当人们将视线投向法律以外的世界，第一个印象是法律不像表面看上去那么重要。外面的世界纷繁复杂，它们显然影响、改变和重塑着法律自身。就像人们的眼睛渐渐地适应强光一样，经过一段时间，他们将看到更为真实的画面。人们认识到法律与外部世界之间存在着因果关系的相互作用。他们开始怀疑这种相互作用的性质。我认为，如果人们研究法律和文明的关系，他们会有所发现。而如果我在这里对这一发现做一个简单的勾画，它可能对你们有价值，可能会缩短重新聚焦的时间，可能会激励你们打破法律的表面张力，并慢慢地环顾它的四周。

对于**文明**，我指的是人类学家所称的**文化**，也就是社会的整体结构，包括我们的行为方式、我们的组织方式，包括我们的物质、知识才能以及我们对于两者的运用。对于法律，你们大致知道我指的是什么。但在面对原始时代和我们自己时代的法律时，把法律局限于单一的含义是不可行的。你们不能仅仅因为没有国家官员，就否认法律在某个社会

---

〔1〕 如今，这一章在我看来非常不成熟的，但也只是不成熟，见后记。——作者原注

中的存在。在国际联盟和联合国成立之前就存在国际法。法律和国家两者都在发展，逐渐地发展，并且两者的发展有时是彼此独立的。如果要观察法律与文明的关系，我们应当研究法律在文明中的发展进程，我们观察到的东西会因时间和地点的不同而存在差异。唯一不可避免的共同要素是处理纠纷；唯一不可避免的共同关注是处理纠纷的**方式**与其他生活方式之间的关系。因此，当我谈到国家和法院出现之前的原始文化时，首先想到的是既有的解决纠纷的方式：争议双方不诉诸暴力，即使通过暴力来解决问题，也只是通过受到约束和抑制的暴力。在我们所关注的文化发展到更加先进的阶段时，我将介绍通常与**法律**这一符号相关的其他知识，如常设法庭。在国家出现时，由国家官员采取行动来处理纠纷的想法自然会出现，这与通过有威望的人来调解解决罢工的方式形成鲜明对比。而在法律的另一面，基于便利、安全和预防纠纷的目的，官员也扮演了管理者的角色。而且，我们从一开始就有这样的观念：我们所做的任何事都存在一定的规律性，有一定的反复性和可预见性，某些反复性和可预见性也应当存在。这就是先例和法律规则的概念，因为它们是任何法律制度或其他制度的内容。

如果我将法律作为政府的组成部分，尤其是作为解决纠纷的政府机制，将文明作为我们共同的生活方式和我们共同生活时所作所为的**整体**，那么，法律属于文明的**一部分**是显而易见的。法律与文明的关系类似于神经系统与人体之间的关系。它不是一个将外来之物纳入文明或将其与文明相比较的问题，而是当法律自身作为文明重要一部分的时候，它在文明中扮演何种角色的问题。

我认为，如果我们首先搞清楚**法律**和**秩序的区别**，就可以更容易作出正确的判断。如果没有秩序，就没有群体生活，也就没有群体。如果群体中的某个成员无法以某种方式适应群体生活，如果他们各自的行为没有在一定程度上参照其他人的行为，如果没有某种合作、自我约束、限制以及每个人对于其他人行为的某种可预见性，则没有群体。“群体”变得越来越像一个群体，而不是某些个体在某一地点的偶然相聚，恰恰是因为**秩序**变得越来越明确，越来越确定，越来越广泛。但不清楚的是，在群体行为中，是否因为秩序的存在才导致群体成员之间不存在纠纷。纠纷的产生意味着秩序的缺失。对纠纷的**解决**，无论是以何种方式，指的是旧秩序的重建或视其情形而在群体中建立一个有所不同的新秩序。而秩序十之八九既是一个群体成员之间的行为方式或行为模式问题，也是一个将这些方式（包括所有成员共有的方式和与其他人相互补的方式）**嵌入**我们称为**制度**的相关联的、复杂的行为模式问题。而且，纠纷的解决也主要是行为方式问题：只有当越来越多的正常行为方式遇到障碍时，这种行为方式才开始发挥作用。

文明和秩序的主要关系似乎是这样的：只有当文明是一种群体的生活方式，而且没有秩序的群体生活被认为是不可思议时，秩序才成为文明的一部分。而且，似乎相当清楚的是，我们所说的**高度文明**（它具有**复杂的**合作结构，具有应对环境的有效方法，为群体的生存提供高度的保障）只有建立在一个具有相当程度的秩序基础之上才有可能。在依赖于西部地区或阿根廷的猪肉、东部或南部地区的煤炭、巴西的咖啡和底特律的汽车，并且担心我们是否会受到俄罗斯粮食销售困扰的情况下，我们无法实现当前专业化的经济生活——除非存在一种作为**我们文明一部分**的能适当预测的方法，向市场中的专业化生产商提供保证，保证消费者可以很方便地找到供应他想要的大部分物品的生产商。而这似乎是一个相当安全的假设：如果有足够影响力和能力的某个人集结一帮持枪者，完全无视我们的预期而大肆劫掠，而后储蓄、投资和贸易环境随之恶化，最后的结果将越来越像阿尔巴尼亚的情况。那里的人们生活相当清苦，财富减少，群雄角逐的半封建制度维持着一个非常规的、准战争的状态。那仅仅是表面上的秩序。因此，高度发达的秩序才是复杂文明的必要基础。这一结论也能得到事实的佐证：就我们所知，在缺少这样的秩序的情况下，从未有过一个复杂文明能得以产生或存续。雇佣军时代的意大利城邦，也是我碰巧所知道的极端情形。我读到的证据强烈地暗示出它们能够发展的极限。在混乱的交通、反复的强制性贷款和征税的冲击下，任何现代意义上的工业都会陷入停滞和摇摆，特别是低廉商品的可持续贸易陷入困境。除了军阀首领在某一段时间内垄断一个较小的区域内征税特权的情况，商业是存在的，但大量的商业转向奢侈品领域，转向迅速周转的投资，而不是长期投资。与其说军阀首领的身份重要，不如说他不应被频繁地替换。艺术可能会繁荣——事实上，军阀的开销可能会刺激它的发展。普通人觉得生活过得艰难。由于庄稼时不时的歉收和恶劣的交通设施，局部的饥荒在当地不可避免。

另一方面，秩序的程度**过高**会使变化瘫痪，使一个社会应对紧急情况的能力僵化。当然，这一表述可能只是把同一个意思换了种说法。“秩序的程度过高”可能仅仅是指无法应对变化的情况，但我认为这不是全部。我认为，在一个几乎可以**完全**预测的制度中，人们可能会丧失思想上的灵活性，而灵活的思想是作出重新调整的必备条件。如果没有不可预料的情况需要处理，也就很难合理地应对意外情况。因此我认为，我们需要有必要的秩序，但同时也需要必要的公平竞争和不可预见性，以使社会的某些思想保持灵活性。对于此，我认为大多数的现代人（肯定也包括我自己）会补充说，必要的公平竞争可以让生活变得更加有趣。

正是社会中公平竞争的存在，使人们非常需要法律，**因为在公平竞争中，出现了纠纷**。

在开始讨论纠纷之前，我想谈谈另一个问题。有这样的一类纠纷，它的产生不是因为社会框架准许个体的自由行动，而是因为某些个体或群体拒绝遵守不准许自由行动的社会安排。大体而言，我们社会的基本秩序、任何社会的**基本秩序**，都**不是由法律创造的**。最具有误导性的一种观点认为，法律对于文明的贡献是来自法律的基本秩序。我在此强调，基本秩序并不是来自法律，而是产生于**教育的过程**（至少对于每代人是这样）。在这一过程中，法律可以发挥很大的作用，但并不是说法律是最重要的。官方法律在公立学校的制度中发挥其应有的作用。巡逻警察可以在一定程度上阻止某些小孩砸窗户、偷苹果，让他们养成不乱砸东西、偷东西的习惯。事实上，警察的行为能够发挥某些重要的作用：阻止坏人的持续出现，阻止坏人变得不可救药。但即便把所有这些都加起来，与教育相比，法律的影响甚微，法律主要在社会边缘发挥作用。

但是，我认为，只有通过对孩子的仔细观察，才能认识教育在**创造**群体**秩序**方面起了多大的作用。可以肯定的是，在小孩在来到这个世界时，他是一个号哭不停的小野人、一个野蛮的“小包袱”。脾气古怪、尚未定型，就像我们的历史记录中没有记载的野蛮人一样。这个“小包袱”从一出生就经历了一个学习的过程，并且，早在五岁时这就使他成了一个相当文明的人。而且，你们会注意到，这些都是在系统性教育还没开始前就被牢牢树立起来的。这种教育一定程度上是通过小孩对于周围事物进行观察和模仿，一定程度上是通过细心和耐心的劝说

（学习以他所在家庭认可的方式**说话**），一定程度上是通过对小孩的行动试验进行一系列冗长的控制（并不总能有足够的耐心）。他在找东西、破坏东西、捣乱或发出噪音时，所表现出的足智多谋是无穷无尽的。但经过若干年，他在这些方面的实验一方面招致了一系列的“不可以”和惩罚，另一方面带来了一系列的肯定和表扬，促使他不再从事不被认可的行为，而投入更多的精力去从事认可的行为。正是群体的行为方式、他所在群体的秩序，对他说话、打人和操控他人的试验表示认可或不认可。与此同时，他懂得了他能够期望的是什么，其他人对他的期望又是什么。总之，他成为所在群体井然有序的秩序的一个部分：他是一个美国人，而不是法国人；他是一个城里的孩子，而不是乡下的孩子。这时，他有了自己所属的团体和身份。

但是，出于这样或那样的原因，我们知道这一学习过程对于某些个体来说是不够完善的。对于某些个体而言，无论是否由于我们可以追溯到的特定接触机会的刺激，他们各种与生俱来的欲望突破了公认的行为模式。对于同样的行为，我们或许会有不同的评价。当小孩在家里时，我们称之为淘气。当他走出家门时，我们称之为恶劣或者古怪。而在某些时候，被认为是品行不端或才华横溢。当他长大成人后，我们一方面称之为犯罪，另一方面却又称之为“卓越”（great）。我想强调的一点是，很多罪行是我们对于“卓越”付出的一个代价。旨在阻止卓越精神被破坏的教学方案也存在同样的缺陷，使那些精力充沛、足智多谋或特立独行的家伙与法律背道而驰。我们没有像很多比较简朴的文化中的老人一样，通过敲打、挨饿和折磨的方式让年轻人变得服服帖帖（perfect receptivity）。与他们相比，我们对年轻人打下的烙印既不严格也不清晰。我们没有将年轻人塑造得完全符合我们的秩序，而是允许年轻人进行实验，但是还没有找出让实验起作用的方法。这一方法既不会带来麻烦，也不会带来进步。这样的试验给我们带来困扰，也给我们带来愉悦。法律必须处理的一种麻烦和纠纷是傻子、精神病人或海盗进行的实验，而整个群体的绝大多数人对实验的方法和地点漠不关心。

概括一下我到目前为止所说过的：我设想文明应当基于并包含一个已有秩序（我们很少能意识到这种秩序，因为这就像呼吸空气一样平常）的宽广内核，以及一个相对更小的公平竞争的领域。无论在哪里，总有些人基于某些理由试图突破秩序所确立的核心。而且，在自由行动的领域内，不同个体的利益处在持续的变动和冲突之中。在该领域内，一个人可以自由地奔跑，但如果两个人都能任意奔跑，就会发生冲撞。于是，**在公平竞争的领域，出现了纠纷**。法律没有创造秩序，但法律设法保证秩序的存续。法律没有创造自由活动的范围，也没有对它进行过多的控制。但是，法律的职责是确保**这一领域内的利益冲突能够得到解决，同时不搅乱**秩序的重要核心。当通过谈判、竞争、消磨、施以经济和社会压力这些正常程序却无法获得结果或提供解决特定纠纷的机制时，法律可以为我们所有人提供一个据以应对的新基础。对于单个个体之间和有组织的公司【那些业务群体组织紧密，我们可以将其视为单位（unit)】之间的纠纷，在当事人提出请求时，就由法律（主要通过**法院**）来解决。对于更广泛的、组织性更差的群体或阶层（例如，甜菜种植者和消费者之间、普通的工厂工人和雇主之间、伐木工人和环保人士之间)，法律更可能通过立法来制定更为笼统的法规（sweeping regulations）的方式来解决。行政官员或专员、市长和警察队长以不同的身份提供服务，今天对个案进行处理，明天又提前制定关于财产税的评估方法、电话服务收费费率或者是否强制行人遵守红绿灯的规定。

也许从这一角度来看，法律似乎微不足道，只是文明的一小部分。与此类似，医学看起来也是微不足道。在我们身体健康时或者遇到流行病威胁之前，我们很少会想到医生。但与医生一样，在有需要时，我们对法律的需求是迫切的。法律在社会中所起的作用是次要的，但这个次要作用对于社会是不可或缺的。而且，与医学一样，聪明地运用法律，通常可以对事情作出合理的安排，避免某些冲突的发生。或者，如果我可以借助另一个比喻，法律是一个安全阀，在大部分时间里，它只是机器中一个无关紧要的零件。

除非自己着手研究那些试图在没有法律的情况下继续发展的社会，否则人们很难意识到作为安全阀的法律有多么重要。我指的不是那些看到了法治的可能性但故意拒绝施行法治的社会。我也不知道是否存在这种情况。我指的是那些尚未**创造**我们熟悉的法律机制的社会，或者法律机制的创设对他们而言只是新奇之物（novel playthings）的社会，法律机制就像少数人的玩具一样，并非是整个文明的组成部分。在我们的和许多其他文化中，法律产生之前存在着血亲复仇（blood feud）。家族可以成为一个人的优势。同理，优势也意味着承担家族的责任。如果 A 杀死了 B，宗族的战争因此产生。B 的家族对于是否一定将 A 杀死没有特别的兴趣，他们的荣誉和满足感在于杀死任何 A 家族的人，为此他们可能会杀死若干人。但即使他们杀死了 A 本人，A 的家族也不认为已经了结此事，他们的荣誉是保护本族人。即使是本族人的错，也要保护。尽管 A 的死亡在某种意义上是一种赎罪，但在另一种意义上也是挑起报复。从逻辑上讲，除非一个家族或另一个家族被彻底摧毁，血亲复仇始终是无休止的。

在这一情形下，法律从最原始的形式走向了三个不同的方向。我会一一讨论，以表明他们各自的方向有多么的不同。我更想通过这些差异来表明：创设一个良好的、非暴力的调整制度有多么困难。一个方向是对于争斗的管理。在进攻前，发出战书（可以附有等待期或固定的休战期）成为公认的做法；或者，如果不是喊居民到公开的地方决斗，而是包围并烧毁房屋，这也是违反战争惯例的（如曾经的冰岛）；或者，以古以色列为例，会把出于意外的杀人与故意杀人区别对待。杀人者可以流亡到“逃城”（city of refuge）。如果报血仇者在路上抓住他，仇杀就是合乎秩序的。但是如果杀人者抵达逃城，他会被带到会众（congregation）面前予以审判，对他是不是故意杀人做出认定。如果是，他就会被交给报血仇者。如果不是，他仍然是安全的，但只能流亡于逃城。你们会发现，如果杀人者的族人出现在复仇者的面前，可能会将其激怒。为了避免这一情况的发生，古人做了很多细致的安排。所有这一切在你们看来太过于粗糙，但如果你们停下来想一想，就可以发现粗暴的突然袭击与要求宣布世仇，以及仅仅要求宣战和创设逃城两者之间有多么大的差距。

第二个方向是制定“相同情况相同处理”的规则，如以眼还眼、以牙还牙，以避免持续的复仇和周而复始的杀戮。同样，这看上去有点粗糙，但你们想想看，复仇者一方要克制好斗的倾向，罪犯的族人要放弃自尊，这是多么不容易啊。

第三个方向出现在和解（composition）的实践中，即一方面以一定的价格赎买复仇，另一方面接受一定的出价来避免战争。我们的法律就是从这一实践中发展而来的。在因人身损害、财产损失或者违约引发的民事诉讼中，依然可以看见对这一实践的重复。一个最现代的革新（我认为这并非是重复，而是并行的发展）出现在《劳工赔偿法案》的附表中，受伤工人的雇主支付的金额是根据工人是断了一个手指还是一只手、是损伤了一只眼睛的视力还是两只眼睛的视力来确定的。当我们在最现代的法律中发现与野蛮时代相像的规定时，我们就不会认为损害赔偿价目表是野蛮人过时的粗陋做法。无论在现代还是古代，我们所面对的问题是一样的：无论在现代还是古代，每一个费力的、局部的解决方案都会使所有文明依赖的基础更宽广一些，更安全一些。问题总是一样的：找到一些解决纠纷的方法，找到一些调节利益冲突的方法。但前提是没有妨碍其他人，没有危及非争议方的安宁，没有威胁到社会所依赖的社会力量或坚固的核心秩序，毕竟对争议的解决影响到的不仅仅是参与方。如果不禁止敌对的牧牛人在马路边公开解决其争执和复仇，西部农业城镇的商业就无法获得牢固的基础。在帮派斗殴太过于严重的今日，我们看到，要么店主关店走人，要么需要军队来维持治安。

或许，我太过于强调法律的刑事方面（也就是对严重违反社会治安行为的调整）了。这一看法太容易将刑事法院作为所有法律的典型。我们不能仅停留于此。如我们所看到的，大多数的律师、法院和立法机构的工作以及大多数的普通人与法律的接触，在于**民事**方面而不是刑事方面，在于解决个体和群体之间的、与监狱无关的纠纷和冲突。在商业管制、合同的强制执行以及财产的分割问题上，法律发挥了强化社会秩序的重要作用。特别是在合同法和财产法领域，我们会发现法律的这种强化作用。在陌生的环境下，触摸他人之物的禁忌会失灵；在城市的汽车洪流中，农夫的山茱萸花逐渐枯萎；股市上涨行情的吸引力奇大无比，以至于出纳员挪用公款来炒股；擅自占地者（squatter）占用着土地，租户拒绝搬走或支付租金，抵押人无力偿还债务并仍然占用其土地，一位依然盛装打扮去丽兹酒店的绅士却毫不厚待自己的裁缝师。毫无疑问，这里存在社会秩序的强化问题。

但在民事领域，法律发挥的作用更大。问题不再是排他性的。“你不可以做这个，必须做那个！”“在非战争时期，你不得杀人。在战争期间，你必须应征、杀人。”命令和禁止是刑法的要点。但在民法中，在**商事**法或商法中，还有另一面。法律在那里识别、塑造和强化自己，有时甚至从自身中创设出一系列工具，以**实现某种目的**。如果有人想在死后处置其财物和土地，他可以设立遗嘱。如果有人想投资一家企业而又不想危及其财务的收支平衡，他可以设立一家公司来进行投资。如果有人想放一笔期限为20年的贷款，并想确保他能得到偿还和收益（尽管有人会死亡和管理层发生变更），他可以通过抵押的方式来进行。如果他想获得五年的土地使用权，但又不想承担价格变化的长期风险，可以通过租赁的方式来进行。在民法里全是这些工具：不仅更容易使人们达成与其他人交往中所希望得到的东西，便于人们远距离、长时间地进行交易，并且适当地保证这些做出的交易安排是有效的（will stand）。

在合同法领域，法律无法作出**完全**确定的安排，或为合同的履行提供完全的保证。法律不能取代常识。你们的债券可能是法律意义上的债券，但如果发行债券的公司管理混乱或投资不靠谱的企业，它的债券将变得一文不值。在法律意义上，附着于迅速升值的土地上的抵押是有效的（good），但也只是一纸文书。但如果**事情**顺利的话，法律确保你们不会因为某些因素的出现而丧失你们的还款收益，例如，管理层的变更、值得信赖的朋友的离世或发生导致社会关系的断绝等情况的争议。因此，通过这些能实现人们目的的工具，法律和法律权利作为基本框架支撑着产权制度和社会经济结构。法律是骨骼，不是血肉，或许也不是非常鲜活的骨骼，但是它们起到**支撑**（并且限制！）血肉的作用，非常有活力。

到目前为止，我主要谈到了特定时期的法律与同时期生活的关系。我提出，纠纷源于某个人打破常规。我同样还提到，因当事人对事实无法达成一致意见而产生的另一类纠纷。你做了我声称你做的承诺吗？你履行了自己的承诺吗？我们可能对这些问题有不同的意见。银行被抢劫了，是约翰·史密斯干的吗？你和他对此有不同的意见。这些是你必须解决的问题，但它们可以在现有的社会基础上进行解决。重要的是它们要得到公平合理的解决。但让我提出通常被忽略的一点：**更重要的是解决这些问题**。实际上，**恰当地**解决实际的纠纷，而不**只是单纯解决它们**，这是社会中存在过剩的精力的一种标记，将该部分过剩的精力用于解决纠纷也是一种责任（不只是解决生存问题）。就像收音机、丝袜和摩托车一样，恰当地解决纠纷正在从一种奢侈品变为一种必需品，尽管很少有人觉察到法律的必要性。

我必须向你们指出在社会创造时遇到的一个困难。它是所有法律制度所共有的，事实上也是所有的社会制度所共有的，但在纠纷解决的机制中尤为突出。一种机制不断地被用于多种目的，但不同目的的需求是不一样的，实现一个目的即意味着另一个目的的落空。如果我对你有一个正当的诉求，我需要收集证据。这时效率很重要。如果我和你对于事实问题有争议，则它需要得到审理。纠纷的解决是必要的，但公正比效率更为重要。如果公正是按照社会的标准，而不是专门的祭司的标准来判断，则需要有外行人组成的“委员会”（tribunal）。但如果你我对于程序问题有争议，则只有程序专家才可以对其进行裁定，这需要向其中最专业的人提出上诉。现在，所有这些不同类型的案件会倾向于不断提交到同一法庭，而没有人**事先**知道受审的是哪类案件。在正当的证据收集程序中，子虚乌有的事实和虚构的程序对诉讼程序的进度构成妨碍。在这个过程中，处理事实问题的外行人组成的法庭和处理规则问题的官员的目的是不同的。复杂的法律机制可能因为不正当的诉求而使得纠纷无限期地拖延。在法院和其他的社会制度中，所有这一切需要有意识地重新调整：首先要判断某一特定机构所服务的不同目的，其次对该机构进行改良和专业化，使**每一个**目的得以实现，最后设置**滤网**，将各类问题交给适当的专门化机构处理。这是从工业技术、工厂管理中所汲取的经验。我们将法庭专业化，设立委员会，甚至启动陪审团审理事实，都是出于这些经验，但我们在这方面做得还远远不够。这是法律规划落后于自我维持的社会习俗的一个体现。

在自由活动的边缘，还有一些其他的纠纷，这些纠纷**无法**在现有的社会基础上**解决**。乳牛场主受到了新型代脂干酪（filled cheese）或罐装奶生产的威胁。新型干酪有益健康，价格低廉。它们的生产商获得了利益，乳牛场主的利益受到了损害，乳牛场主声称只有他才可使填充外脂干酪成为可能，并且他也要分享利益。苹果树受到雪松锈菌的影响而死亡，砍掉雪松是人们所知的唯一办法。种植苹果的果农想砍掉雪松，那些拥有和喜欢雪松的人则坚决反对。必然有人会受到损害。我们是否应该什么都不做，让苹果种植者哀号？我们是否应该砍掉雪松？我们要开战吗？在利益冲突变化的边缘地带，我们没有调整机制吗？我再次强调：我们已有的这种机制（即**立法机构**）在调整利益方面所发挥的作用并不是想当然的，也**不是**每一个社会都深谙此道。相反，将不断增长的纠纷转移到有序调整的领域，是一个缓慢而痛苦的发展过程。我想提醒的是，无论是在15世纪的英格兰，还是在文明高度发达的罗马，人们都是用武力来解决选举问题。在一些健在者的记忆里，纽约市的

“刷票”（stuffing the ballot box）特权是黑帮争斗的战利品。在最近五年，罗德岛、得克萨斯州和俄克拉荷马州出现了类似的实践。发生在南美洲和欧洲的革命情况又如何呢？然而，往往不是有序的调整，罢工经常意味着一方或双方之间的暴力。为了建立安宁有序的社会秩序而作的这种重新调整，意味着文明的巨大飞跃。它意味着**文明秩序主要核心**部分取得进展，也意味着核心秩序的自身重塑机制取得进展。就像大脑皮层对国家这一神经系统和骨骼的作用一样，立法机构起到补充作用。立法机构是这样一种机制：考虑新的情况、寻找新的行为方式以及对行为进行规制，避免整体的崩溃。就像大脑皮层所起的作用一样，立法机构的某些工作很愚蠢，某些工作置事实于不顾，在多数情况下它的工作非常不合理。然而，大脑如同皮层的作用一样，尽管有错误，立法机构的工作设法将问题控制在可以接受的范围内。而且，如果我们只是作为个体提出我们的诉求，那么该诉求就是我们共同的行为界限。

如果我们现在试着将所有这一切放在一起，结果会怎样呢？任何形式的法律都是经历了缓慢而痛苦的创造过程的产物，而且如同大多数的发明一样，法律首先依赖于意外事件。较为完善形式的法律是一系列创造的产物，但仍远远落后于物质生产技术。无论是其创设还是运用，法律都是耗费精力的。它能提供什么作为回报呢？乍一看，什么都没提供。没有法律，秩序可以并且持续地存在。然而，设备需要维修和保养。法律看上去像是社会秩序的维修部门，并从而成为文明自身的前提条件。法律从文化的其他部分大量地借鉴了不同的工具：语言、逻辑和写作。而且，就其思想主题而言，法律借鉴了组成社会的社会、经济和宗教方面的大量的实践、标准和伦理。在社会中占主导的东西，也是在法律中占主导的东西。如果说社会的基调是压制，法律的基调也是如此。但即使是对于压迫者来说，法律实现了秩序其他方面无法实现的东西。法律使得秩序**明确化**。它设定了限制，甚至对于压制也设定了限制。停下来想一想，将你们所受到的压制限定于**既有的**模式，这可不是件小事。而且，在多年来法律进一步提供了这方面的保证，保证你们可以对抗专制统治者别出心裁的肆意妄为。法律按现状维持着秩序，但“按现状”指的是有变化的现状。在这里，我们发现法律对于变化是发挥作用的。在纠纷调整机制上，法律同时向法院、立法机构和行政官员提供了针对不同尝试的权威性**选择**。因此，对试验进行限定，在限定的领域里专注于试验，保证它所接受的这种试验的持续性。这是法律对于我们文明的积极贡献。

我想提到法律对于文明的另一个可能的贡献，尽管我对这种贡献是否存在有些犹豫不决、没有把握。我指的是法律在我们社会的智识发展方面的作用。我对这种观点表示强烈的怀疑：我们称作自然法的宇宙秩序概念，在很大程度上来自于作为社会基本秩序的法律概念。作为幸存至今、可能是重要学科中最不具有科学性的古老的法律，在将处于成长期的自然科学引入这个世界方面发挥非常重要的作用。而且，在发现**差异**时，就会产生**纠纷**。**当**纠纷产生时，差异**就会**被发现。“相同事物、相同处理”的要求，在早期就弥漫于法律之中，驱使人们对**相似性**和**差别进行概括**。尽管没有充分的依据，我同样强烈地坚持认为，对于概括、分类和理性思维（尤其是我们称作形式逻辑的理性思维）的最初和最持久的刺激更多地归功于法律，而不是文明的其他方面（语言或许是个例外）。

我认为，未来的逻辑和语言专业的学生可能会更好地与这一源泉建立联系。

最后，我认为，正是因为法律，我们才有**正义**的概念。我对此不是完全有把握。或许，恰恰相反，因为有正义的概念，我们才有法律。更有可能的是：二者同根同源。我仍然认为，法律是可以主张正义的学科。如有可能，法律就应当主张正义，因为这一概念标志着非凡的成就。立法提供了重新调整同一个秩序的必要手段（即立法的工具），正义和法律也是如此。回想一下我之前对于社会正义的看法以及社会正义和法律运作二者之间的混淆。在这里，法律在压力之下按照自身的承受力（by its own weight）进行自我完善。很少有社会机构敢标榜能够自我矫正（self - sanation）。事实上，自我矫正的理念、对自我矫正可能性的证明、为自我实现而提供检验的机制，这些可能是法律最重要的贡献。

第八章

不只是为了生计[1]

对我而言，带着你们费很大的劲儿缓慢地通过这片荆棘丛，所获得的欢乐要多过痛苦。如同碘酒灼烧伤口时，因肌肉受到刺激给整个身体带来奇妙的兴奋感，于是出现了这种想法：法律太多了怎么办，解决办法是制定更多的法律。如果法律使你们两眼一片漆黑，那么更多的法律可以让你们重见光明。

然而，制定更多的哪类法律呢？是关于日常生计（bread and butter）的更多法律？还是关于毒品交易的更多法律？我认为，这取决于你们如何看待这门手艺（trade）。这类似于一种打造骨骼架构的技术，如果你们不掌握它，就会成为无能的工匠：一无是处、一事无成。你们必须把坚硬的骨骼组合成一个整体——各归其位，环环相扣，将它们有机地组成一个整体。完成这些以后，你们可以对连接处进行一定程度的改进，使关节活动更加灵巧。但我不知道，额外增加的骨骼能否给颅骨上的眼窝带来多少视觉。

---

〔1〕 本讲座和第十个讲座采用了假定一开始有不同意见的听众的措辞，如果是在今天，我是不会这么用的。——作者原注

这一切取决于你们想从法律得到什么，你们希望法律可以给你们提供什么。相应地，这也要看你们想从生活中得到什么。

有一类律师，法律对于他们而言是谋生的手段、生存的能力和发财的工具。法律给他们提供了生存和成功的工具。这就是他们眼中的法律。抱有这种想法的律师将全部的精力都放在这方面。金钱是对他们的奖励，金钱使生存成为可能。金钱就是成功，金钱就是声誉，金钱就是权力。我认为，这样的律师相当充分地体现了我们文明的标准。他们觉察到货币经济的核心所在。他们一心一意地跟随着直觉，认定金钱**是**我们这个社会中衡量一个人的标准。

我对于这种生活方式没有异议，甚至对将其作为唯一的**生活**方式也完全没有意见。无疑，它让人感到满足，甚至不止于此。选择是最不舒服的事情，孤注一掷会让选择简单化。倘若渴望金钱的人在他 45 岁时就实现了目标，他就获得了极少数人才有的幸福感。毕竟，幸福是欲望和满足之间的平衡。倘若欲望仅仅是酒足饭饱、逃避缴税、充当点头哈腰的管家，并以珠宝装饰他的妻子，那么，如果他获得了金钱，他就能感到幸福。我不认为“更多的法律”能给他带来远见。但我不觉得他希望得到远见，也不觉得他能够运用它。

假若你们只把谋生作为自己对于法律执业的理想，那么就有一个问题困扰着我。我在这里完全不谈对社会的服务。只要社会依然运行，我们的社会制度就要保证那些为自己积聚购买力的人要最大限度地服务于整体。我也不谈任何使这些制度运行更加体面的道德义务。在目前的状况下，**除了那些自我意识到它的人**，我认为没有任何理由让人承担这样的义务。我也不想谈论，按照这样的执业方式，在律师自己的利益和其客户的利益之间，或客户的利益和公共福利之间的可能存在的冲突。可以假定的是，律师的职责是服务客户，而不是在职责规定的限度内利用客户。还可以假定，律师的职能也包括为社会提供某些对他自己不利的服务。我猜，有的律师可能会与我针锋相对，说以上假设都是我的臆想，并指出对某项制度目的的评判不源于任何人或团体对它的评价，也不源自于哲学家和学院派的奇思妙想，而在于（也仅在于）这个制度是什么。

对于只用法律来谋生的人，我还有另一个困扰。这个问题关乎一个难堪的、遥远的未来，在你们看来可能有点不着边际。然而，在作为教师的我看来，这个问题对现在的你们也很紧迫。困扰我的是这些人的孩子。这种一味追求金钱的律师，他们将自己的希望和抱负寄托在他们抚育的下一代身上，而不在自己事业上。如果没有一种调整能力，他们在下一代面前会感到茫然而无助，而他们又如何能获得这种调整能力呢？我曾见过不少简单、讲求实际、头脑专注的律师，他们的子女长大成人后却和他们完全不一样。我眼睁睁地看着那种满满的成就感褪去，变成了绝望的空虚。如果你们也只想把法律当成谋生的工具，那么最好不要结婚。以这种方式活着，或许可以轻松地当一个丈夫（虽然这对妻子来说会很辛苦）。但是，作为一个父亲，必须具备一些（会影响个人发展的）人之所以为人的品质，这将摧毁心无旁骛所带来的好处。

有的律师没有选择这种生活方式，这是由于一种热情和不安的气质左右了他们。他们在律师界引领了另一种潮流。这类律师有另一种理想。如学者一样，他们受到一种奇怪情感的折磨，认为一个职业甚至是一门手艺，应当对其旨在（他们认为确实是旨在）服务的社会负有某些重要的责任。他们并不将专业化的努力看作是（满足专家偏好的）偶然的发展，而是认为从整体的角度来看，只有专家的整体思考才能够带来更好的结果。诚然，这类律师也有不安的欲望，做着法律这份苦差，无论如何，人总得生存啊。事实上，一个人必须与时俱进：与知识界保持联系，关注剧院的动态，了解音乐和艺术的进展，享有都市生活所需的良好居住环境和行动自由。

这些律师没有像其他律师一样将精力全部放在生计上。然而，通常情况下，正是基于这一原因，使他们超越其他人。从某种角度来看，粗制滥造也会让人有所得。在一个靠争斗为生的行当里，洞察力是你们的另一种武器。但是，如果失去自我，你无法获得更多的洞察力。你需要超脱，需要保持一定的距离，需要观察其他的事物，并提出观点和比较的标准。因此，这些人凌驾在笨拙的“法律工匠”之上，他们在市场上更有竞争力。他们的成功还有另一个原因：他们有头脑，他们渴望成功，而且他们在工作。在观察生活中的事实时，他们发现通往金钱的道路就是通往自由的道路。他们所追求的是自由。

我对这类律师也没有异议。我很欣赏他们的努力。他们挤出时间，投入兴趣，反复地做着其他人不会做的事，而且这些事是值得做的。他们为新的问题提供服务，无论它们是否受到欢迎。如我所说的，他们有理想。而且，他们是令人满意的同行。

但是，这类律师并不快乐，因为他们没有找到一种良好的生活方式。《纽约客》的漫画能给他们带来片刻的愉悦。摆在起居室里、由布朗库西[1]创作的可爱而形状怪异的雕塑，能让他们稍事休息。他们传播各种内幕信息，成为第一个阅读小报、第一个参加庭园式小型高尔夫

〔1〕 康斯坦丁·布朗库西（Constantin Brâncusi），生于1876年2月19日，20世纪最有影响力的雕刻家之一，现代主义美学的先锋人物。——译者注

球比赛（tom thumb golf）的人，让你只能紧随其后，他们对乡巴佬(Yahoos in sticks）说些俏皮话，做这些事情，他们拥有天生的优越感。但厌倦自己的工作，又是一件让人焦虑和苦恼的事情。犬儒主义者的建议是：你们需要金钱，你们可以和旁人做同样的事，而且会做得更好；有时你们可以提供一些其他人不会提供的服务。但这是一个二选一：要么发现自己还没有勇气去过两种不同的人生；要么在法律工厂的大浪冲刷下，和第一梯队那些强硬冷漠的人一起，在五年后成为被冲到沙滩的一块干燥、平滑和闪亮的卵石，对于绝大部分试图走这条路的人都是如此。或者，坚持下来（很少有人可以做到），在十几二十年后发出这样的感慨：尽管我灵魂的一部分已经萎缩和扭曲，但我仍然坚守着自己的灵魂，代价是付出了所有的工作时间。这不仅是对工作中虚掷光阴的悔恨，而且是对“金钱即救赎”这一不断妥协的和被玷污的理想的悲鸣。

对于律师的这一人生历程，我只有一点要说的：不要想当然地认为这会是一条康庄大道。大多数进行尝试的人都失败了，而那些成功的人远不会觉得轻松。

与律师执业一样，法学教育也是如此。你们的学习只能围绕法律展开，努力用法律知识充实自己。今天学好法律，明天努力赚钱。或许，你们也可以将一部分时间放在无用却令人愉悦的事情上（dirt and delight)，但你们要学习法律，而且要把它学好。但同时留一些时间给去阅读、进行社交活动和欣赏托斯卡尼尼[1]。

我将向你们提供将第一种和第二种观点结合起来的第三种做法。将

〔1〕 阿图罗·托斯卡尼尼（Arturo Toscanini)，生于1867年，被认为是19世纪末20世纪最著名的音乐家之一。——译者注

法律变成对人类这种求知欲旺盛的高等灵长类动物的行为模式、活动方式和探索形式的研究。它不会妨碍你们对法律这一行当的学习。相反，只要你们对人类这个群体有些许的了解，你们就会明白，只有完美地掌握了人类社会制度的细节，才能得到解开人类是什么、人类如何活动这一问题的钥匙。你们还会明白，对人类行为模式和动机的学习，反过来也能让你们更深入地理解人类的制度。就像猿类动物摸索着靠近它们目标的记录一样，你们将学习制度的具体细节、技术以及有些枯燥、琐碎和错综复杂的程序。你们还将了解，在若干个世纪里，惰性、盲目、私心、花拳绣腿是如何在多人对弈的棋局（multipartite game of chess）中与智力、精力、更多的私心、傲慢、抱负和理想展开对抗。如果看不到具体细节，不知道轮到自己时该怎么走，你们就无法**意识到**这一点。如果你们知道具体细节，你们将知道如何与人博弈。现在与你们对抗的人，不仅仅是一名律师，而是围绕着你们所观察的这个体系开展工作的群体中的一员。如果你们观察过这个群体，就能对他进行分析，如果你们对群体的态度作出判断，就能对他的态度作出判断，并以更多的技巧和**更多的兴趣**去与他对弈。

如果你是那种拥有奇特灵魂的怪人，胸怀着梦想，思考着实现梦想的方法以及可以做得更好的时机，你们才能抵抗厌恶情绪。对于所理解的东西，你们不会感到厌恶。我们每个人都有自身的生命轨迹。看到这一点，并寻找其中的缘由。这或许会让人感到遗憾，但它会消除令人不快、使人反感的情绪。它能让你们自由地观察、领会、行动和学习。当然，如果你们逐渐地感到厌倦，那一切都无济于事。如果这“只是另一个受伤工人的案子”，你们就会失去与现实生活的联系。

我不知道如何防止厌倦感。我要说的只有一点：人生如戏，尽管千姿百态（in types），但绝对不会重演。我认为，我们所说的样式（typification）、样式的构造以及我们的厌倦感主要归因于以下几个因素：

第一个是智识因素。为了处理不同的情况，必须进行思考，从中抽离出共同因素，并基于此整理出一个解决问题的思路与方法，然后适用于一种新的情况，这个过程令人愉悦。接下来的一段时间是检验的过程，也就是对先前的想法进行验证，对方法和技能进行测试。在这一切结束时，在确信这是正确的之后，这一刺激就停止了，就不再有探索新事物的愿望。

第二个是情感因素。生命充满了痛苦，麻烦与生俱来。为了继续往前走，我们要么封闭自我，不让自己看到痛苦；要么变得迟钝，对痛苦变得麻木。在我们被迫从事给社会带来痛苦的工作时，会出现后一种情况。若全力以赴，就会牺牲自己；但若为了避免牺牲而畏首畏尾，就会再次产生厌倦感。

这些倾向是当前存在的，并且会永久存在。我们很难对于他人的性格给出确切的结论，但对不同情况的**差异性**和相似性保持兴趣是可能的。还有一种可行的办法：在各种情况下，不仅仅看到一种技术工具，而且找到一种整理、归纳和深化对其同伴认识的方法，甚至是一种通过总结事实的相似性来突出无穷的差异的方法。在情感方面，这也是可行的：既可以抑制极端的、强烈的和无用的同情和降低对结果的期望，又没有破坏他人的学习、行动或帮助的冲动。

我会先讲最后这一点。我对这点并不陌生。我反对那些利用我们的固有天性支配激情的鬼把戏。相爱、怀胎、养育儿女，却发现自己不具备让孩子健康成长的条件。这是我反对的那种把戏。你们想获得某个东西，被蒙蔽以为很容易得到，然后意识到里里外外是各种隐形的成本。

在不知情或违背自己意愿的情况下，你们发现可怜的自己**被利用了**。还有另一个把戏，在人们幻想破灭、备受折磨时，它才发挥作用。是没有其他的方法了吗？我们就只能永远是怀有盲目幻想的傻瓜吗？年轻人精力旺盛，充满热情，只是因为他还没撞过南墙吗？难道要行动的冲动总是要受到无法实现的目标和无法实现的幻想的约束吗？过去是这样的。古往今来，一贯如此。但我反对，我不认为这是一种必然。我相信，在某种意义上，这是人可以抑制的另一种本性力量。据我所知，还没有规制淫秽的立法反对这种抑制。

这个问题对我触动很深，深入了我工作的核心。你们带着其他几代人少有的幻想来到我们面前。我与你们相遇，与你们交谈。我觉得，我已经学会去理解你们，尽量避免装腔作势。但是，就算考虑到这些因素，我发现你们当中的很多人极其沮丧。你们是战后[1]的一代。对于你们而言，“以战争来结束战争”已经是个过时的口号。你们发现我们的经济制度既不是世界上最好的制度——能让工业巨头们钦佩叫绝的那种，也不是那种极其糟糕的、需要与不公正进行抗争的制度。不，不仅如此。你们还可以对着一些领军人物挑起眉毛、面带冷笑，既嫉妒又鄙视地说：你们是联邦的公仆？请问一问亚当·斯密！你们是伟大人物？蠢话！然而，你们不去反抗：你们知道反抗者在这场博弈中终会以失败告终。以我的观察，你们当中的很多人没有宗教信仰。政府腐败无法让

〔1〕 指始于1914年并终结于1918年的第一次世界大战。——译者注

你们感到震惊，对于你们来说，就如同霍尔 - 米尔斯案（Hall - Mills case）[1] 一样，政府腐败只是茶余饭后的谈资。你们鄙视落后的乡村文化，听不进去它们所表达的理想，把它们当作是闲扯。我并不同意诸如此类的看法。我也意识到，你们并非一模一样。在你们身上，我看到的是一种无处安身和孤立无援的理想主义，在幻灭的思想之中焦虑不安。然而，对于你们当中的多数人而言，这一过程极其漫长。而对于你们中的有些人而言，这一过程是遥不可及，于是没坚持多久就放弃了（so far that not far is left to go）。现在，让我像律师一样提起案件，像在法庭上提出申辩一样发表看法。我已经预先设想了最理想的和最糟糕的结果，但我仍然请求作出判决。你们身上仍然充满了一些尚未发现是无用的（futility）热情，至于是哪些热情倒是无关紧要。我不否认，在每一次这种无用被发现时，就会扼杀一份热情，但这并不意味着失败。

但我的理由是无法令人满意的，是对我不利的。因为我要观察的是你们的独特之处。在过去的大多数时代中，这种幻想其实已经开始衰退，只是来得**较晚——在生活方式**形成之后才发生。在生活中**发挥作用**的基本道德规范中，很大一部分已经被我们这个既有的世界所接收，而幻想破灭只在其中的个别部分产生影响。但是，你们的幻想幻灭得太早，击垮了一切。

---

[1] 霍尔 - 米尔斯案指美国新泽西州圣公会牧师霍尔和教堂唱班诗成员米尔斯被谋杀案。1922 年 9 月，霍尔和米尔斯的尸体在新泽西州新布朗斯威克郊外的著名情侣跑道附近的山楂树下被发现。霍尔和米尔斯背靠背躺在地上，两人均头部中枪，米尔斯的头部几乎被砍断。犯罪嫌疑人是霍尔的妻子和其兄弟，但在 1926 年进行的法院审判中，犯罪嫌疑人被判决无罪。该案曾引起了美国媒体的广泛关注，被认为是媒体报道影响大众判断的一个典型案件。——译者注

然后，你们来到法学院。无论你们过去所学的是什么，都要和法律打交道。你们要面对的是确信无疑的、固定的社会秩序。你们要面对的是那个确实可以支配法官的东西，那个让法官具有一定威严，将法官及其工作提升至凭借个人能力无法达到的高度的东西。你们面对的是浩如烟海的判例，这些判例中铿锵有力的句子阐述的是必然的逻辑，法律正是依据这些逻辑作出裁判。我们做了什么呢？我们就像对待无用的蜘蛛网一样将这些材料抓住扯烂。我们将这些古老而珍贵的真理之镜摔得粉碎。法律在我们面前自我消解了。由于人的行为可能具有不合人性的动机，权利和正义只是为这些行为提供漂亮的借口。我之前就对教学的这一倾向有些担忧：以牺牲人的完整性为代价去培养技术工匠。我对这一教学倾向倍感犹豫，它对幻想已经破灭的年轻人造成了影响。

首先，反传统既可以是一种运动，也可以是一种状态。即使不这么认为，破碎的事实让人们过于关注碎片，而反叛极少以不偏不倚的判断为特征。就像曾经让伽利略备受折磨的那些发现一样，我们从事的教学领域仍然充满了发现：运动，法律**确实**也在运动啊。而要让你们看到这些变化，就要阻止法院谎称没有发生变化的那些虚伪之词。我们要大声疾呼，喊出我们的质疑。我们必须亵渎法律的神谕。是的，我们这么做了。我们摆脱了法院设下的那些文字的或其他的圈套。就像我们透过光鲜华服表面的裂口，看到里面塞着却是廉价的棉花或者看到满是汗水的肌肤一样，我们看清了它的内里。这些是可以展开争论的重要理由，但在法律工作中它们是典型的表述还是夸张描述？教学的这种倾向性令人担忧。为了汲取深刻的教训，人们必须冒歪曲的风险。

洗掉铅华的同时，似乎也是失去了尊严。这是一种恶毒的表象。认为鲜亮的外表是衡量一个人的尺度，与生病的迷信一样是虚伪的。只有在剥离华而不实和花言巧语的表象，返璞归真，坚守原始的记录和事实之时，我们才能发现衡量人及其职责的尺度和尊严。因此，我们得揭开法院的真相，我们得检验它们的言行。揭开真相也是一种致敬。如果我们不尊重一种制度，就不会有勇气公然揭开它的真相。你们还要记住身为一名批评者所拥有的尊严和把握的尺度：它们体现在对整个记录的观察上，体现在权衡成就与困难、权衡已完成的整体工作与部分不足的评判及评判的语气上。从这一角度来观察，就像你们通过某人的生平来对其进行评价一样，法律和法院经得起评判。就像我曾经历过的一样，随着你们知识的增长，幻灭感会神奇地淡去。数个世纪以来，案例堆积如山，它们承载着大量的智慧。在我观察案件的变化情况（变化、上升、获得永恒的形式）时，在我观察它们的整个动态过程时，不由自主地以古老的方式来致敬："完美、正当的理性！"我对法律的整体观察得越仔细，就越发现我自己（属于怀疑论者的阵营）站在神秘主义的边缘。从整体来看，法律整体中存在着这样的平衡、这样的美妙和这样精湛的技艺，这些平衡、美妙和技艺超过了单个法官少许的权力。在观察个别案例时，你们要注意的正是这些少许的权力。你们将看到不严密的甚至是糟糕的逻辑。要发现在巅峰时代的主旋律中确立的案件的实际理由这一智慧并非轻而易举。

一个案件接着一个案件，这使我感到厌倦，我想从中脱身逃离。然而，我要去理解它们：案件存在什么问题？例如，这里有一个论证糟糕、荒唐的案件。然而，根据**事实**推断出结果会如何，这难道不是相当合情合理的吗？毕竟，体系化的结论是根据同系列案件中的第二个或第四个案件推导出的，而不是通过第一个案件来推导的。我们的法律是在试错的过程中发展起来的。那个曾经打破权威的同一个法院，为了得出合理结论，难道不会再次打破权威吗？有的案件，看上去很不寻常，但仍然屹立不倒。它为什么很不寻常？因为它与**我**珍视的成见相抵触，它与**我的**意见不相符。但除了与我的意见不相符的法官外，还有多少人也不赞同我的意见？这些法官可以对社会价值作出与我不同的判断，没有迹象表明他们是傻瓜，只是意见不同而已。还有第三种案件：一个技术问题，一个疯狂的判决，法院完全没有看到要点。我们看看律师：是像鲁特[1]一样的人误导了法院吗？即使如此，这也只是一个借口。这就产生了一个观察角度的问题：**在总体上看，这样的案件多久会出现一次**？从一年中被起诉到法院的问题的错综复杂性来看，这样的案件多久会出现一次？对这样的裁决要提出批评和攻击。是的，就像对其他我们所怀疑的东西进行批判一样，我们要不遗余力地批判法院。法院需要这样的批判。法院需要对其**裁决**的批判，因为**法院**十分强大。法律需要做彻底的手术，法律可以在经历重大手术后站起来，因为法律足够强大，它可以经受住冲击。在整体表现上，法律是坚固的基石（four - square it stands）。那些帮助法律消除错误的人，也赋予了它力量。

但是，在一段时间内，我们法律教学的效果使法院看上去夸夸其谈，他们自己说一套做一套，他们无知、愚蠢和盲目。这种情况不会持续下去，但如果它一直持续，它将摧毁你们心中仅存的、尚未磨灭的理想。

“在成千上万的案件中，尽管很多案件涉及的是微不足道

---

〔1〕 鲁特（Root），可能指的是有能力对法院的判决产生重要影响的律师。——译者注

的、暂时性的问题，却耗费了我们半生的时光。在成千上万的案件中，如果人们想研究案件的真相，对法律所展示的各个问题发表自己的见解，继续研究和发现对法律学说进行检验的新问题，然后对它进行整体性概括，从哲学的角度进行逻辑连贯的书面解释，并基于历史和实际的或假定的权宜之计的正当理由，对整个法律体系进行详尽的解释！……我们无法让我们的梦想传世。如果我们能提供一种最佳的解释理论，而且我们内心确信已经做得很好，那就足够幸运了。”[1]

这是一种纯粹由信念和美感交织而成的思想，是老一辈人的思想和措辞，但不会对你我有用。这是一种论资排辈的做法，也不会对我们有用。我们从事的是一种更加平凡、平淡的工作。在我们风华正茂之时，却受到了梦想幻灭的重击，而能给我们带来安慰的高尚的事业仍没有实现。

然而，我想强调的是，除了把老师自认为拥有的启迪思想传授给你们，而不管会付出多么惊人的代价，我想不出有什么办法，也不知道该如何训练你们。除了冒险前行，经历更多的考验，我们别无他路。

如果天性难移，那么我们就被打败了。你们继续前行，冷眼观世，讲求实际，别无他求。如果我们被打败了，那么人生就是胡说八道(bunk)，法律也是胡说八道，脆弱的理想也很愚蠢，还是一心一意地扑在挣钱上比较妥当，让上帝去管那些在路上的人吧！（你们会原谅我

---

〔1〕 本段话为霍姆斯在 1900 年 3 月 7 日波士顿律师协会欢迎晚宴上的讲话。——译者注

使用这种“复古的”措辞）我在很多人的身上看到这样的结果，并对助长这一狼性教育捶胸顿足。

但我不相信我们因此被天性束缚住了。我不相信分析和观察会让我们变得无能为力。除了对于结果的期待，还要有行动的意愿，行动的意愿会让幻想破灭的人信心倍增。高更[1]的画表达了我想所说的话，这幅画不仅使匮乏的语言相形见绌，而且使半吊子的画家相形见绌。看看他在关于南太平洋主题的画作中女人的面孔，在画里看不出一丁点对生活的期望。愿望是空虚的，努力是错觉，尽己所能，失望随之而至。不过，如果再看一遍，就会看到生存的力量、生命的活力和充沛，光荣地前行——尽管不抱有任何期望。在古老真理中有对我们幻想破灭的答案，即无法获得彩虹和金罐。即使有彩虹和金罐，也不值得拥有，但搜寻的过程是有益的。

如果我知道“点石成金”的方法，就不会因你们的幻想破灭而感到困扰了。不，我将欢迎幻想破灭。幻想破灭能使你们不再撞得头破血流，不再为空洞的偶像做出牺牲，你们将拥有契合你们目标的行动自由，你们将直截了当，击中要害。如果你们掌握它们，就能享有幻想破灭的真谛（fruits of shattered dreams）。

从你们的幻想破灭中，我并没有看到兴趣的减少。相反，我看到你们的兴趣无论在高度还是深度上都有所增加。所失去的是对于无法实现之事的期望，而可实现之事就变得更有价值，更令人着迷。对此，只需要两样东西：理解的意愿和足够的耐心。

---

〔1〕 保罗·高更（Paul Gauguin），生于1848年，法国后印象派画家、雕塑家。——译者注

除非选择将自己压成碎片，理想幻灭的人有三条道路可以选择。第一，任何形式的利己主义：只顾自身利益的、自洽的、自给自足的。第二，神秘主义，对于你们而言，只有依赖法律去消除它。第三，为值得做的事情而奋不顾身，即使事先知道会失败，也要坚持到底。

我认为，为值得做的事情而奋不顾身的信念，以及这种信念的基础，只能从人、群体和人类的利益来理解。对于律师，只能理解为如何将利益融入法律之中，实现法律和个人生活的统一。

我在之前已经暗示过你们，从这些案件可以获得什么。如果你们有一些阅读方面的悟性，没有什么比人类部落的记录更吸引人的了。阅读方面的悟性啊！我们差一点失去阅读的技艺了。曾经有一段时间，人们让自己全身心投入，并把自己的经历融入所阅读的书本中。读书是主动的，读书也是一种创造。这一点总有一本书可以佐证，看看《圣经》对于清教文化意味着什么。同样翻阅《天路历程》，看看约翰·班扬(John Bunyan)[1] 把什么东西放进了他的《圣经》里。就像《圣告图》(the Annunciation) 的主题成为中世纪艺术家表现圣母降临的全部启示和神迹的载体一样，每一个简洁、清晰的故事，每一个富有想象的词语，都成了体验的重点。

今天的阅读是另一个样子。按字付费，字数越多，付费就越多。作者替你们思考，就像你们有时候希望老师替你们思考一样。在一个愉快的夜晚，你读着《星期六晚邮报》，每个想法都浮想联翩，前后重复。

---

[1] 约翰·班扬，英国著名的作家和布道家，1628 年生于英格兰。其创作的寓言体小说《天路历程》在西方社会具有非常重要的影响，被认为是仅次于《圣经》的基督教重要经典。——译者注

而你们三个月前在那里读到的东西已经忘得一干二净了。为什么要记住它们呢？但你们不能这样读《圣经》。你们要么感到厌烦而不去读它，要么它留在你们的脑海里。要么你们一无所获，要么你们得下很大的功夫。

对于案件也是如此。你们自己要设身处地投入到案件中，对其进行挖掘，让你们的经验发挥作用，说出你们的故事。在这里，你们会发现有戏剧性的故事、让案件变得确定的因素，从而将你们的法律观与整个文化融为一体。这里有当事人。还有法官，他们依据人们的需求对法律进行塑造。每个案件都是呈现在你们面前的一出人间戏剧，它们或壮丽，或幽默，或枉费心机，或如珊瑚岛礁一般让人惊奇。你们可以看到，这里有理想的冲突，有追求梦想的勇气，也有人对于解决人的问题的愚钝和不足。人性和法律不是两样东西，而是合二为一的。随着你们的发展，那些所谓文化的粉饰表象，也会渐渐地破裂、褪色。但是，文化与你们对人类的同情与理解并驾齐驱。对人类的同情和理解**就是**你们的法律。

之所以说是人间戏剧，是因为每份判决书都是关于人的文件，每个案件都是有生命温度的人的抗争。每个变化的法律规则的背后都是支配着你我命运的巨人之手。曼斯菲尔德，一位苏格兰人，曾经是英王詹姆斯二世的追随者，被任命为王座法院的首席大法官。他重塑了英格兰的商法。作为一位有着连续 30 年工作经验的法官，曼斯菲尔德在任期内**只有两次**判决被否绝。曼斯菲尔德在面对市民暴动[1]时惊恐不已。在

---

〔1〕 可能指曼斯菲尔德 1737 年担任爱丁堡市法律顾问时发生的市民暴乱。——译者注

上议院面对查塔姆伯爵（Chatham）的谩骂时，尽管对方针对的是法律问题，曼斯菲尔德却变得面色苍白、沉默无语、浑身颤抖。

卡多佐重塑了这个国家的司法理论。卡多佐虽然并非独一无二，但他也绝对是凤毛麟角。在 15 年里，作为法院的一员，他塑造并重塑了其所在的纽约上诉法院及其他法官的态度，缓慢而确定地将这一态度带到今天我们称为伟大的最高法院之中。[1]

霍姆斯在艾布拉姆斯案（Abrams Case）中面临着法院内外要求他撤回异议意见的压力，因为“整个国家处于危险之中”。霍姆斯在当时也许能算处于顶尖人物的人生巅峰，信念坚定：有些东西是无法作出让步的。他发表了那篇可以跻身于政治宣言的异议意见，这份异议意见可堪与葛底斯堡演讲相媲美。

在这些人与事里，有诗歌，有生命，也有美。如果这不是文化，我不知道该从哪儿去寻找文化了。不只是在国王中间才有诗歌、戏剧、文化。这些少数的法官、少数的法律案件的抗争虽然没有直接影响人们的命运，却与人们的利益密切相关，它们为我们提供了同样需要学习的东西。

因此，你们要继续阅读（无论是法律领域之内还是之外），要想尽一切办法去阅读。你们要学习技艺、科学和哲学。如果必要的话，甚至

---

〔1〕 这部分写于 1930 年。在 1960 年，卡多佐的传统在该法院中依然可见。——译者注

去学习门肯[1]或海伍德·布鲁恩[2]。不过这些功课要在业余时间做，并将它们融入你们的法律学习，得出你们自己的法律见解。在法律的学习中、在法学院的学习和律师执业中有一个诀窍，那就是将业务、文化和职业融为一体。

那些老派的优秀律师、那些为社区提供服务的律师，他不需要这样的告诫。他就是这样成长的。在更加忙碌的今日，这条道路就不容易被人看清楚了。你的老师找到它，放到你们的面前，要不要这么做是你们的权利。

那么，如果你们沿着我所走过的路，是否就会发现我们当初发现的事情？显然不会。每个人都有一条属于自己的路，每条路充满了无数的可能性（one path a hundred endings）。期望就像是幻觉。但我对这一点是有信心的：开启行程，你们的发现与我的发现相比，无论有多么大的差异，都是好的，甚至要更好。

因此，请你们去阅读、去看、去**观察**。我不能说这条路是获得财富的方法。我不能怂恿你们去征服世界，也不能怂恿你们去拯救世界。你们为什么非要上天揽月呢？我觉得这根普普通通的火柴足以闪耀片刻，这就足够了。虽然轻轻一甩，丢进阴沟，它就化为虚无，但仍然是令人同情的勇敢之焰啊。但你们还带着一些温暖、一丝光亮以及一股炽烈的勇气。你们还有什么要问的吗？或者，你们的问题是什么？

---

〔1〕门肯（H. L. Mencken）是美国20世纪20年代知识生活的中心人物，著有《美国语言》一书，影响甚众。——译者注

〔2〕海伍德·布龙（Heywood Broun）为美国一战时期的记者，因作为《纽约世界》的专栏作家而成名。——译者注

第九章

第二年

我在去年的这个时候见到你们时，你们还是一些“青苹果”。我现在注视着你们充满期待的脸，看上去少了一些青涩，多了一些苍白，你们似乎也长大了一些。要是有人想要咬上你们一口，可能还会发现一点果汁呢。毫无疑问，这会有点酸，真酸啊，但还是果汁嘛。没错，你们坚守承诺。但我必须提醒一句，你们在法学院老师们阳光般关照下获得成长，与之伴随的是责任。去年你们考虑的问题是：你们期望从二年级学长身上获得什么知识，以及如何获得这些知识。今年你们考虑的问题是：一年级的新生们期望从你们身上获得什么知识，以及你们如何帮助他们实现这些期望。这既是他们的权利，也是你们的责任，无论这些新生是否有意识地追着你们请教法律知识。

我想提醒你们，法学院不仅是由教职员工组成的，法律教育十分之九（甚至更多）都是学生团体的产物。我想提醒你们的是，即将入学的新生们有可能比曾经的你们还要青涩。回想那时候的你们：对案例教科书一无所知，完全不知道案例摘要是什么东西，对如何**处理**这些案例一筹莫展；你们曾经对法律图书馆的意义知之甚少，不知道怎么迈出使用它的第一步；在那个时候，科宾对于你们来说只是个陌生的名字，法律评论只是一个未知的概念；法律考试则是一个彻头彻尾的幽灵，因你们未曾经历过而觉得它异常恐怖。我还想再提醒你们：当你们从别的地方获得关于某些困惑的切实建议，会感到异常舒心。如果这些建议是时常发生的，并且随时可用，那么度过第一年的前四周就容易得多了。

总之，我恳求你们承担起责任，发挥你们的作用，使法学院成为入学新生的一所学校，而不是一座监狱，是一条通往教育之路，而不是绝望之路。没有人强迫你们必须这样做，但如果你们做了，我保证至少能有这些好处：在讲解的过程中，如果你能让别人理解你所讲的内容，你也会更了解自己。在你花时间帮助他人的同时，你对于法律的理解也会更加深入。而且，在某种程度上，只有通过建立或维持这种合作实践，才能让一年级学生、你们自己或以后入学的学生意识到**法学院**存在的必要性。

你们必须对一年级学生履行职责，还有另一个理由。他们刚来到这些神圣的殿堂，而你们已经是有一年经验的牧师。他们身上有俗人的臭味。他们应当接受洗礼，快速地接受洗礼，否则我们所有人将会被玷污。亲爱的同学们，做好思想准备，下到池子里，左手拿着一块法律杀菌皂，右拳头挥舞着一只辩证法刷子，抓住这些新来的羔羊，用法律来刷洗他们，用爱心来刷洗他们，但最重要的是，一定要刷洗他们，然后，像对待所有幼小的动物那样去抚养他们。

但是，在以新生和教学秩序的名义提出的这个恳求之外，在第二年的学习中，你们还有一些需要解决的问题。

在美国，所有法学院的经历都规整而清晰：第二年的第一个学期是绝望的深渊，是灾难的沼泽。

对你们大多数人而言，已没有雄心壮志。一方面，学习不再是崭新而陌生的，它变得轻松，但也意味着缺少了动力。你们不会处于异常的恐惧之中，因为担心自己一事无成而疯狂地学习。考试可能会让你们担心，但不再是那么恐怖。你们已经知道了考试是怎么一回事。你们会在忙碌的考试周前早早对考试做好准备，也不会每天都活在考试的压力之下。你们初步掌握了法律实践基本操作的诀窍。我不是说你们已经学会了所有应当知道的阅读案例的技能，绝非如此。但你们已经掌握了足够的东西，可以在自己和努力学到更多知识方面做到张弛有度。即使你们当中有些人尚未掌握阅读案件的方法，也至少学会了靠死记硬背来抵挡一阵的技巧。例如，你们已经掌握了这样的技巧——快速阅读作业中指定的案例。用线划出一个或两个事实陈述；在一个适当段落的边上作出标记，写上“问题”二字；从判决书中找到看似是对陈述所谓法律规则的关键语句。因此，打起精神，保持冷静，要知道你们的老师有时候也会面临授课的时间压力。如果被点名，你们可以快速地作出一个案件陈述，一目十行，抓取更多的事实和零散的论据。就像医生给病人诊断时，友好礼貌，却直击要害。你们变得更加睿智，在课堂上高度集中精力，一丝不苟地记笔记，努力汲取摘要的每一点内容。你们就像行走在沙漠中的人，口干舌燥，突然发现了一片绿洲，啊，绿洲！所有这些都能节省出时间去打桥牌、谈情说爱或投币赌博（penny pitching）。同时，你们对时间分配有了更多的要求。如果你是从外地来到这里的，现在你有纽约本地的关系了，甚至可能还有了一位女朋友。如果你是本地人，现在就可以回到老的生活圈子里，而在去年的今天你还决定要摆脱它们。缩减工作时间的压力随之而来。法定工作时间的上限是每周 54 个小时，而工会又将上限减少到每周 45 个小时。让法院速记员高兴的是，他们的每周工作时间被减少到40个小时、30个小时、25个小时，甚至减少到塔金顿[1]小说中的17个小时。我说过，学习对于你们来说不再是崭新而陌生的，也不像过去那样有趣，你们知道如何应对了。如果你们足够优秀，就能应对自如。曾经让人高度兴奋的智力游戏变成了例行公事。就像松鼠为了熬过六月而收集坚果一样，曾经的新知识探索变为单纯的收集工作。而老师们还在乐此不疲地总结案件，太感谢他了！仍然有值得你们学习的东西。你们会将更多的时间放在你们的老师身上，而不是放在讨论的案件上。你们对法律本身不那么有兴趣，而更加关注他想通过考试考查什么。同学们，你们被法律“教育”这台机器钉住了。在它的重击之下，你们变得迟钝，失去了洞察力。你们已经完全忘记了这是一场关乎什么的游戏。你们很快就会被这台机器拖入泥沼，不能自拔。

我绝无意公开反对法律教育机器的运行。观察你们的老师，注意他的弱点、爱好，判断他的法律和非法律方面的偏见，预测他的考试题目，从他的考试里拿到一个A。这是理智的、现实的，这也是法律训练。有一天你们也要对法院的判决作出判断。学习案例教学法的技巧，逐步建立起你们自己的捷径（short cuts），有效地安排你们的学习，尽可能地节省时间，做到最好。总有一天你们也要组建一家律所、规划一项工作，**但不要让这些事情夺走你们系统学习的机会**。你们还要投入一年的时间来学习这些事情。难道你们想要的仅仅是一片箭牌口香糖或一支上等的雪茄吗？

---

〔1〕 塔金顿（Booth Tarkington）是美国著名小说家和剧作家，曾两次获得普利策奖（小说类），著有多部作品，1916年出版小说《十七岁》。——译者注

你们已经忘记了唯一的一段时间，在那段时间里你们被要求接受模式化、机械式的教学。你们已经不再是一群没有经验的新手，你们在第一年的固定训练中取得进步，被逐渐灌输了那些所有学习法律的人都必须掌握的技巧。折磨结束了。法学教育正式开始了。我对你们说这个，是因为我发现很少有人——包括我们的教职人员——能够意识到法学教育自此才真正开始。

来，跟我一起来到山顶，俯瞰这个法律世界。让我来激发你们的兴趣。

你们来这里的目的是什么？毕业后要做什么？今年和去年有哪些不同？你们已经理解和领会案例教学法学习的好处。但是，仍然有很多内容需要你们去掌握，只是现在会变得更加迟缓，重复的工作也更多。你们从学习中获得的回报越来越少，因为获得最大回报的阶段已经过了。这时，能否更进一步，在一定程度上取决于具体的案件，取决于对每条法律规则的透彻理解、每条法律规则含义的每一个特征，以及建立在确凿、清晰的事实之上的特征。在一定程度上，能否更进一步还取决于对案例中的“闪光点”进行持续和认真的分析，以及对案例细致的阅读。在这里你们仍然有很多事情需要做，但你们已经知道了技巧，现在需要的主要是**实践**。然而，与此同时，有两个问题应该更加明晰：将**知识**、非理性的知识带入案例课要耗费大量的时间。如果不这样做，你们能承受一无所获的结果吗？难道你们再耗费两整年的时间，却仅仅依赖于案例教科书和老师们的案件总结吗？难道你们不愿意享用图书馆的资源而虚掷光阴吗？

在坠入深渊时，我们呼喊着“是我们的错，**我们大错特错**”（*Culpa mea*；*culpa maxima mea*）。正是我们教师的过错，导致你们无所事事。我们在如何从事这种教学方面已经做得太好了，以至于我们就像纳西索斯（Narcissus）一样，日复一日坐在水池前，顾影自怜。我们继续讲授案例，而对其他的知识所涉甚少。这就是现状。然而，是你们老师的短见限制了你们的视野吗？

还有另外一个关于案例教学法的事实，我认为应当给你们讲明白：在小组讨论时，为了进行一个深入而持续的案例分析，你们应当预设一个狭小而普遍的主题。由于主题是狭小而普遍的，就必然是指定的。这样，案例讨论的前提条件就对创造性造成了破坏。因此，为了获得法律技巧的精髓，你们无意中养成了最为糟糕的学习习惯，你们已经深深地陷入了泥沼。

是时候作出一些改变了，现在要作出改变。在分析训练方面，案例教学法属于研究生教学。这种教学要求具备一定的能力、足够的注意力（attention - span）、适当的思考深度。但在分配教学资源的方法方面，案例教学法采用的却是小学教学的做法。你所获得的教育关系到你的职业生涯，到了开始采取相应行动的时候了。

我对不同学科之间进行比较的做法表示怀疑，尤其是对于那些我经常接触的学科，特别是对法律和社会科学之间的比较。有这么多的作者、这么多的书、这么多的理论，每一个都不那么严密，每一个自身都有令人困惑的偏颇之处。如果你们是保守的人，你们看到的是自己这边的高峰，通过比较向对面的平地提出挑战。如果你们喜欢新生事物，看到的就是对面的顶峰，并基于此得出地处高原的结论。这同样适用于学科之间的比较。例如，经济学专业最优秀的毕业生们，在三年的时间里学会了独立调查，他们在本领域内如饥似渴地进行广泛的阅读，而这在法学领域是极其少见的。然而，在我看来，在教学方式上，我们的案例教学法比他们的讲座式授课方式好得多。但以讲座式授课来否定他们的教学方式，是没有看到他们训练的精华所在。就如同仅以案例教学法来评价我们的法律学习，你们会觉得这样做合适吗？

问题可以归结为：你们是否愿意受到我们的案例教学法，和你们自己对休闲生活的甜蜜追求的束缚？如果答案是否定的——我假定你们给出否定的答案，我假定你们关注的是乐观主义者眼中的事业，假定你们个人的能力和愿望有助于你们独当一面。我并不想当然地认为你们只是孩子，必须每天给你们布置一项任务。事实上，在我看来，我有责任做出以上这些假设，因为在所有的职业中，确实没有哪一个职业比法律责任具有更为鲜明的特征。你们要去处理的不是自己的业务，而是你们客户的业务。你们必须自力更生，然后才能承担起他人的重担。有些人连自己想要什么都不知道，而你们还要得到他们的信任。法律职业训练不是要甩掉你们肩膀上的责任。别等到校长的教鞭抽到你们的脖子上之时，才知道自己有多么懒散和拖拉。趁着你们还有时间，去做点你们能做好的事情。如果你们需要取得陪审团团长的信任，那就去说服他（get under one）。

那么，你们需要而我们无法提供的是什么？你们如何去获得它？这是一个难以回答的问题。首先，我自己的视野依然深陷传统之中。我接受的是案例教学法的训练，而且我靠它谋生有 12 个年头。其次，我们对当下的法律实践依然知之甚少。之前的惯例有多少已经被信托和产权调查公司所接收？这些公司聘用了多少律师？它们的“法律”有多少是在判例中的？有多少是在法典里的？有多少是根据他们自己的实践和理解得出的？有多少法律实践取决于案件的审理？纽约、威奇托（Wichita）和锡达－福克斯（Cedar Forks）的法律实践有何不同？城市法院的初审实践与联邦法院或最高法院的初审实践有何不同？上诉工作在哪些方面符合这一描述？在码头专员、税收专员或纽约中央车站的理赔代理人的访谈中，有多少法律实践？有专门的劳工赔偿法庭吗？在起草合同、产权清算以及赶走租户方面，有多少法律实践？在商业策略方面有多少法律实践？在去奥尔巴尼或华盛顿进行的游说中，有多少法律实践？在委员会休会时，有多少游说发生？在获得业务方面，有多少实践？是谁的业务？如何获得业务？与高级合伙人的侄女结婚，有多少法律实践？跟哪个侄女结婚？怎么结婚？对于这些问题以及数以百计的其他问题，我们可以回答：这些对某些人而言可能很重要或者意味着全部；对某些人而言则是不重要或完全无关。对于涉及多少人、对于某个人而言有多大程度，我们只能猜测。而这些问题中的哪一个问题以后会对你们当中的某些人产生影响，则是没有必要猜测的。

因此，对于“你们需要的是什么”，这是一个难以回答的问题。即使你们所有人都是来自同一个地方，不同人也有不同的需要。我将竭尽全力将那些几乎是每个律师都需要的东西传授给你们，而这些东西是案例教学法无法提供的。我挑出的内容极少，但都经过了精挑细选。我是从专业技巧的角度来挑选它们。这些内容仍然比任何个人所期望的还要多。现在该为了职业而对课程训练做出有意识的选择了。据我所知，在关于职业训练的**课程设置**上，除有些类似中暑急救之类的训练以外，法学院没有能够提供更多的内容。

以“法律评论”为例，你们可以从它获得三点好处。我之前就提到过，但值得再重申一遍。从最无足轻重的角度上说，法律评论的是编辑取得优异成绩的一个标志，法律评论的编辑身份表明人们认可他的优秀。但实质上，法律评论的编辑身份是一个机遇，而不是一块奖章。

（从本质上说，法律评论编辑的价值不在于为了从事这一工作需要付出什么，而在于在从事这一工作的过程中学到了什么。）法律评论唯一能提供的是一台机器，准备好，组合完毕，等待着编辑们投身其中。我们相信这台机器可以训练好他。从事过法律评论编辑工作的人，在找工作的时候比其他人有优势，不是因为他们取得了好的成绩，而是因为这项工作证明了在现有最好的法学教育训练下，他们能够应用自己所学到的知识。（如你们所知的，最优质的训练是根本不在课程表之内的。）总之，除了老师的指导，法律评论的编辑也给自己安排了工作。法律评论的编辑公平地接受了对他们所受教育的挑战——他们自己训练自己。

法律评论训练的第一个好处在于团队精神、团队合作和团队讨论，讨论的内容涉及法律、法学院、评论问题（review problems）和法学授课的问题，这些问题是法律评论的精华。他们通过这样的方式来训练自己：思想的交流，思想的酝酿，向他人阐明观点来澄清自我，对问题进行争论和反驳。无论是否在法律评论工作过，**任何**人都可以利用这种方式训练自己。为了讨论法律问题，与一群同伴聚在一起，定期的、每周、每天聚在一起，而不只是在考试前才碰碰头，**要组装起自己的机器**。（在法学院里，“独狼”作风的人，要么是天才，要么是傻瓜。）西瓜皮经过连续、持久的浸泡、腌制，最终都可以变为餐桌上的装饰品。同样，可以通过长期不间断的训练将看似无用的人变成一名有用的律师。团队工作不是为了培养出那些头脑聪明的、高高在上的卓越之士。对于团队中那些口齿不伶俐、不善于表达的人，你们要教会他进行表达。如果他学得慢，在教他的过程中，你们可以对问题进行更加深刻和彻底的思考。如果他学得快，那就加快你们的步伐，但你们可以从他的思考发现他的错漏之处。

法律评论训练的第二个好处在于编辑能够学会自己独立做研究，对问题作出判断和评价，找到相关的材料，并对它进行分析。在这个过程中，他会放弃那些证明力较弱的资料，而保留那些更为相关的部分（在艰苦努力之后再将其放弃是很困难的）。然后，将它们再次整合到一起，进行辨析、建构。然而，只知道如何找到相关资料是不够的，你们必须有耐心地查找**所有的**相关资料，然后放弃那些不那么太相关的资料。仅仅找到它们是不够的，你们一定要反复地看，将它们整合成为一个有机的整体。仅仅将它们堆积在一起也是不够的，你们要像建房子那样，按照一定逻辑将他们组合成一个整体。在工作中，对于一个**问题**的任何分析或解决方案来说，这都是不可缺少的步骤。虽然不能涵盖分析问题的全部，更不能说是解决方案问题的全部，但它是至关重要的部分。然而，案例教学法**自身**却**从未**涉及这部分内容。就算你们真把所有笔记收集在一起，并且获得一些综合的技能，你们也丧失了通过研究来学习的机会。

法律评论训练的第三个好处是编辑能够学会法律写作。同学们，编辑变成了一个法律写作高手。我恳请你们注意这一事实。如果法律界也有像陆军甲等测试（the Alpha test）[1] 那样的考试，恐怕你们中的多数人现在连**参加**的资格都没有。你们只能参加陆军乙等测试（the Beta test）——针对那些既不能读也不能写的人的测试。然而，律师工作的一半是书面活儿。说到这儿，你们脑海中立即浮现的便是关于法律的论

[1] 陆军甲等测试是美国军队在一战期间招募士兵时进行的文字测试，主要用于测试士兵的言语能力、数字能力、遵循指示的能力以及获取知识信息的能力。陆军乙等考试是为了选拔文化水平较低的士兵和文盲士兵而设定的测试，是陆军甲等测试的补充。——译者注

证（argument）写作。你们从哪里能学到它？在考试中，你们太过于匆忙，根本没有时间思考如何进行论证。在口头表达中，你们根本考虑不到表达形式的问题，也几乎考虑不到次序问题。在你们模拟法庭的案例摘要中，你们没有篇幅方面的限制。要学会论证写作，关键在于法律评论对于论文所设的限制：你的行文**必须**简明扼要。因此，如果想要把问题说明白，你们必须明确论证的**过程**。每一点必须为下一点做铺垫，第四点必须是从前三点推出来的。你们必须明确进行论证的各种**预设**。你们必须简明扼要，避免啰里啰唆。

而且，在法律评论工作过的编辑还能学到对律师而言最为有用的技能——辩论性陈述。你们将学会如何对案件进行陈述，如何对事实进行排列组合，判断陈述中的哪些部分需要强调，在没有争议的情况下论证你们所期望的结论。

不可否认的是，在法律评论工作过的编辑没有学到律师的其他两种写作技能。第一种是法律文书的起草，包括租约、合同、遗嘱或章程。这类文书的撰写需要特殊的技巧，在行文过程中你要**考虑到特定的**法律规则，**特定的**案件事实，一方或双方当事人的成见、意愿和需要，这需要对文字的编排和表达有一定的控制能力，预先就确定好行文思路，并按该思路有计划地推进。另一种是律师协商函的写作，包括起草和说服两部分。在律师协商函中，你们要表明并强化自己的立场，同时尽力让对方接受你们的主张。

我之所以对法律评论能够提供的训练进行如此详细的阐述，是因为我已经厌倦了多年来那些二年级学生所展现出来的怯懦、毫无斗志的样子。那些本来有希望被选中的学生因落选而恼羞成怒，因此带着轻蔑、孩子气地远离法律评论、法学院、工作和所有的一切，他们通过藐视自己职业技能的需要来满足那颗受伤的虚荣心。而更多的人只会卑躬屈膝。他们俯首称臣，让那些法律评论编辑主导着整个课堂讨论。他们懒懒散散、意志消沉，要么妄自菲薄地认为自己不够优秀，要么连打破优质教育资源垄断的勇气都没有。他们将法律评论的编辑身份作为卓越的符号、领袖的标记，是天上掉下的一个大馅饼。无疑，这一盲目的偶像崇拜对法律评论的编辑不会造成很大的伤害。只要法律评论的传统和复审编辑制度（revising editor）还在，编辑们就要上紧“发条”，保持速度。只要声名意味着辛劳，意味着持续不断的辛劳，骄傲自大就构不成严重的威胁。但对于整个班级而言，这真是糟透了。这些法律评论编辑得到的训练，也是你们应该得到的。确实有一些带编码的空位是给这些编辑们预留的。但是位置本来是足够的啊，而且并没有什么限制。让法律评论的编辑从中获益，而你们一无所得，编辑的身份实际上意味着“他是更加优秀的”，他成为一只更肥、更大、更壮、更敏捷的“猪”。的确，他们更加优秀。之所以更加优秀，是因为他已经变得优秀，是因为他已经使自己变得更加优秀。但如果你们只是想保持平衡，则不可能变得更加优秀。每个年级有20个编辑能够完成法律评论的大部分工作，但其他的50人仍然有公平的机会进入第一梯队。在接受教育时，如果有人突破既有的权威观念，冲散编辑们在课堂上的光环，开始独立的训练，他就会事半功倍。

你们是一个奇怪的群体。在智识方面，你们自相矛盾。你们蔑视上帝。你们无畏地直视幻想破灭的火焰。你们从老师那里学习并接受了法律中的一些幻灭。到目前为止，你们热衷于破坏形象，你们蔑视偶像，精于世故。但与此同时，你们努力建构新的形象，在他们看不到之处敬畏而自卑地行走。你们剥去了教授的荣耀，让他成为你们玻璃罩下一只赤裸裸的昆虫。你们极其现实地观察你们的教授，把他当成考试中不得不考虑的问题。我对此并不反对。这对你们的教授是有好处的。然而，在城市商业区工作的一些律师随口发表的法律观点，却被你们当作金玉良言，像伊瑟尔特（Yseult）悦耳的钟声一样，在遥远的地方散发着魔力。就像你们所看到的和所焦虑的，法律评论既有萨满教派巫术的印记，也有着智识上的威望。快，快来，牛吼器（Bull - Roarer）已经响了！同学们，我说你们是一个奇怪的群体，难道你们没有领会到，幻想破灭的唯一目的是让你们自由吗？

在这种情况下，通往自由之路只有一条：为你们自己设定一个问题，对它进行探究。如果你们缺乏想象力，去查找判例快报。我甚至听说有的老师会把问题交给学生解决。此外，你们的老师也会给你们提供明确的机会。课外论文设定了研究、综合和论证的框架。如果你们能暂时不发声（hold down your words），如果你们能重新撰写，就把论文暂时放一放，冷处理（grow cold）一阵，重新修改你们的论证，然后再重新撰写，那么，在论文写作的过程中，你们的读写能力将会得到提升。至于团队建设，无论是否有读写能力，你们依然可以通过言语来发表意见。

我想提醒你们注意三点：第一点，在你们从事法律执业时，你们主要是与某个州打交道，涉及的是该州的法律。你们知道这一点。停下来想一想，意识到这一点。在该州有制定法、有判决、有法官、有政治组织，还有人。这些制定法、判决、法官、政治组织和人，是与你们密切相关的。如果你们还没研究这一切以及它们相互之间的关系，那么，现在该进行研究了。每周花一点时间记笔记，每周都这样做，日积月累。你们想一想，然后付诸行动。

第二点，你们已经在法学院的法律“原浆醋”里浸泡得够久了，到了该给腌菜增加一些底料的时候了。至于加什么，我不在乎。比如，律师、法官的传记以及他们所处时代的历史，与宪法词语相关的宪法实践，与司法判决意见书相关的案件记录。去拜访法院，不是作为一名旁观者，而是作为学生和评论员。去了解目前对于劳动禁令或少年法庭的运作情况的研究，联邦储备委员会和十月市场[1]，欧洲大陆的民事诉讼法，逻辑学家提出的与司法判决意见书中的论证相关的逻辑，新的社会科学大百科全书。我刚才说了，我不在乎加什么，但为了使你们在法学院学习的法律更加人性化，为它提供一个更加宽广的基础、更加肥沃的土壤，开出更加精美的花朵，你们应当学习对你们在法学院所学法律产生影响的东西，对所学法律**将**产生影响的东西以及你们自己所追求的东西。

最后一点，我想说说你们的老师。从对思想的影响来看，在法学院学习的第一年（具有高度可塑性的一年），几乎不可避免地会给你们灌输一系列的看法：哪种教学、哪种老师对于法学院更恰当、更合适。但与此同时，法学院难免让你们被动地接受了这些看法。幸好你们还有机会见到风格迥然各异的老师。如果只遇到一种老师，那就太让人伤心了。然而，在遇到其他的老师之后，你们既有可能遇到喜欢与学生配合的老师，也有可能遇到喜欢与学生对抗的老师。如果是后者，你们和新老师可能要花上四周到八周的时间来适应彼此。在遇到采用新方法的老师时，你们可能只接受你们习惯的东西，而并非其他。是的，其他方面

---

〔1〕 指1929年10月29日的美国股票市场崩溃，也即史上有名的“黑色星期二”，标志着美国大萧条时代的开始。——译者注

你们将一无所获。或者，你们只是过来看看**这些**老师能教些什么。而且，在你们再次遇到你们的老师——呃，我可以说是老朋友吗？你们可能会，你们极有可能会比之前还要被动。你们已经知道他们的种种手法，知道如何开小差。但为什么你们要满足于已经知道的呢？为什么让你们的老师用恰巧放在书架上的罐头来忽悠你们？是因为你们喜欢罐头吗？当然，对于老师来说，开罐头最容易了。你们袖手旁观，他会把罐头倒出来。罐头黏糊糊的，有少许辣椒，但没有维生素。黏糊糊的罐头流得慢，慢到你们可以咽下去。你们的老师喜欢这样。娴熟地倾倒会带来快感，熟练的工作能让人感到愉悦。在你们对它如痴如醉时，看到你们如饥似渴的表情也会让人感到愉悦。

当然，你们可以在图书馆里做得更好。做得更好更快，而且有更多的案例参考，可以一次就获得大量的资料。在时间上更快，在成本上更加划算，在效果上更有成效。而且，你们可以自己支配时间，解决你们自己感到困惑的问题。

你们的老师不会太专注于罐头。对你们的老师而言，没有比拥有如饥似渴求知欲的学生更能刺激他了。如果你们作出回应，而不是像烂泥一样堆在那里一动不动，他也会作出回应。他最想要的，几乎是他唯一想要的是见到一点成果。如果你们给不了，他就必须创造自己的成果，也就是罐头。如果你们提出你们的期望，如果你们让老师感受到你们的期望，如果你们对他的思想作出反应，并将你们的反应**表现出来**，你们的老师将发挥得淋漓尽致。你们的回应会让他超常发挥。你们提出问题，积极寻找答案，将他的论证贯彻到底，进行检验，并提出挑战。如果课上做不到（因为课堂讨论经常转向其他的主题），那就在课后追问。除非你们的疑惑得到解决，否则你们来法学院的目的就没有达到。

有一种广泛存在的愚蠢的狂妄自大，就是不愿意占用老师的时间。这太纠结太愚昧了！让你的老师自己捍卫自己吧！紧紧地追着老师提问。想一想，为什么老师在法学院大楼里会有一间办公室呢？

我不是让你们事无巨细地追问老师。我之所以呼吁团队建设、团队讨论、团队较量，是因为很多问题可以在团队内部得到解决。如果没有得到解决，就分成小组来找你们的老师。如果是一个人，他也许会拒绝，但如果是五个人，他总是愿意和你们交流的。

我是不是说得太多了？我说羞于占用老师的时间是“一种愚蠢的狂妄自大”，对此，我仍然要说的是：消除这一想法。你们当中的某些人会感到有所犹豫，而且有更充分的理由。你们意识到每位老师都有一个梦想：获得或维持学者的声誉。你们对打断他的工作感到内疚。这是可以理解的。然而，我仍然要说，让他自己捍卫自己吧。而且，我仍然要说，没有比如饥似渴求知欲的学生更能刺激他了。如果你们不是像给奶牛挤奶一样来汲取他的营养，而是为了解决疑难问题而寻求帮助，你们花的时间是值得的。

对于你们应当承担起自我训练的职责，还有一个进一步的、最终的理由。这是一个在第二年训练结束后你们应当长久思考的理由。法律教育中存在巨大的不足，缺少方向感，效率低下。从总体上讲，这是法律教育特有的问题，但不包括这里的法律教育。在我看来，这里的情况比其他的法学院都要好。毫无疑问，没有比这里更好的法学院了。从某种意义上说，这等于宣布整个法律职业教育的破产。刚才讲的这些大体概括了我对这个问题的思考。该把你们培养成什么样的人，我们只有些许的想法。我们只有一辆车可以带你们去任何地方，这辆未曾更换过的车在旅程过半时即已达到了极限。我们在经验的摸彩袋中逐一学会了各种教学技巧，在未做改变的情况下就将大部分内容照搬用于在人数、班级构成和教学资料方面迥然不同的情形。通过考察你们来检验我们的教学效果的教育机制会造就一个聪明的蠢人（set an intelligent ass to braying）。我认为，作为一个职业，法律教育已经破产，因为我们每天被要求拿出连我们自己都没有的东西。在债务到期时，我们无法履行我们的债务。如果你们按照一个体面的工程师、体面的商人或《买卖法》的标准来评判我们的工作——我们"破产"了。

但从另一角度而言，情况并非如此糟糕。我们和作为我们授课内容的法律自身都还不错。事实上，我们或许要更好一些。与大多数的教育工作者相比，我们与他们的境遇一样，或是相差不大。就像人文机构（尤其是涉及社会方面的这些机构）一样，我们可以承受现有的不那么严格的偿付能力的考验：我们可以继续存在。我们可以做得更多。不，我们正在做得更多，因为我们已经认识到需要做得更好，认识到找到做得更好的方法所面临的巨大困难。

与此同时，你们也没有更好的去处可选。这是你们必须留在这里学习法律的理由。但可以确信无疑的是，你们不应当对这样学习法律感到满意——将大头菜放进去，将偶然得到的当作全部可以得到的。如果你不得不过一种枯燥无味的生活，那么做一颗生机勃勃的蔬菜（an aspiringvegetable），做一颗豆子，不断生长。

第十章

在日出之前

在你们将换上新装、抖掉鞋子上的灰尘、离开学校进入招聘市场时，毕业的时间到了。当做完这些事情时，你们也就没什么思考的时间了。你们不再是孩子，不能再像孩子一样思考。我觉得，你们将抛弃这些小孩子气的东西，把心思放在做事上。如果胡思乱想，就把你们的思绪拉回来。在离开法学院之前，停下片刻，对你们所要从事的职业进行一些审视，可能没什么坏处。律师是做什么的？律师与他自己生活之间的关系是什么？律师在这个社会中起什么作用？或许，你们会和我一样思考一下律师所做的一些事情、得到的一些机会以及担负的一些责任。

我认为，一个首要且突出的情况是：律师不受欢迎。我认为，律师从来不受欢迎。我强烈地怀疑：从未有法律或律师得到他们所服务的外行人的衷心认可。当然，激进分子从未喜欢过律师，“我们要做的第一件事，就是把所有的律师全都杀光”，[1] 而且，自从有了诸如革命之类的事情，律师和档案一直扮演的是被烧掉的角色。对律师的这种非难不

〔1〕 这是莎士比亚所著《亨利六世》中狄克的话。——译者注

仅仅存在于红色军团（the reds）中，在很多时代，那些健壮勇猛的人挥舞着大棒，砸在律师的头盖骨上。克伦威尔[1]在其法律改革失败时说：“我们根本无力抗衡洗鲁雅[2]的儿子。”气势奔放的拉伯雷[3]，轻蔑中带着辛辣地说：

“他们（指法学专家——译者注）在一起研究了四十六个星期，始终没有把案情了解清楚，也没有把案情弄明白……，结果他们一个个都觉得非常狼狈。

庞大古埃[4]说，诸位，这两位打官司的老爷都还活着没有呢？他们告诉他说还活着。那么，你们送来这么一大堆废纸、抄本，有什么用呢？去听他们亲口辩论，不比读懂这些猴狲把戏、一篇篇骗人的玩意儿、柴波拉的鬼律条、颠倒是非的法律好得多么？……

再说，法律是从伦理学和自然科学里提炼出来的，这些老

---

〔1〕 奥利弗·克伦威尔（Oliver Cromwell），17 世纪英国资产阶级革命中独立派的首领，是资产阶级新贵族集团的代表人物。——译者注

〔2〕 洗鲁雅（Zeruiah）是《圣经》中大卫军队中三个主要英雄的母亲，她有三个儿子，分别是约押（Joah）、亚比筛（Abishai）和亚撒黑（Asahel），人们称为“洗鲁雅的儿子”。——译者注

〔3〕 拉伯雷（Rabelais），文艺复兴时期法国人文主义作家之一，通晓多种文字，被称为“人文主义巨人”。——译者注

〔4〕 庞大古埃（Pantagruel）是拉伯雷《巨人传》中的人物。——译者注

疯子怎么能懂呢，老实说，他们还没有我那头骡子懂的东西多呢。"[1]

或者你们喜欢《圣经·旧约·传道书》简洁的解释：如果你在一个省看到对穷人的压迫和对判决与正义的过度滥用，不要对此感到惊讶！

最后，在我们的时代，有诗人桑德堡[2]，他说的话值得关注：

律师知道得太多了

鲍勃，律师知道得太多了。
他们是老约翰·马歇尔判例集的知交。
他们对一只死手写的东西了如指掌，
僵硬的死手，指关节已经破碎，
手指骨化成薄薄的白灰。
对死人的思想，
律师一清二楚。

鲍勃，在讨价还价的律师背后，

[1] 摘自［法］拉伯雷著，《巨人传》，成钰亭译，上海译文出版社 1981 年版，第 284—285 页。卢埃林的原文与本段的引用有一些不一致，由于卢埃林的本意是表达不同的人对律师的看法，本译文采用了《巨人传》前述译文的表述，特此说明。——译者注

[2] 卡尔·桑德堡（Carl Sandburg）是美国现代著名诗人，其作品曾多次获得普利策奖。——译者注

有太多狡猾的“如果”“但是”和“然而”，
有太多的“如上”“假如”和“鉴于”，
有太多扇可进可出的门。

鲍勃，在律师经过之处，
还剩下什么东西？
老鼠能啃它，
并找到足够的东西塞牙缝？

当律师从中获得利益时，
为什么总出现秘密的嗡嗡叫？
在律师被抬入灵车时，
为什么拉车的马在窃笑？

砖瓦匠的活儿没入蓝色的苍穹。
泥瓦匠的技艺天长日久。
泥水匠的手固定住房间，
农民的土地在等待他的归来。
歌曲的演唱者，戏剧的梦想家，
建立起风无法刮倒的房子。
律师——告诉我，
运送律师的尸骨时，
为什么拉车的马在窃笑？

是的，大众对法律这一职业缺乏兴趣，我想它永远会是这样的。首先，律师是专家，是手艺复杂难懂的劳动者。任何这样的专家，任何这样的神秘大师，都会受到无知者的怀疑。不，他会受到其他专家的怀疑。他的工作越是技巧高超、技艺娴熟和不同寻常，在需要时我们就越会更多地利用他，并越来越不喜欢他。在外科医生戴上塑胶手套，问你要通知谁的时候，你会对他有好感吗？

但是律师的情形比医生的还要糟糕，因为医生的秘技是与自然抗争。凭借着知识的增长和运气的降临，医生可以逐渐地提高他的治愈率。而律师就不一样了，他是人与人之间的利益冲突方面的专家。在交给他的全部案件中，总有一半是要败诉的，而且，只要法律还是这样，就必定会败诉。

只要法律不变，就会这样。而事实上，法律有可能永远是这个样子。法律的独特特征是：要么大获全胜，要么一败涂地（this whole - hog - or - none approach），没有什么是神圣的，没有什么是固有的，甚至没什么大的用处。在这一语境下，那些所谓的善意买受人要么拥有整个交易标的，要么一无所获，而存在共同过失（contributorily negligent）的一方则被禁止获得任何赔偿。同样地，如果单务合同的要约在完全履行之前被撤销，合同要么是全部有效，要么是全部无效。是的，非黑即白的理念让我们的法律程序过于严酷，以至于无法被人信任，这个来自于中世纪之前的、古老的鬼魅之音依然在我们的法律世界回响。退一步就是法律和事实不做区分的年代，人们只是通过宣誓来主张他的“权利”，或者法院对他的“权利”作出裁决。在我们后来更为精致的发展中，官员们通常采纳了更好的见解。由法院直接创立或者《改良法》规定的“衡平法”上的留置权是在对所有权人权利的完全剥夺和对善意改良财产的直接没收之外的一种做法。由于原告同样存在过错，陪审团会不顾法院的指示，作出减轻被告赔偿额的裁决。破产法的目的是按比例分配。将一个还在运行的企业交还给现已资不抵债的企业，至少在理论上是破产财产接管的标的。然后，出现了一些发展趋势：寻求更加明智的调整措施，达成更加**可行的**结果——给那些不那么糟糕的企业起死回生的希望。解决案件纠纷的大部分愿望、诉诸仲裁的众多需求，以及处理破产案件的债权人委员，都遵循着这一思路。但当案件进入到诉讼程序，问题依然存在。即使全力以赴（well nigh up to the hilt），还是有一半的破产案件将以失败告终。

当律师是遭人怨恨的差事，这是一种洗牌工作，是一种赌博，是事关人的权利博弈（this checker - play with human rights）。当律师是遭人怨恨的差事，因为他当争斗者的代言人，这些争斗者为了获取胜利，总是把别人踩在脚底下。难怪被踩踏的人不喜欢律师，但获胜的一方也不喜欢律师。律师不仅仅是专家，在客户眼里他还是以满足客户需求为己任的专家。客户不了解律师做了些什么，也不了解律师是怎么做的。即便客户认为自己诉求的正义性昭然若揭，他们的律师也会通过一些小计谋来加上一个更加冠冕堂皇的理由（a high cause）。客户无法理解迷宫般的技术细节（the maze of technicality）的价值。律师不仅处理复杂的人际冲突，也处理法律诉讼中的程序问题。就像任何其他的礼仪（etiquette）一样，对于门外汉来说，诉讼程序是不易看清的，令人绝望，甚至令人厌恶。很多程序是有意义的，但也掺杂了很多没有意义的内容。但是，即便程序没有被空洞的废话所掩盖，你们也不能指望一个未经过长期、深入研究这些程序的人能理解它的意义。你们会发现，客户所反感的并不是律师所掌握的技术。客户对他自己理解的诀窍（tricks of his own trade）津津乐道。他能看穿球场上的诡计，并为此欢呼雀跃。但对于他无法理解的诡计，则另当别论。对于与他利益攸关的案件，他认为利用技术上的诡计（technical sleight of hand）去获胜是无可厚非的。而如果获胜了，他也不会尊重通过这种方式来获胜的人——悄悄地将丝质的绳子套进别人的脚踝，或将丝带打结挂在别人的脖子上。

在这里，我们可以将律师不招人喜欢归结出三个理由：他运用一些"灰色的手段"；他总耍花招（有太多的"如上""假如"和"鉴于"，有太多可进可出的门）；他手头一半的案件是要败诉的。这三个理由已经足够了，但还有其他的理由。在秩序失常时，法律是解决社会问题的工具。但在其整个驱动力和目的上，法律是按照同一个秩序来组织运行的，而按照同样的假设，这一秩序已无法以令人满意的方式运作了。法律的推动、法律的联合，不仅仅是为了维持秩序，而且是维持可能会破裂的秩序。因此，法律和律师必须站在社会挤压弱者、无助的人、糊涂的人、可怜的人之处进行观察。在这一问题上，他们总是维护那些旧的、可能已经过时的东西，反对可能是新的、人性的和受欢迎的诉求。在这一问题上，律师**必须**站出来，站在显眼之处，以至于人们有时看到的只有他和他的工作。这不仅仅是一种对法律的无限信仰，引发了大量不成熟的、起改革作用的立法诞生。同样，法律、亟待变革的法律已像铁处女（Iron Maiden）[1] 一样折磨着受害者。"你们律法师也有祸了。因为你们把难担的担子，放在人身上，自己一个指头却不肯动……"[2]

---

〔1〕 一种源于欧洲中世纪的酷刑刑具，外观为人形，内部嵌铸有排列整齐的铁钉。——译者注

〔2〕 出自《路加福音》第11章第46节。——译者注

法律的本质特征是维持（conserve），无论是否合适，都是用旧瓶来装新酒，而不是改变、重新调整或矫正。当然，并非每部法律或每个律师都是这样。律师有时候是改革的领军人物。法律曾经是变革的工具，但不要让结果掩盖了过程。在每次改革之前都会有一场斗争。在长期持续的斗争过程中，都会有苦难。大部分法律、法律职业的各个阶层都会站在保守派（locked shields）的这一边，抵挡即将发生的变革。当变革来临时，总会留下痛苦。当变革来临时，早就该有所变化了。当变革来临时，竟然还是由律师们通过解释技巧宣告法律的死刑。所有这一切就像是对“维护司法正义”这一表述的恶作剧。

显然，基于同样的理由，那些技艺最精湛的律师在采取行动时是站在富人（Haves）这一边，而不是穷人（Have - nots）这一边。他们坚守良心，也拥有充满激情的技能。如果一位律师为富人工作了 20 年，那么他无法不受到富人的影响。律师界最有才华的律师总是支持执政党，反对在野党。尽管法律竞争在理论上或许是平等的，但更优秀的人、更圆滑的人、更有财力聘请更优秀更圆滑的人为其服务的人，会有自身的优势，并且在适当时候利用这种优势。在需要长远的法律战略时，他们可以集结一整代人的律师资源和案件资源，将这种优势扩大 20 倍。

到现在你们已经发现，我认为律师是不受欢迎的，而且在我看来，这种不受欢迎是自然而然的，就像猫长胡子一样。

让人好奇的是，经过查证，那些针对律师的指责在多大程度上是无法成立的，或者在最糟糕的情况下是真假参半的，甚至在突然出现指控时，被指责者答辩的实质依据（merits）置之不理。

如果仔细检查这些指责，你们就会发现这一点：在一定程度上，对律师职业所指责的正是任何职业所希望的：足以创设自身的黑魔法的专家。使法律荒诞和可疑的是，任何人都认为自己有足够的常识来判断什么是“对”和“错”，因此，律师的所作所为必然被认为是“柴波拉的鬼律条”[1]。一般人不会冒称自己懂得工程学知识，因此，工程师的技艺是白魔法，而不是黑魔法。[2]

在一定程度上，这种指责是一种诡计。在这里，我们遇到了一个微妙的处境。这一指责主要针对商业秩序那些明显的专业化需求，我认为可以将其丢弃一旁。如之前所提到的，我们有充分的理由认为这种不理解是偏执的，并且没有什么理由让我们感到羞耻。不过，我觉得对某些方面的指责也有一定的道理，比如某些混乱得像迷宫一样的诉讼程序，这些程序意味着一个职业要么是没有能力安排好自己的业务，要么是太拘泥于形式——就像画家坚持只用三英寸的画笔一样。对法律程序以及审判对抗性方面的指责也是如此，这种指责认为，它们会促使律师在追求自己利益时忘记客户的利益，在追求这两种利益时忘记对正义的关注（如果存在这样的正义）。

除了诉讼程序，还有一些关于律师的指责：为了胜诉而歪曲法律规则；除了践踏、踢打败诉方，法律没有带来任何收益；更有财力的人拥有不公平的优势；维持现状、故步自封的职业队伍。可以肯定的是，如果人们看到这一明显的事实——在这些问题上，法律和律师并没有特别地彰显自己，他们会收回大部分的指责，而这种指责是难以洗刷干净的

〔1〕 出自《巨人传》，［法］拉伯雷著，成钰亭译，上海译文出版社 1981 年版，第 285 页。——译者注

〔2〕 黑魔术，即邪恶的魔法，以伤害别人为主要目的。白魔术与黑魔术相对，指的是不具有私心目的的魔术，是魔术的主要形式。——译者注

（mudclapped on the wound）。在这些问题上，律师真实地反映了指责他们的这个社会。是律师的客户希望胜诉，希望打败其他的当事人。律师不应当对当事人之间的利益冲突负责。是社会（不是法律或律师）赋予有钱人争斗的优势，为了支持执政党而对各方施加压力。的确，法律提供了一种不确定的调整冲突的方法。但同样真实的是，法律以任何其他机制无法提供的某种方式解决了这些纠纷。我说过，人们会收回大部分的指责，但还会有一部分指责。在以明智的职业方式（trade - wise）去干预社会生活时，我们难道不会受到它的影响（some pitch will stick）吗？我无法忍受那些嘲笑干苦力活的人，也无法忍受那些躲在雇主后面的工人。“你们律师有祸了。因为你们把知识的钥匙夺了去。自己不进去，正要进去的人，你们也阻挡他们。[1]

在我看来，在所有的指责当中，最糟糕的指责在很大程度上是不恰当的。在大多数指责者的嘴里，最糟糕的指责变了味（lie ill）。在我们的内心里，这些指责确实提供了某些理由，提供了我们进行探究的重要理由，但这不是产生失败情绪的理由。我们以所取得的成就来弥补我们的不足。

是谁承担了繁重的工作，使迄今为止的法律架构不那么磕磕绊绊的、步履蹒跚、叮当乱响？是谁在想方设法充分地展现最珍贵的品质、人类的聪明才智和社会发明，使得旧的制度满足新的需求？这相当于创造出现在需要的新制度。我想，如果你们转向律师在办公室的工作，你们会发现无数的、难以置信的原创性产品（output of that rare ore）。你们在判例集（the books）中随处可见这些产品的痕迹，我们的大部分现

---

〔1〕 出自《路加福音》第11章第52节。——译者注

行法律都是它的产物。即使律师不是事件的首要参与者，即使他很少提出需要满足的新的需求，他依然是非常重要的社会工程师。他观察到已经发生的需求，找到一种满足需求的方法。从表面上看，是商人而不是律师提出了汇票和提单。但是，是律师发明了抵押，是律师使得货物担保或土地担保成为可能，与此同时借款人在担保期间享有使用权，因此，律师使得生产贷款担保成为可能，在该担保中债务人有机会为新的企业进行融资，并以他希望获得的利润偿还债务。**农民的土地在等待他的归来**：是律师逐步建立了衡平法上的回赎权的概念，是律师将商业本票转化为银行家无法更改的抵押票据，是律师从同一股份和古老的盟约创造出构成投资市场基础的债券。如我所说过的，律师不是单兵作战。他可能不是第一推动力，也不是总能充分地觉察到社会的需求，但他的长处是他拥有的技能，他是社会工程师。是律师发明了作为不动产改良计划的长期租赁、针对房地产融资（financing）的担保信托以及抵押铁路新设备的担保信托。而且，律师从一开始就塑造了信托法的上千种用途，这可能是我们法律成长过程中最伟大的一个方面。当输掉选举即意味着受到叛国罪之惩罚时，是律师使得党派政治成为可能，是律师使得设立永久慈善性赠予成为可能，是律师突破法律规则将信托用于维系家庭土地，是律师最早为已婚妇女获得独立收入开辟道路，是律师通过信托的方式实现了第一起最大的企业合并，并将这一概念运用于全新的进口融资和汽车融资领域。我发现，作为最后一步的信托收据（trust receipt）尤其富有启发性，可能是因为我对它的发展进程较为了解。你们可以沿着它们的创设、稳步的传播，看到它的发展过程。信托收据首先出现在从纽约上城（upper New York）到海上运输的粮食融资中，早期的相关诉讼没有引起人们的注意，后来一些重大案件开始引起城里律师的关注。经过修改和详尽的解释后，信托收据这一工具被引入到进口业务中，主要的大公司参与它的发展，而其自身的发展，是在诉讼中通过一个个的案件，在越来越充分的文件起草中通过一个个的条款来实现的。在过去的十年里，我们可以勾画出信托收据不断发展和重新适应汽车融资的轮廓。同样，我们再次认识这一过程中涉及的人、方法和问题。在这一历史中，我们可以看到创造这个简单、独特的工具所投入的精力、思想和创造性。而且，我们可以确定的是，这一历史就像是一个有代表性的建筑物（a course of building），它平稳、让人无法抵抗、独具匠心，颇具美感，犹如中世纪建造的大教堂。

律师的发明创造也不仅仅限于办公室律师（office counsel）。大多数的法律著作对法院在法律的成长（尤其是判例法的成长）中的作用可谓轻描淡写。我既不否认也不贬低法院在这一成长中的作用，但你知道几位法官能够像霍姆斯所说的一样“是个麻烦的家伙，他总是对任何一方在诉讼摘要中没有提出的问题作出裁决”？你知道有多少法官对案件和事实的分析是重大的创造，就像一句“要有光”[1]，而不是仅仅变更一方或另一方律师主张的中规中矩的工作（the lesser type of building）？对律师的创造作出明智的选择是一项艰难的工作。明智的、一贯的选择固然出色，但它本身不是一项重要的工作，它是由律师界持续不断地完成的。是韦伯斯特（Webster）[2] 而不是马歇尔（Marshall）铸

---

〔1〕 在《圣经》第一卷中，上帝说，“要有光”，于是就有了光。作者在这里暗示法官的工作没有太多的创新性。——译者注

〔2〕 丹尼尔·韦伯斯特（Daniel Webster），生于1872年，是美国政治家，曾两次担任美国国务卿，是 Dartmouth College v. Woodward 案的律师，他在该案中提出的法律推理对于最高法院的最终判决产生了重要的影响。——译者注

就了达特茅斯学院案（Dartmouth College case）。而且，当我在说创造时，我指的是原创性的创造。从原始事实中提炼出判例意见（a theory of a case），即是预测。以有说服力的方式提出判例意见并将它表达清楚，就是预测应验了。尽管他们是律师，也是**歌曲的演唱者和戏剧的梦想家，建起风无法刮倒的房子**。

我认为，无论在律师事务所还是在法院，让法律焕发生命力的都是职业共同体。正是职业共同体使得法律不至于太过僵硬而抑制社会机体的发展。我已经讲过，为什么律师得不到对其工作最起码的赞扬，为什么他会一直难以得到对其工作最起码的赞扬。但他必须尽责的事实赋予他超越客户、超越自身环境、引领未来的责任。律师的这种责任是无法逃避的。外行人既不知道也不关心他背负这种责任，并不能使律师逃避这一责任。律师的责任，律师唯一的责任是作出选择：他既可以选择跨越进步的道路，通过发挥最大的聪明才智去阻止每个新的前进的脚步，也可以选择背道而驰。

然而，与此同时，律师必须生存下来。在热烈的讨论中插入这点，让我感到烦恼，但律师也得付房租啊。我们生活在货币经济里，人必须有收入。有收入、经得起责任的考验，这是一个有待驾驭的纷乱团队。

这样，我们要面对法律职业共同体逐步建立起来的、用以帮助律师驾驭团队的特殊引擎，也就是我们称之为“法律伦理”的、由实践和规范组成的体系。在这些规范当中，有两种规范是单刀直入、切中问题要害的。

一种规范是公认的观点，如同少数值得尊敬的事物一样，它不仅被法律职业所接受，而且被大众接受，也就是律师应该信仰他的事业。如果他信仰自己的事业，他将为其而斗争，他将更加积极地斗争，他将更加巧妙地进行思考，他的整个自我将会被信念所释放。在其他的因素之中，这一做法可以带来成功。而且，由于律师成为他的事业的象征，在他“将他的名誉为案件担保”时，将得到陪审团的考虑。因此，若干世纪以来，在完全实现自己的全部价值之前，优秀的律师就已经将身心全部放在他所信仰的事业上，以至于普通人说律师具有某种气质，微笑地（或嘲笑地）看着大多数律师能够以多快的速度获得信仰。

然而，在客户带来数量可观的系列案件时，律师对事业的信仰将不可避免地、几乎是不知不觉地牵涉到对客户的信任。良好的法律伦理所要求的对律师事业的忠诚，随着时间的推移肯定会扩展到对客户的忠诚。但在群体活动和企业实践大行其道的今日，能接连不断地带来案件的客户才能让人感到无比欣慰。我暂且市侩一些，客户付了费用。这不可避免地意味着特定的客户或特定的利益与律师之间的相互认同（identification）。他是银行法律师，是铁路法律师，或糖业公司的律师。在这样的专业分工下，凭着这样的忠诚，他当然会推掉那些他不相信的案件。你们将注意到，那些案件是不利于银行、糖业公司或铁路公司的案件。

这样，律师就自然而然并轻而易举地在对公众的责任和对自己赚钱的责任之间达到了平衡。在这里，我想特别提出的一点是，当律师发现无法从穷人的案件中获得这种信任时，相信他的案件这一伦理就具有了特殊的价值。

但你们的客户可能会有一个可爱的将军肚。他的钱包看起来是鼓鼓的。现在假定他的案件乍一看没有多少吸引力，你接下来该怎么做？勇敢点，同学们，还有另一种伦理！这种令人钦佩的法律职业伦理使得这一点变得很清楚：律师既不是法官，也不是陪审员，律师既没有义务也没有权利去篡夺宪法赋予审判庭的职能。如果12个陪审员认定一个人无罪，律师也无法给他定罪。如果法院认定一个做法行之有据，律师也无力加以谴责。正义的本质是任何人都应享有公平审判的机会，在审判时，享有充分陈述的机会。总之，应确保对他的案件进行公平的审判，在审判结束之前，在法院未发表意见之前，他不得被宣判为有罪。

在我们法律人中，这是最值得尊重的职业伦理。

公众并不总是理解这样的伦理。为了支持这一伦理，我们应当提出它最重要的意义和最具深远影响的理由。在实践中坚持律师和客户的相互认同，将使律师拒绝代理那些不受欢迎的诉讼案件或不受欢迎的诉讼当事人，在本质上即是否认审判。那些明知这一伦理而仍然常常回避那些不受欢迎的诉讼案件的律师，那些甚至反对为这些案件进行辩护的律师，你们真是让人感到羞耻啊！如果无论时间长短，随大流（popularity）就是对的，那么将律师和客户归为一类人就不会有太大的危险。然而，事实往往相反。而且，我们经常碰到这样的情况，就连律师自己也无法准确地判断案件的事实。只有在审判时或审判结束后的很长一段时间，一系列的事实才浮出水面，这些事实与他自己认为对他的委托人不利的事实相矛盾。在这里，当事人同样享有公平审判的权利，他应当享有这样的权利。律师界的存在为这样的权利提供了保障。

不过，你们会告诉我这两种伦理是相互抵触的：一个人不能在完全相信他的案件的同时，仍然确保他不相信的案件能获得公平审判的机会。你们不要这么天真，你们快要成为律师了。你们用了三年的时间来学习法律，难道你们还没意识到对于每个不确定的问题通常有两种权威的答案吗？在棘手的案件出现时，你们还没看清法律规则没有在判决中**起支配作用**这一事实吗？在任何领域，对于任何问题，在有疑问时，法律将为你们提供正式的（respetable）和受到尊重的技术和规则，以努力实现**每一个**目标。先例有着雅努斯之脸（Janus－face）[1]。逻辑也是如此：如果看不到法律规则的目的，你们可以拒绝它的适用："我们无法走出这一步，我们不知道在哪里划定它的界限。"或者，"这里所争论的法律规则将导致这一结果，而这一结果我们是无法接受的，因此在当前的案件中我们必须拒绝它。"或者，如果你们喜欢，你们可以对案件作出裁决，而不顾这些遥远的、想象中的困难："有人说我们拟适用的法律规则将导致这样和那样的结果。但是，出现在我们面前的不是这样的案件。在这样的案件出现时，再对它们进行检验。无论如何，当前的案件在法律规则的界限之内。"

因此，我认为，在法律领域内，法律规则可以**指引**但不能**支配**（control）判决。法官可以根据他的需要对先例进行伸缩，既能薄如锋刃，也能粗如大棒。为什么你们会希望游戏的伦理不同于游戏自身？当然，从某个角度来看，这两种指引是不一致的，但从各自的定位来说，它们又都是真实的、合理的、重要的。在什么时候运用哪一个？寻求外部的答案是徒劳的：徒劳、虚妄、无凭无据。霍姆斯说过，"安宁非人之天命"[2] 你们自己来作出选择，你们为你们的选择负责，法律规则无法承担**你们的**责任。

然而，有些法律规则被塑造为似乎承担了你们的责任。我已经向你们指出了法律伦理的两种规范，在我看来，二者全都是完全值得尊重

[1] 雅努斯是罗马神话中的门神、双面神，具有前后两个面孔或四方四个面孔。——译者注

[2] 出自霍姆斯1897年发表的《法律的道路》。——译者注

的、公认的和无可挑剔的，而且每一种都总能适用。为确保你们的成功（一旦你们有一些客户），你们要做的是在合适的时间选择合适的伦理。当有财力的客户的案件看上去很糟糕时，你们要做的只是坚持公正的审判，无论你们是碰巧相信有财力的客户的案件，还是发现难以相信某个穷困潦倒的客户，你们都要坚信你们的案件。无论你们做什么，你们都要做得很好。这样人们会尊重你们。你们在晚上能睡个好觉。你们的内心是明亮的。你的收入会不断增加。

为了你们的图腾，为了你们的理想，你们应当对鱿鱼和乌贼有足够的认识。它没有脊椎，但它有嘴。尽管它没有脊椎，但它的嘴是硬的。它有十条腿，每条腿都长满了吸盘，随着水波上下摇动捕食。整个世界都充满了捕食的机会。有时被对手逼得太急，大多数律师就自己躲在一团墨汁后。[1] 为什么拉车的马在窃笑?

你们可能会觉得我刚才所说的话有那么一点讽刺的意味，还有无所事事的愤世嫉俗。我似乎是在嘲笑生活中那些重要的东西。如果我让你们产生了误会，我表示歉意。我说得很严肃，我的发言表达了我所理解的理想。虽然我在说话时没有期待，但仍然满怀希望。我们法律职业不受待见、受人指责，这不应掩盖它为人们提供了出色的服务这一事实。长久以来，日复一日，肩负着使法律有存在价值之责任的不是别人，正是我们。我清楚地看到这个责任，但我也非常清楚地看到它可以被转化为安逸，甚至是在一无所知的情况下转化为安逸。我清楚地看到法律伦理是一把双刃剑，我看到这一伦理所提供的慰藉和自命不凡，引诱着我

---

〔1〕 乌贼在受到攻击时会喷出墨汁来保护自己，作者这里想表达的是，律师为了保护自己也会躲避起来。——译者注

们中间的庸常之辈。这一责任的压力很快就会落到你们身上。以目前的情况来看，它几乎是一种不可抗拒的压力。只有极少数的人意识到这种压力，只有极少数的人能扛住这种压力。但 20 年之后，责任将带来欢乐，带来大智若愚的骄傲（foolish pride），带来荣誉。我希望你们结识这些极少数的人，并与他们携手共进。

后来者

春天，充盈的树液。春天，新的生长。

鲜绿的嫩芽破土而出，顽强的幼苗冒出新芽。

春天，风暴来临，高大的老树王即将倒下。

机会——机会——机会！

黯然失色的树冠即将撞向大地……

奔腾吧，树液，崛起……淹没幼树……

春天，新鲜的血液。春天，新的生长。

强健的牛犊走出牧群，坚硬的牛角不断生长。

春天发出交配的召唤：古老的公牛倒下。

机会——机会——机会！

牧群的头领被撞倒在地…

奔腾吧，热血，崛起……顶倒对手……

春天，年轻人正在崛起！……春天，新的生长。

春天——在年轻人崛起之前，人们是在等待着老人倒下？

在高大的树王倒下之前，难道人类是夺走树苗生命的土地之树？

在头领倒下之前，难道是旷野的野兽在豢养牧群？

崛起！

奔腾，崛起！从前辈的身下突然站起来，
凭着律师和他们带给你的力量崛起，
带给你们的——是的，也可能让你们误入歧途……
从前辈的身下突然站起来、与他们肩并肩，超越他们，
与他们肩并肩，超越他们……与他们肩并肩，超越他们……
机会！

…………

哦，物竞天择，我们将被取代！
机会！机会！机会！我们将被取代！
哦，我们才疏智浅，所做一切的努力将化为乌有！

后记

在三年、十年或者二十年（就如这次）后，我问自己："如果我重新来一遍，这本书将会是怎样的？"有点令人沮丧的是，能有的变化几乎只是强调重点和内容编排上的改变：对提及的和忽视的问题进行更加详尽的展开，对过于绝对的表述、对含义被掩盖或歪曲了的部分进行修正和进一步的说明，对早期作为一种猜测而模糊地提出的某些界线作出更加确定和清晰的勾画，即使有一些貌似"新的"观点，经认真思考后会发现其在思想和风格上早已有所呈现。在某种意义上说，这是令人沮丧的。普通人终其一生苦苦地追寻某些思想，耗费大量的时间和精力去将它付诸实践，尽管这些思想往往已经时过境迁。例如，对我而言，促使我聆听勃拉姆斯[1]所有作品的绝大部分的原因，在钢琴五重奏中已有明显的体现——如果我记得没错是《f 小调钢琴五重奏》（Opus 5），而且，还有一首对原创作品作出反复修改和重大完善的二重奏钢

---

〔1〕 约翰尼斯·勃拉姆斯（Johannes Brahms），生于1833年，德国著名的作曲家和钢琴家，鉴于其作曲方面的成就，有人将他和巴赫、贝多芬一起称为"3Bs"。——译者注

琴作品。同样，坎特罗威茨[1]在1928年给我看了他在学生时代的笔记本，里面记录了他的宏伟写作计划，这些项目有一半或更多已经完成了（checked off）。其他的标题——实际上也没几个，在接下来的几年也相继面世。

我说了，在某种意义上，这是令人沮丧的。但对于法律人、对于关注法治政府（law - and - government）这一由来已久的问题学科的人，他的沮丧应该比大多数人要少一些。在我们看来，在更充实的意义上，教训能让人鼓起勇气（the lifted courage）。我们的工作、我们的服务以及人们对于我们的需求，很大一部分正是由这些看上去微不足道的事情组成的：寻找并加入恰当的词语或措辞，对问题进行澄清，避免法律诉讼，保护客户，保护国家免受灾难，或者在结果取决于珠宝（watch - jewel）的危机中，演说（spokesmanship）既要考虑周到，又要具有掌控能力。我们要具有平衡感，善于把握时机和拥有足够的机智，以让人接受的方式去赢得诉求，或者将五个彼此害怕、互相妒忌、强词夺理的人整合为一个团队，或者发现和坚守能挽救联盟或世界的试金石。正是这些小的事情，这些如此微小的事情，这些微小的洞察力和熟练的手艺——勇气和荣誉——需要长期终生的学习。这些小的事情使得我们成就自我，使得我们对于人民和我们自己更有价值。

因此，如果要重新作这些演讲，我很清楚，演讲的重点在很大程度上会从律师所理解的“法律”转向法治制度的目的，尤其是我们自己制度的目的及其作用（庄严的和不可或缺的作用），以及各种主要的法

---

〔1〕 赫尔曼·坎特罗威茨（Hermann Kantorowicz），生于1877年，德国著名法学家，自由法学的倡导者，著有《法理的冲突》。——译者注

律技能和法律人在这一制度中所发挥的作用。关于法律规则的知识（它在我们的课堂上占据了如此之多的时间和关注）就这样作为律师众多或必要的技能之一进入我们的视野，而人们可以正确而有力地反对这一愚蠢的想法：获取这种知识的正常合理的途径是“一门课程”，或者三年的案例课程本身可以提供体面执业所需的足够知识。人们实际上可以质疑法学院对学生时间的分配是否明智，因为他要学习的不是“法律”，而是获得有效的律师资格。在这一背景下，人们可以（有人肯定会这么做）先跟更聪慧的学生解释，然后向不那么聪慧的学生解释，解释完全不同层级的技能，把他们划入有关“法律”主题的案例法课程的不同小组，以最少的时间为真正的职业训练腾出时间。

如果我们停下来思考，就会发现这是一件奇怪的事情：我们“更优秀的”法学院——到现在也依然优秀——竟然允许自己被淘汰出局。这些法学院知道全职老师的集中注意力都有着真正的价值，知道作为经验法则的实用性建议无法取代清晰的思考、勤奋的工作和健全的理论，知道仅仅拥有当地最新法规或判决的信息是不够的。这些法学院不仅坚定地转向理论、转向艰苦的研究，并且将注意力放在法学院的教职员工上，而且允许商业化的法学院实质性地垄断有效法律技能的整个领域。案例教学法作为诸多重要技能之一，已经逐渐从一项技能变为唯一重要的技能。对制定法的运用这一学科为了获得合理的认可，30 多年来仍为其独立的地位而挣扎，至今尚未实现。案例教学法随后发展成为受人崇拜之物，它似乎是唯一合理的教学方式，是唯一的学习方式（甚至对于我们的法律规则和概念也是如此）。而如果有人建议学到的东西被证明是实用的，那么这个微不足道的建议足以被视为对抗正统的“理论”和“法律思考”这一信条的异端邪说。

需要指出的一点是，就像演说技巧一样，从上诉辩护到谈判的各个阶段，这样的法律技能是需要理论发展和传授的，可以通过**应用**（doing）该理论来学习。在这方面，我所指的理论或许可以通过“演说”这一概念得到揭示，该理论的基础包括：活动、职责、有效的方法、有效的理由、正当性（decency）或合法性问题，或者这些方面提出的正当性和合法性问题——希特勒的谎言理论、故意转移注意力（red herring）或在上诉辩论中对明显不利的、有说服力的观点进行压制。从古希腊专门发展起来的学科不是“演说”，而是“修辞学”，在本质上是有效说服的技艺。专业的法律工作是针对这些问题进行有序的编排这一经检验的、可交流的技术发展起来的吗？这些问题包括学习什么、如何学习、从哪学习，在何时学习，为什么学习，学习哪些内容、去哪里学习以及我能否学习？这大致上就是“理论”的实质——法律方面的工作针对一般性说理的方方面面来设定其内容和含义，有点类似今天的诉讼律师或上诉律师对广告、营销和公共关系技能的借鉴。中世纪得到专门发展的学科与其说是修辞学，不如说是“辩证法”（dialectic）。它的特点是设定一整套限定的权威性前提，人们必须根据前提进行论证，而游戏的关键在于提出问题，最终迫使对手出局。同样，其与法律方面的工作的关系（至少在“法律”问题的提出和论证方面）是很清晰的，而法律方面的研究可以从更广泛的理论中获益。另外一种组织方式是“辩护”（advocacy）。“法律论证”（Legal Argument）是我大概在20年前开始研究的一个主题，但在我看来“演说”已经成为比上述任何主题更重要的关注点，它不仅涵盖了每一个主题并从中受益，同时也涵盖诸如争议主体之间调解的价值问题、胜诉与和解这一竞争性目标的区分问题以及领导在宏观和微观方面（in the small and in the large）所面临的问题及其责任。总之，在我看来，对法律方面的工作给予特别关注的演说，在文化价值和职业价值方面为法律提供了必要的条件，法律是一门兼顾理论与实践、完整的（full - fledged）学科，值得你们花上四到八个学期的时间来学习，对它的学习至少要占到三年“法律”必修课程的一半。

在我看来，“法律咨询（counseling）”是另一种法律技能，在其下聚集着十几种子技能。尽管是具有完全不同的背景和重点，至少有两种技能，即“指向诉讼的法律咨询”和谈判，与演说有共通之处。但我想在这里再次强调我在其他地方所尽力阐述的：如果我们将理论限定于诸如“不动产规划”“房地产业务”或“担保”这样的专门领域，将误解法律咨询这一科目及其子科目。就像我喜欢围绕具体问题的案例所做的深入研究（比我们的案例课通常所允许的更为深入的研究）一样，我喜欢接地气的具体研究。但所有这些工作都应当在有坚实的理论（至少是具有正确的工作方法的理论）背景下完成。而进行正确的法律咨询训练所需的一点是：老师、学生或师生都清楚地理解该理论的发展，跨越特定的“局部（local）”领域（例如，将有关土地的学习提升为“一般的”领域），将法律规则的学习从地方法延伸到比较法。实际上，就像我在“一般性”的案例研究中深入地分析某个管辖区域的案例一样，我希望学生在法律咨询方面的学习牢固地建立在一个又一个的专门领域之上，两者是相伴共存的，因为具体的法律咨询工作要求充分考虑（high - powered treatment）某一管辖区域的法律权威和发展趋势。

因此，显而易见的是，如果我再次就法律的某些重要技能、其意义以及某些基础理论进行介绍，将引发持续的讨论。特别是上诉裁决的技能，在法学院内外占据了我们太多的注意力（因为正是上诉裁决产生了大量的判例报告），而这些技能可以以非常多的方式进行有益的学习，而不仅仅是从“某一领域”的“法律”中提炼出来。因为在我看来，法律技能对于学生至关重要（事实上对于律师界和上诉法庭也至关重要），他们不仅要意识到法律规则自身无法决定任何疑难案件这一事实（除了伴生事实或类似事实），而且也要意识到法院没有也无法随心所欲地利用自由裁量的学说。简而言之，法官受到法院传统的制约：法院给法官留下了一些自由裁量，但法官也要遵循一定惯例。这不仅是人品正直的问题，也不仅是出于对人的这种奇怪却有吸引力的影响——穿上正式法袍的法官会比没穿法袍的法官更优秀、更负责、更冷静、更克制、更细心和更明智。人们认为，法官有义务运用法律去追求正当性和正义，法官有义务在法律**允许**的范围内运用法律技艺（不同的法庭有各自的风格）去追求正当性和正义。这意味着，在缺少具体法律权威的情况下，相关规则的论调和倾向可能强烈要求甚至迫使法官得出某种结果。这意味着，如果法院的观点明显不同于社会共同体的观点，他们在求助于自己的正义观和幸福观时就会非常犹豫，而且，尤其是，他们对法律的内容或方向**有意识的**改变要受到自由裁量规则（the law of leeways）的制约。

在我们的先例制度中，自由裁量规则是这样的：通过半自动的程序，上诉法院无须犹豫和辩解就可以对法律权威的内容和方向作出改变。在新的环境下进行审视时，借助这种半自动的程序，法律权威会带来新的认识、色调、形式和措辞，但有意识的改变必须保持在真正迫切需要的限度内。如果你忽略自由裁量规则，就会完全误解上诉裁决的程序。而且，如果你是上诉律师，将导致你败诉的概率大大提高。如果你幻想可以**单凭**法律规则决定案件，那么忽视自由裁量规则将使你错过**持**

续不断的变化，错过以“强权权威（the authority of Wolf v. Lamb）”备忘录裁决的原始案件（in the run - of - the - mine case）的变化。另一方面，如果你意识到了变化的事实，那么，忽视自由裁量规则就是忽视法官不仅仅是普通人这一事实。法官是普通人，但他们首先是接受过律师训练的人，因此，他们像律师一样看待问题，对问题进行分类，并对问题加以考量；其次他们还是接受过法官训练的人，这使得他们与以前是律师时有极大的不同。他们还是接受过美国法院和特定法庭传统训练的人，这使得他们与法国、英国或加拿大的法官有明显的不同；最后，他们是接受过司法工作的时代判决风格训练的人，这种风格在其职业初期和后来的成长期普遍流行。将有意识地接受大量训练的法官和有意识地自我提升的法官理解为**仅仅是**普通人，是对无视这一事实的盲目自信：在法官中，每个人不仅仅是一个普通人，而且是身怀技能的人，其智力从卓越到愚蠢，性格从喜怒无常到沉着冷静，从敢于创新到墨守成规，其经验背景也是千差万别。

众所周知，个体差异是巨大的，但通过训练可以缩小这些差异。而在我们法律制度中，一个最反常的现象是，对于审理案件的法官，我们没有像早期曾存在过的司法学徒制（这曾是大陆法系训练初任法官的特征）所做的那样，让我们的初任法官接受法院传统的影响——就像初任上诉法官所做的那样，或者让他们花一年的时间与经验丰富的同事共同审判。

但我在这里关注的是这种训练机制的一个特殊阶段——法律技艺的时代风格，它不仅是计划外的，而且在很大程度上未被觉察。在我看来，这对于我们的法律和法律工作的繁荣是至关重要的：法科学生、律师界和法院应当知道普通法的宏大风格传统（grand gradition）是我们真正的遗产，这一遗产需要完整的、有意识的重温。为了认识到对于素材处理的主流**风格**主要是由原则而不仅仅是由先例组成的，认识到那些具有明显的理由并在生活中是行得通的更加细致的原则，法科学生、律师界和法院应当阅读足够多的19世纪三四十年代的判例报告（按照顺序阅读一整卷通常就足够了）。他们应当认识到法院为了满足宏大风格传统的需求而不断寻求法律规则——每条法律规则表面上都有存在的理由，每条法律规则都应依据这两条格言来指导，甚至是主导其适用：（1）**规则的理由指引规则**，（2）**如理由缺失**，则规则失效。法官应当认识到，如果先例制度要正常运转，就要依据理性和正当性对判决结果进行公开和持续的检验。他们应当认识到本质上是理由决定着规则的遵守，之所以有方向上的不同、发展或变化，是因为理由根据不同的情况决定这些不同、发展或变化。

在此之前，法科学生、律师界或法院认为先例的概念是静止的，认为变化是反常的、错误的或者是一种“背离”，在没有充分考虑法院从理性和正当性正确得出的指示的情况下，就可以推测法院将来判决的结果。在19世纪八九十年代那些最不快乐的日子里，这种反常的观念慢慢地在律师中滋长。然而，不是每个法院都同时受到这种新的司法风格的影响。例如，这种司法风格在马里兰州就推延了——在20世纪20年代它才蓬勃高涨——而且重新回归这种司法风格也推延了。但整个律师界对于司法判决的恰当方式的思想到1910年已经成型，似乎普通法的宏大风格传统从未曾发生过。律师界的思想不利于重新发现宏大风格的传统：法科学生、律师界和法院开始认识到、突然认识到了我们上诉法院在过去30年间的画面，而且这种认识不断加深——律师界的思想不是背离“有效的”、古老的司法风格，而是一种摸索，几乎可以说是本能的抗争，以重新获得真正有效的、古老的司法风格，尽管这种司法风格曾经使司法工作声誉扫地。

在法院试图以宏大风格的方式工作，但依然以旧的司法风格（Formal Style）来撰写法律文书时，不可避免地存在混乱。基于美观舒适的要求，司法工作和司法判决意见书的风格应当相匹配。基于裁判的清晰性要求，法官的语言表达能力应当与他试图从事的工作相契合。基于结果的一致性，法官需要有意识地了解他在工作中竭力获得的结果，否则，他将反复地和相当不可预测地错失目标或误入歧途。最后，对于技艺的确信和自豪可以让法官感到舒适、有威望，可以赋予法官勇气、魅力（beauty）和远见，因为法官不仅需要拥有优良技艺传统的知识，还需要他的同伴认可他拥有这样的知识，并认可他在大小问题上都能运用它。

这里存在着需求，这里存在着机会，这里也存在着危险。至关重要的是需求，因为需求要求我们对“法律”的整个概念结构（即法律概念、规则、原则）重新作出表述，以便将前工业时期的思想体系调整为与工业文明相适应的思想体系。想一想，仅仅以 A、B 和 C 的表述来思考“合同法”，或以“我的房子”的概念来表述“财产”，如何能应用于现代投资型企业的使用、支配和收益结构？在这方面，我们积攒了 50 年里第一流的上诉裁决的法律实践。

在这些日益增多的判决意见书中，机会出现了。争论不休的冲突或混乱之处已经被清理了，作为新道路的“真正的法律规则”已经被描绘和表述出来，而被清理的废物被遗弃一边。如果读这样的判决意见书，你能体会作者在写作时出现的震颤。这样的判决意见书不仅仅在学说和美学上令人满意，而且它们清晰地表达了作者在有效运用宏大风格时所发现的妙趣（craft - pleasure），而这正是我们古老的权利。

危险在于：除非上诉法院有意识地认识到他们在这方面的职责，除非它们彻底看清了机会和方法，除非他们将宏大风格传统的力量和魅力结合起来，否则他们可能会丧失自我，而我们将失去普通法这一最为重要的遗产。每份判决意见书应当是向前看的，应当是行得通的，并在将来为**同类事实**提供指导。只有考虑到这一点，具体案件的公平和正当性才会受到关注，因为制定前瞻性的指导方针需要做两件事情：首先，利用现有可用的权威性素材对自由裁量规则施加合理的限制，为法院提供坚定的信心和坚如磐石的基础。其次，当所作的裁决与通过将来的事实**类型**所得出的正确指导相抵触时，法官不会因为具体案件的压力轻易地误入多愁善感的歧途。在通过将来的事实类型寻求指导时，法院也不会轻易地搬出“现有的规定”（first device at hand）这样的裁判理由，而这种理由会带来棘手的区分和严酷的推论。但是，如果缺少正确的责任意识和方法，上诉法院就情不自禁地把审判看作主要是双方当事人之间的事情。如果缺少对职责和方法的充分认识，自由裁量的规则将失去控制，因为它不是对未来的明确指导，而只是法官处理当前案件时首先考虑的问题。如果缺少对职责、方法和传统的充分认识，上诉法官在某种程度上就会**认为自己是自由的**，而这一做法将带来灾难。20 年来，律师界被误认为是朝着法院大喊大叫、诅咒法院，认为它们“背离了先例”“没有受到控制”和“没有一贯性”。随着时间的推移，人们会认真地接受他们听到的东西。而这一点是没有疑问的：**上诉法官**知道他们的行动在变化，**他们**知道公认的理论体系中自由裁量的限度并进行运用，他们知道必须这样使用。因此，他们所需要的，正是律师界所批评的：健全的责任意识、行动的限度、远大目标以及对于可靠方法的健全意识。所有这些都存在我们普通法的宏大风格传统中，等待着被发现。

当然，乌托邦不在眼前。在宏大风格传统的顶峰时期，总的来说，法官具有过人的声望，有合理的工作时间。在我们时代，我们有自己的问题（blobs），有很多的问题。由于现代社会的复杂性、人员和压力的增多，法官面临的问题可能会更多。那又怎么样呢？方法可以将上诉的司法产出提高到远远超出今日的水平，上诉的司法产出将稳步上升。最简单的一个事实是：一旦整个律师界开始意识到对于“法律”案件来说技术上的精确是不够的，上诉案件的数量将减少一半或更多，这将为上诉法官提供更多的时间来更好地完成审判工作。

* * * * *

要讲的东西还有很多。如果让我重写这本入门书，我也许会停不下笔来。

卡尔·N. 卢埃林：《荆棘丛》

王绍喜

作为美国现实法学派的先锋，卢埃林是个传奇式的人物。在20世纪20年代，他出版了包括广泛非法律材料的《买卖法案例与资料》，对当时的立法进行了猛烈的批判；但这却使他后来成为美国统一商法典的重要参加者，该法典也被认为是“卢埃林法典”。1930年他出版了《荆棘丛》，对更为广泛的领域进行了批判。同年他著文《现实主义法学：下一步》，掀起了现实主义法学的高潮。他对法学教育的批判最为激烈，在当时影响很大；他采用非正统的研究方法，却导致了人们对他论证方法的研究。[1] 本文以《荆棘丛》为中心，试图对卢埃林的法学思想作出初步的研究。论文第一部分论述卢埃林对法律规则的批判，并介绍其将关注放在官员对纠纷处理的行为学说；第二部分以案件事实为中心，论述卢埃林对案件事实的怀疑以及法官在事实确认方面所采用的技巧；第三部分则对现实主义法学所运用的研究方法作一介绍；在此基础上，本文最后对该书对于我国理论和现实所可能具有的意义作出初步的评论。

一、规则中心论和行为学说

“法律是什么”是一个争论不休的话题，没有哪个学科像法律是什么引起这么多的、持续的讨论。[2] 在卢埃林的时代，法律是一种规则的学说占据着主流的地位。卢埃林这样描述规则中心论[3]：它将法律理解为一套行为规则，作为外部行为的这种规则不同于道德规则，由于有外部的约束，它也不同于习惯。规则在规则主义者看来是告诉人们可以做什么或不可以做什么的东西。法学家的任务是将规则组成一个逻辑一致的体系，而法官和律师只需要找出手头案件需要的规则，就可以找到解决问题的途径。总之，规则是法律的核心。

卢埃林对这种理论表示怀疑。他认为，第一，尽管规则在提供给我们官员会怎样做或如何做某事上是重要的[4]，但仅仅有规则并不能决定案件（p. 156）。从理想的角度来讲，与生活较为接近的规则至为重要，因为它们给人们提供了预期，因此人们可以作出相应的安排以避免诉讼。（p. 59）事实上，规则的形成必须根据人们对事实含义的解释。（p. 61）而这一事实，如同后面所要论述的，往往是难以精确描述的。第二，从规则的内部结构来看，规则是通过逻辑来构成的。无疑，逻辑可以告诉我们某些确定性，可以作为法庭辩论的武器，甚至可以告诉法官应当怎样行为，但在推理中它会出错（slip）；推理可能不充分，不能使人信服；法官尽管要受到先例的约束，但并不一定受到逻辑的限制。而且在判决中法官往往有着某种倾向（attitude），因此它并不能使我们的某一主张为特定的法院所采用。更为重要的是，生活本身的复杂性和多样性并不能为逻辑所包容。因此，对于真正的法律逻辑而言，不管它对正式方法逻辑有多大作用，都会丧失所有的正确性。实际上，在实践中，不管律师还是法官，很多作为前提的逻辑都是由结论的需要和规定来决定的（dictate)。(p. 71）在法学院的教学中，教师们看似应付自如地运用逻辑，但实际上并没有贯穿始终，常常让学生迷惑不解，也可见逻辑本身的局限。(p. 74）第三，从规则本身来看，它的适用往往基于一个一般的逻辑前提。没有具体的实例，一般前提是妨碍的东西。仅仅学习规则，则无疑仅仅得到形式而非实质。(p. 12）作为前提的逻辑体系，不管在范围上有多么的节制（modest)，总不可避免地超出当前的案件。法律推导的实质在于建立一个重要的前提。这个前提不仅包括当前被观察到的现象，还包括所有类似的现象，因而，对案件适用的最纯粹描述性逻辑安排的规则永远包括比起始时更多的案件。(p. 70）第四，不仅于此，法律逻辑体系拒绝对存在现象作出描述性的安排。由于有先例原则的支持，法律逻辑体系在内容上转向了应当的层次(p. 71)，规则同时成为过去法官如何裁决和将来法官应当如何裁决的东西。不言而喻，这样的后果是规则已经不再是法院对特定判决事实的描述。它不仅仅是描述性的，而且赋予了应当的含义。它认为，只要规则正确，法官就应当作出这样而不是那样的判决，而人们也应当认为这些规则对他们具有约束力。

在一篇较为重要的论文中，作者更是深入法律的内部结构，对规则论提出了细致的批评。首先，流行的理论认为，权利和规则是一个事物的两面，权利和规则出于某种目的是可以互换的（interchangeable)，权利只是规则的一个速记的标签（a shorthand symbol)。人们往往只对实体权利感兴趣，并对此加以强调，这导致了人们只关注实体权利而忽略了事实，从而认为，某种权利之所以存在，是因为它存在于法律规则之中。书面规则或法令之所以有某种含义，是因为它具有书面的权威。这样的看法必然使得人们付出几种代价：第一，对规则的讨论逃离了事实的检验（checkup）。[5]法律改革家就常常乘机通过书面规则攻击，以达到传播其法律观点和进行改革的目的。第二是它的模糊性，实际上这是多颈吉他。一种规则可以是说明性的（prescriptive），也可以是描述性的（descriptive）。但理论家在讨论问题时，总是无意中将全部或部分的隐含顺序（the gradations of connotations）从某一含义转入另一含义。在特定案件的法律规则中，这进一步模糊了书面规则：不管是描述性的还是说明性的，都没有作出区分说明或描述谁的行为或什么行为的努力。[6]因此，以权利来包装（clothe）法律规则的陈述是加重了（double）抛弃通过习惯（practice）和救济对规则实际限制的倾向。这样的后果是，人们所看到理想化的冲击（impingement）通常情况下并没有反映人们的行为。[7]人们未经调查便假定，他们在谈论权利时，是在谈论事实，并将这些未经检验的词语作为事实来进一步构建。这样便不可避免地越来越简化（simplify）人们的公正观念（the ideas of rightness）的再形成（reformulation）。它的后果是拒绝某些业已存在的纯粹原则性素材而支持其他同样的原则性素材。[8]这一趋向也导致了法律材料与非法律材料的混淆，因为公正是具有社会性、政治性、经济性，特别是道德性的概念。[9]

第三个迷惑是利益的概念。基于某种目的而存在的利益是具有多样内涵的概念。像交易安全这样的利益概念，并没有告诉人们什么，特别是对于特定案件来说，人们必须认定是谁的利益，这往往是不容易认定的。即便可以认定，那么也是基于事实与事实的比较而非词语和词语的比较。在一个复杂的社会中，像社会利益这样的概念并没有多少意义。

而且，与实体权利、规则一样，它使法律放在这样的关注上，法律是人为的，是可以被批评的，变化的，改革的东西，不论在法律的内部还是之外。以这些概念来思考法律，会阻碍人们对法律事务作出清晰的思考。[10]

卢埃林进而认为，利益—权利—救济的分析模式并没有什么价值。它未经证明便认为法律和社会关系最重要的方面在于行为领域。词语是重要的，因为它就是行为，或它能反映或影响其他行为。这些都是不值一提的，它的真实性荒谬般地（absurdly）明显。它将词语作为中心，对于行为它却没有说出什么。因而，它只能默许词语是反映行为的。它假定，如果它们是法律规则的词语，那么它是影响行为的，甚至有效和准确地影响人们行为，使人们遵守这些规则。[11]由于法律采用的是应当的结构，未经注意或追问，我们便假设法官的实践符合书本普遍接受的书面规则表述正确地描述了实践，法官也是这样对事实作出认定的。这是对法官的诋毁（imputation）；另一个未经明示和疑问的诋毁是，这些被假定描述法官行为的书面应当规则还被假定控制了有利害关系的外行（interested laymen）的实践，支配（govern）着人们的行为。[12]因此，可以看到，这一模式将词语作为事实，将应当和实然混淆了。

那么，在作者眼里，法律是什么呢?

令人诧异，作者仅用13个单词就对法律进行了描述。他说，“在我看来，官员对纠纷的处理就是法律本身”（p. 12）。这就是作者对法律的概括。作者先对纠纷作了解释，他认为，从外部来讲，纠纷的解决是与秩序直接相关的。虽然从根本上讲法律并不创造秩序，但在秩序的维持方面法律功不可没。法律通过秩序的维持促进了文明的发展与进步，因此从纠纷角度来看待法律非常重要。其次，从法律的发展演变来看，现实生活中有刑事纠纷，也有民事纠纷，但后者更为常见。纠纷的产生是因为在一个公平竞争的环境中，无法通过一般的途径平息，因此，纠纷就提到法院面前。这样的实践后果是建立了相应的机构，并赋予官员权威，形成专业化的机构。再次，将纠纷作为法律的关注，可以将与法律有关的事物包括在内，避免强调概念而忽视事实的倾向，并促进法律与其他学科的合作与交流。

立足于纠纷，卢埃林认为，法律大部分是由官员对纠纷的所作所为组成的。（p. 20）作者论述了法官行为的重要。法官的行为不仅仅是对实际案件的规范，而且成为这样的规范，如果正常，它可以给实际上更多潜在案件的处理提供预期和预防。（p. 23）法官通过纠纷的处理对利害人当事人产生直接影响，对大部分人则产生非直接影响。这种影响使得人们提前关心法院会对他们做什么，或者为他们做什么。（p. 23）人们不应当认为仅靠规则就可以决定判决。社会是发展的，法律也是发展的。如果认为仅靠规则可以决定案件，那么便是以牺牲持续进步为代价忽略了法律的退步（leeway）。而如果认识到法律进步的事实而忽略法律的退步，那么便忽略了法官也是人。法官的角色是多重的。首先他是律师，他必须站在当事人的位置考虑发生了什么；其次他也是法官，作为法官他不仅要衡量当事人证据的可信度，更要受到美国法官传统和阶段风格（period style）的影响。另外，法官性情的不同也应注意到。（p. 157）因此法官的行为是至关重要的。

有人或许要问，那么法官是否可以胡作非为？卢埃林认为并非如此。首先，法官要受到遵循先例原则的约束，法官的判决要受到过去判决的影响。尽管法官也可能对先例作出改变，但是除非有真正需要，法官不会贸然改变先例。卢埃林认为，对于法官而言，既存在着需要和机会，也存在着危险。存在着需要，是因为过去的一些法律已经无法适应现实生活的要求。在前工业社会制定的一些法律概念已经无法适用于现代社会，因此产生改变的需要。这对于法官而言也是机会，法官应通过运用智慧取代旧规则，形成真正的规则。（p. 158）但是，卢埃林告诫说，除非法官同时看到传统的力量和优点（beauty），否则个人的信念和普通法的遗产都会受到威胁。那种缺少责任感和方法的做法，认为法官是自由的做法，会带来灾难。（p. 159）

那么，法官的行为是否即官员行为的全部呢？并非如此。卢埃林在书中强调，通过观察法官的行为，可以了解律师，甚至外行人的观念。在别的地方[13]，作者对此展开了更为充分的论述。作者认为，法官的行为只是法律的一部分。事实上，在现代社会，随着行政权力的膨胀，行政官员的行为对有利害关系的外行影响更为常见，如税收官员的征税行为、地产官员的登记行为，等等。行政官员的行为和法官的行为存在着互动的关系，他们的行为也是法律的一部分。不仅仅如此，外行人的行为也是法律的一部分，因为官员的行为是否导致特定结果，取决于外行人的思维和行为模式。因此，在作者看来，法律的图像是这样的：在最中心的是法官的行为，它们与法官的职责相应；靠近它的是其他政府官员的行为，靠近这些的是不同人关于法律是什么的概念，离这中心较远的是法律和社会哲学。[14]于是，作者的“法律整体观”慢慢地显现出来了。

二、案件与事实：是与非之间

如前，作者主张法律即官员对纠纷的处理。在处理纠纷的过程中，法官必然要运用规则。尽管作者对规则进行了强烈的批判，但如作者所言，在给予我们提供官员将怎样做和使他们做什么这个方面，规则是重要的。[15]作者不满意的毋宁是将规则作为法律讨论的中心。事实上，法律没有理论家们所认为的那样重要。[16]更令作者不满意的是，由于将“应当”作为规则的结构，将规则视为事实，从而严重脱离事实的做法。那么规则之后的事实是怎样的呢？作者于是将中心转向事实，因为行为学说的核心在于发生了什么。法院是依据事实作出判决的吗？判决所依据的事实是否是事件发生时的事实？法官们如何发现案件的事实？事实是否经过裁剪或曲解？如果是，那么以这些事实作出的裁决是否公正合理？在法官判决的背后是否隐藏了些什么？这些东西是什么？它们对判决的结果重要吗？这些东西是否更有利于给人们提供某种预期？

作者认为，一般地说，法官要作出裁决，则必先发现案件的事实，然后再适用规则解决纠纷。然而在现实中，规则和判决可能规定事实的解释。（p. 61）美国法的理论是，“睡着的狗不会惹是生非，除非原告使劲用脚踢它”。换句话说，“谁主张，谁举证”。原告要主张某种权利，则必须提出相应的证据。在一般的案件中，总是先由原告进行陈述，然后是被告进行陈述。在这一过程中，双方都会通过律师选择有利于自己的证据，省略那些不重要或对自己不利的证据。因此，案件发生时的原始事件并没有展示在陪审团或法官的面前。这经过了一个变形（straining）的过程（p. 31），通过原被告双方律师的辩论、询问等方式来进行。这里可以看到，双方的律师会筛选（screen）与法律相关或为赢得案件与法律相关的证据。因此，人们所认为的原始事件，双方律师或多或少彻底地（thorough）或巧妙地（skillful）筛查过（canvassed）。在这一过程，律师要受到证据准许规则的限制，事实再次被筛选。法官将根据所提供的证据作出裁决。当事人可能要提出上诉，但这时只能通过法庭记录上的事实来进行。在上一级法院，对于已经判决的案件，法官只是挑出一些认为重要的事实进行解释（expound）。很明显，这时所认定的事实已经背离生活很遥远了。（p. 38）如果案件提到上诉法院，虽然意识到当事人的陈述可能是错误的，但上诉法院对事实的检验并不是基于当事人之外，而是可能被假定发生于其之外的事实来推导的。这样，我们并未发现任何原始案件的明确事实，即实际上发生了什么。（p. 27）

这也只是一个方面。在原先的紧密结合的（close - knit）社会中，对当事人的错误指控是很容易为人所知晓或反对（frowned on）的，可以通过合适的人的在场证明原告的诚信。（p. 31）然而在松散的（loose - knit）社会中，这很难做得到。比如在美国，人们经常迁徙，常常是远距离的接触，这些都对原告造成障碍（handicap）。原告必须提出证据来证明自己的主张。而少数特殊的（occasional）障碍只能通过审判来认定：推定。比如，在原告制作票据并占有时，就可推定被告没有对之偿付。被告要证明已经偿付，则必须提出证据。因此，可以看到，这些问题的处理是对假定事实的处理，而非实际案件的处理。法律对这些假定的事实赋予了法律的后果。（p. 33）

推定仅仅是法院技术运用之一种，而非全部。在现代社会中，“合理人理论”占据主流。法院常常推定一个合理的人在类似情况下应如何作为来处理案件。这样就远离了原始的事实，它已经不是对已发生什么的描述，而是以类似应当的形式来掩盖对事实的偷换。如作者所言，这样，出于法律可以处理任何事情的目的，案件的事实被“解决了”，用以支持裁决的“事实”和得到证据支持的“事实”本身都是本案的

"事实"。(p. 33) 辩护和证据准许的待"发现"的事实，通过花费很大力气现在被"发现"了，如果它对维持裁定是必要的话。(pp. 33 – 34)

这还不是全部。法官训练、能力、偏见（prejudice）和知识存在着差异，这会导致对类似的事实作出不同的认定。(p. 35) 法官之间对证据的解释存在着态度上的区别。(p. 62) 如作者所论述的，某些法官会将自己置于案件发生时的情景来解释，其他的法官则可能对此极其冷漠（sublime indifference）。而在法官之间发现有说服力的不同主张会导致某一结果时，他会倾向于采取与对事实反应相近的其他法官认定的事实。这里不仅可以看到法官们对事实的认定存在种种差异，而且在裁决中，事实要比规则更为重要。

因此，卢埃林认为，对于事实长时间通过不同法院的筛选（sieving)，使得我们对真实事实的认识被掩盖了。(p. 39) 在最后由法官所写的判决书里，我们忽视了相当数量的确凿（hard）事实。这些事实可能对案件的实际结果产生很大的影响。判决所提供给我们的是一个对所发生事件的误导图像，也是对将来发生什么预言（prophecy）的误导依据。(p. 39) 尽管可以认为法官会受到过去裁决的限制，但对于那些预测的事实，在大部分的案件中都是需要的。如果我们不能对事实的范围、性质和导致推论的事实很了解，那么我们如何能对法院将来的行为作出更好的或更准确的预测呢？于是，卢埃林告诫学子们，应当记住法院假定或采用的事实已经经历了变形和扭曲（distortion)，因而不能认为这便是带给我们的真实事实，应当像历史学家阅读文件一样阅读案件，而不完全受制于案件的判决，应当想象（visualize）当事人之间最初的交易，应当注意依据某事实制定的规则与法院解释事实方式之间的不同。通常，判决就是我们所见到的一切，但应注意在它后面存在着一个被描述的交易、审判和上诉的整个过程。(p. 38)法学院的学生们不仅应当像律师一样把握执业技能,而且应当了解社会生活各方面的全面知识。

三、作为方法的现实主义法学

有学者认为,卢埃林作品难以引起人们持续兴趣的原因之一是他的写作风格,并且认为"非正统的"(unorthodox)和"非连贯的"(uneven)是能形容作品风格为数不多的形容词。[17]正如作者在本书的序中所言,他很少关心规矩(propriety)和形式(manner),认为偶尔偏离(lapse)一贯风格(acceptedtaste)和高贵(dignity)更能给学生大胆的信心。这正是支撑作者教学的动力所在。(p. 8)但是,卢埃林的作品仍产生很大的影响,无疑得益于他所采用的方法。

那么,什么是卢埃林的论证方法呢?

首先是作者怀疑方法的运用。对于任何论证都少不了怀疑,但怀疑方法在卢埃林手中变成了神奇的魔棒。是什么使得卢埃林的论证独具一格呢?第一,作者很注意自己方法的运用,并贯穿始终。作者并没有对法作出定义。他提出法是官员对纠纷的处理,但这并不是给法下定义。正如作者在本书第二版序里所申明的,很多人没有阅读全书便认为这是作者对法的定义,这是令其痛心的。(pp. 8 – 13.)如作者在同年发表的另一文章所说的:"我不愿作出法的定义,……一个定义既排除也包括。它标出一个区域,把一些东西放进去,另外一些则不在之内。排除通常情况之下是极其武断的。"[18]在作者与另一合作者的通信中也可见端倪,他说:"我对你的普遍法的定义想得越多,我就越不愿意喜欢它。”[19]因此，作者将关注放在法律事务的讨论上，这便给作者的论证带来便利，否则，他给出定义不仅容易受到攻击，也难以与怀疑主义的风格相一致。

这是作者的前提。在此基础上，作者首先对规则中心论提出了一系列的怀疑：法律是规则还是行为？规则是法律的核心吗？规则是对事实的准确描述吗？规则所依据的逻辑有局限吗？规则采用应当的模式掩盖了些什么？实践中仅仅规则是否能决定案件？等等。在另一篇文章中，作者从概念、权利、利益、救济和书面规则等方面对规则进行了细致地剖析。他认为概念本身有很大的局限性，利益的概念很模糊，书面规则应受到限制使用，规则并不是最重要的，应当将关注从规则转向官员的行为上来。接着作者对案件的事实提出怀疑：判决中的事实是原始事实吗？它们是否被裁剪或扭曲？依据这些经过裁剪或扭曲的事实作出的裁决公正吗？合理吗？它们能够为法院将来行为提供预期吗？法官在这一过程中起了哪些作用？运用了哪些技术？为什么不应该相信法官判决所给的事实是原始事件的事实？对规则和事实的怀疑导致了第三点：对法学教育的怀疑。（p. 92）如果规则不是法律的核心，有必要对它倾注那么多的精力吗？如果规则不是法律的核心，是否应当将关注转向纠纷？法学教师的逻辑推导是否前后相一致？作为课堂讨论的案件包括了案件的真实事实吗？法学院是否能够充分提供律师执业所需要的技艺？法学院的教育是否令人担忧？可见，作者的怀疑既坚持了论证上的一致，又有充分的内容，正是这一特点使得作者的论证产生很大的影响。

其次，作者还采取了分析法理学的方法。这可能是受到其师霍菲尔德的影响。当然，在本书中，这一点还不是很明显。作者只是在第五章对此有所涉及。他认为霍菲尔德的概念分析很值得推崇，这不仅是因为它具有某种自洽，而是因为它的这一分析是关注事实的，而不像公正、利益等内容难以把握的概念。依据霍菲尔德的分析，第一组概念是权利和义务，它们是相对应的。不能脱离义务而谈论权利，否则只存在形式上的权利，而脱离了事实。如果相对方的义务没有履行，则可以通过法庭来解决，而没有必要采用履行这样的概念。第二组概念是特权与无权利，第三组权力与责任都被不同程度地放在事实的关注上。它们有价值是因为它们能清楚地表现纠纷中的事实。如果说这在本书里面体现得不够充分的话，那么在另一篇文章中[20]，作者对分析法理学方法的运用可谓达到极致了。作者在指出自己不下定义的原因之后，依次地分析了概念、权利、利益和规则与书面规则和行为等内容，指出了它们各自的限度，应当如何既保持其特点，又对其进行限定与改造。这些分析既有破，也有立。不仅有怀疑与批判，也有肯定与建议。可见现实主义法学并非像有的人所批判的，只有破坏没有建设。那种认为现实主义法学是对法治的反动的观点，就只能叫人贻笑大方了。

最后，与怀疑方法有点相关的是作者对具体问题的研究。现实主义法学对现状的怀疑并非空穴来风，也非无病呻吟。正如有的学者所认为的，现实主义法学的一个特点是，它是一种可以指导具体工作，而又可以通过对具体问题的正常适用来进行检验的理论。[21]作者的论述涉及实体法与程序法，对法官判案中的区别技术，对先例原则，对案件简化等技术的讨论，等等，充分显示了作者在这些领域的娴熟。正如作者在本书第二版的序中所提醒的，在本书出版时作者在法律委员会工作了四年，已经为委员会完成了一部法律。在此之前的几个月他出版了买卖法的论著，该书不仅是对现行法律的批判，也是后来成为统一商法典核心的改革方案。可见，作者在此前已经对具体的问题作了充分的研究，有了坚实的基础。作者不赞同那种太过于宽泛的分类，认为应该在它的内部再次划分，并通过数据的检验来确认现行的分类是否科学。[22]总之，具体和抽象与理论和实践之间保持持续的相互影响（interplay）的重要性是卢埃林偏爱的一个主题。[23]

四、反思与启示

卢埃林对自己研究的价值很清醒，他意识到自己研究的局限。他自己宣称，它的研究对象主要是针对上诉法院而言的，因为他对上诉法院极为熟悉，有着种种的便利。（p. 90）他并没有认为自己描述了全部的事实，实际上，上诉法院所审判的案件只是全部案件中的极小部分。他只是不愿意人们被法院的言词所掩盖，不满意于规则自身的弱点与规则为法律核心的误导描述。他称他只是提供给人们官员对待法律的看法，提供一些法院处理规则的经验。这仅仅是个开始，仍有很多的工作要做。（p. 91）“这是一种理由，也是一种借口。”而且应当看到，作者的论述主要是就美国法而言的，正如本书副标题所揭示的那样，“我们的法律和法学”。

另一个局限可能来自于对规则和事实怀疑的反怀疑。或许有人会反问：如果规则不那么重要，为什么在当今各国规则却越来越多了呢？如果它不重要，那么人们如何预测法官在未来的行为呢？在实践中，对于案件是否能够真正达到客观真实？如果能，成本是否过于高昂？法院对与案件的裁剪与取舍是否是一种不得已的策略，从而为纠纷的解决提供一种最为约省的方式？这些都是可以提出的，也有各自的道理。不过，本文认为，不应以某个结论而否认作者的努力。作者的初衷在于通过怀疑方法揭示种种令人误入歧途的图像，它并非一种哲学，而是一种方法。[24]而且作者通过理论与实践相结合，无疑出色地完成了自己的任务。虽然卢埃林对规则的社会学角度的阐释有待改进[25]，但本书无疑具有重要的价值和影响。[26]就我国来讲，本书也具有重要的理论意义和现实意义：

首先，应对规则的作用有重新的认识。应当看到，在现实中一些法律规则的作用并没有充分地发挥出来。在这方面，有的学者对我国的立法作出了分析[27]，也有学者对规则与之外的因素一并考虑，以建构某种理论。[28]从理论的发展来看，自从卢埃林提出怀疑规则以来，法律的经济分析、法律整合理论、后现代法学等理论相应登台。虽然他不能预料到后来的各种理论发展，但正如他所说的，每一学派在各自限度内都有价值，合在一起反映了法律的复杂性。在我国，对现实主义法学研究得不够，往往未经深入研究便加以否定或批判，这并不是科学的态度。

其次，应重视纠纷解决作为研究切入点的有效性。我国有的学者已经认识到此点。[29]但应注意的是，纠纷解决并非全部，仍应注意其合法性。如就调解而言，实践中有时会强调纠纷的解决而忽视其合法性的要求。

再次，应重视实践智慧。这方面不得不承认我们存在很大的不足。这无疑与我国教育体制相关。理论家执业经验不足，执业者则往往夸大实践的神秘性。[30]可喜的是，学界已经有学者注意到此点，并作了富有成效的研究。[31]

最后，在理论与形式的结合方面，卢埃林的作品无疑可以给我们提供范例。如前面所指出的，在进行理论构建时，要有充分的实体法基础。在这方面，我们应重视方法的运用。

（原载于《清华法学》第四辑）

注释:

1. William Twining, Two Works of Karl Llewellyn, *Modern Law Review*, Vol 30, p. 514.

2. H. L. A. Hart, *The Concept of Law*, Clarendon Press, 1961. p. 1.

3. K. N. Llewellyn, *The Bramble Bush*, Oceana Publications, 1961. p. 2.

4. K. N. Llewellyn, *The Bramble Bush*, Oceana Publications, 1961. p. 2.

5. K. N. Llewellyn, A Realistic Jurisprudence: The Next Step, *Columbia Law Review* (1930), No. 4, p. 438.

6. Ibid, p. 439

7. Ibid, p. 440

8. Ibid, p. 440.

9. Ibid, p. 440.

10. Ibid, p. 442.

11. Ibid, p. 433

12. Ibid, p. 444

13. K. N. Llewellyn, A Realistic Jurisprudence: The Next Step, *Columbia Law Review* (1930), No. 4, pp. 455 – 456.

14. Ibid, pp. 464 – 465.

15. K. N. Llewellyn, *The Bramble Bush*, Oceana Publications, 1961. p. 20.

16. K. N. Llewellyn, A Realistic Jurisprudence: The Next Step, *Columbia Law Review* (1930), No. 4, p. 442.

17. William Twining, Two Works of Karl Llewellyn, *Modern Law Review*, Vol. 30, p. 516.

18. K. N. Llewellyn, A Realistic Jurisprudence: The Next Step, *Columbia Law*

Review (1930), No. 4, p. 432.

19. William Twining, Two Works of Karl Llewellyn, *Modern Law Review*, Vol. 30, p. 176. Note. 33.

20. K. N. Llewellyn, A Realistic Jurisprudence: The Next Step, *Columbia Law Review* (1930), No. 4.

21. William Twining, Two Works of Karl Llewellyn, *Modern Law Review*, Vol. 30, p. 530.

22. K. N. Llewellyn, A Realistic Jurisprudence: The Next Step, *Columbia Law Review* (1930), No. 4, p. 462.

23. William Twining, Two Works of Karl Llewellyn, *Modern Law Review*, Vol. 30, p. 516.

24. William Twining, Two Works of Karl Llewellyn, *Modern Law Review*, Vol. 30, p. 518.

25. 例如英国剑桥大学的端宁教授就认为，卢埃林对法律机构的论述没有新意。这方面的论述，哈特教授更为深刻。参见 *Modern Law Review*, Vol. 30，p. 178.《法律的概念》中，哈特教授提出了首要规则和承认规则的区分，对规则背后的社会学因素作了原创性的研究，见 *The Concept of Law*，特别是第四章、第五章。

26. 在新近翻译出版的作品中，如《法律之门》、《迷失的律师》和《美国律师》都大量地引用了卢埃林本书的论述。他对法律教育的论述也成为这一主题不可不读的部分。而读波斯纳的《超越法律》也让人有似曾相识的感受，尽管波斯纳先生否认其与现实主义法学有什么瓜葛，参见波斯纳《超越法律》，苏力译，第3—4页，北京，中国政法大学出版社，2001。

27. 苏力：《法治及其本土资源》，第92—95页，北京，中国政法大学出版社，1996。

28. 许章润教授认为，“……法律规则和法制秩序的达成将以生活方式的渐次变更为核心的诸‘事实’的结果，而非前提。”作者进而提出事实与规则，人生与人心，法制与法意的法解释范式。参见许章润:《说法，活法，立法》，第38页，北京，中国法制出版社，2000。

29. 参见王亚新:《社会变革中的民事诉讼》，北京，中国法制出版社，2001。尤其是《纠纷，秩序，法治》一文。该文对国外关于纠纷的最新研究作了介绍，并提出我国转型时期的纠纷研究方向，颇值一读。

30. 对此的精彩论述请参见波斯纳:《超越法律》，苏力译，北京，中国政法大学出版社，2001；尤其第一章。

31. 这方面最有代表性的是苏力教授的《送法下乡》，北京，中国政法大学出版社，2000。该书的第二编专门讨论“司法知识与技术”，在该编的第八章，作者讨论了法官在事实和法律方面的具体司法知识和技术。我不认为作者的这些概括就是法官审判实践中知识与技术的全部，因为从个案得出的这些仍不足让我信服，而且可能还存在着研究者的先见，但无疑作者的研究是颇具开创性的。

译后记

一、缘起

我第一次接触《荆棘丛》是在2002年读研期间。当时读该书时，我有一种醍醐灌顶的感觉。近七年的法学院学习，让我一直沉浸在法律理论之中，而对于法律实践所知甚少（尽管在本科阶段有过两三次法院实习的经历）。彼时，我对于理论和实践隔阂的现状表示强烈不满。因此，当我阅读《荆棘丛》时，它立即让我产生共鸣。在私自印行的纪念文集《法域无疆》的后记中，我写道："……想过将《荆棘丛》的第一章翻译并收入进来……"在毕业前夕，我撰写了《荆棘丛》一书的书评，后来发表在《清华法学》2004年第四辑（见本书附录）。由于认为理论无法给我新的刺激，毕业后我选择了在律师事务所当商业律师，一直到2013年我加入雀巢公司担任法律顾问。2007年在美留学期间，我选修了宾夕法尼亚大学法学院给一年级学生开设的《合同法》课程，对于美国法学院培养"像律师一样思考"的案例教学法有了更多切身的体会，对卢埃林所描述的先例等制度有了更深一层的认识。

2016年12月，在一个师生聚会上，大家闲聊时无意中谈到法律翻译。我提到自己曾经想过翻译卢埃林的《荆棘丛》，并说自己写过该书的书评。说者无心，听者有意。我的话引起了在座某位编辑朋友的兴趣，后来该朋友将我引荐给“麦读”的曾健先生。与曾健先生进行几轮沟通后，我深深地感受到他打造法学经典译作的热情、信心和决心。基于现实主义法学在我国所遭受的种种误解（例如，认为现实主义法学完全无视法律规则）和难以割舍的个人情结，我认为翻译此书有着极大的意义，故决定着手对该书进行翻译。

现在回想起来，就像苹果公司的创始人乔布斯先生所说的，人生中有很多的点，在某个时刻会被串起来。从 2003 年研究生毕业到 2018 年，期间经历了 15 年的时光。我从一个懵懵懂懂的法科学生变为具有丰富工作经验的律师。我既有商业律师参与大型公司投资并购的经历，也有担任法律顾问处理各种工作的经验。奇怪的是，我对《荆棘丛》的热情一直未减。结合我自身的工作经验，我认为卢埃林对法律实践的观察是极其深刻的，他的见解在今天仍然不失现实意义。在我看来，卢埃林在《荆棘丛》中的诸多论述，对于律师从事法律执业是很有帮助的。例如，他对于官员对法律的影响，对于律师技能在帮助客户实现目标的重要性，以及律师对于客户业务理解的重要性等方面，均是如此。无怪乎，同为现实主义法学巨擘的杰尔姆·弗兰克教授认为，这本书对于明智的律师也是值得反复读的（参见本书导言）。

尽管卢埃林说的是美国的法律实践，但以我自己的体会来说，他的诸多论述对我国也是适用的或是值得参考。举例而言，在我国制定反垄断法之前，反垄断申报已经以部门规章的方式展开了，而整个发展过程经历了从初期半自愿性质的鼓励申报到现在的“强制申报 + 豁免”模式的转变。在我国法律实践中，尽管证券监管机关发布了设立中外合资证券公司的法律规则，但在实践中，合资证券公司获得牌照者寥寥无几。在实践中，这样的例子比比皆是。论者在列举我国在某方面的法律进步时，往往以制定某某法规为例，这诚然不是完全没有道理，但此种观点只是看到了法律规则，并没有看到具体的法律实践。如果以这样的看法作为实践建议，对于客户简直可以说是灾难。至今我仍然记得一位资深合伙人律师所说的话，“我们（律师）不是销售法律知识，而是提供实用的法律意见。”

二、为什么要翻译《荆棘丛》?

对于在80多年后是否有必要读《荆棘丛》，美国艺术和科学院院士、威斯康星大学法学院的麦考利教授已经给出了充分的肯定答案。我认为，麦考利教授在导言中说得极其明白，毋庸多言。这是一位西方著名法学家对于该书在美国当下的意义所进行的阐述，有着特别的价值。我想结合个人的体会，简要地谈谈翻译此书的意义。

第一个理由，《荆棘丛》对美国法律制度作了深入浅出的介绍。这对于希望了解美国法律制度，尤其是美国法学院学习和判例法制度的读者是极其有帮助的。例如，卢埃林对于上诉法院案件的裁决和案件背后的因素作了深刻的阐述，对于法院如何既遵循先例又对先例进行变更、对制定法的作用，以及对法律评论提供的训练和益处都作出了精彩的阐述。卢埃林以精炼有趣的语言对美国的整体法律制度提出深刻的洞见。因此，作为法学经典作品，《荆棘丛》至今仍被研读。在这一点上，正如麦考利教授所说的，“只要是对法学院或法律感兴趣的人，都应该读一读《荆棘丛》。”

第二个理由在于卢埃林独特的研究方法。在 1930 年《荆棘丛》首次出版时，卢埃林的研究方法是处于法学研究的主流之外的。如同卢埃林自己所说的，法学界的主流是关于法律规则的研究，这一研究导致了人们认为法律规则即是法律实践。这一观点在今日已经成为通说，但在当时却是语出惊人。卢埃林认为主流的理论研究是很成问题的，他与当时如日中天的哈佛法学院院长庞德教授展开针锋相对的理论探讨，倡导“现实主义”法学，与另一代表人物杰罗姆·弗兰克一道为现实主义法学摇旗呐喊。卢埃林自己身体力行，主张在法学院的教学中增加法律之外的资料，主张法科学生不仅学习法律，还要学习法律之外的东西（包括文学、音乐和艺术等）。从现在来看，卢埃林的研究方法与当今跨学科的研究主张是一脉相承的。

第三个理由在于卢埃林对法律实践现实的强调。卢埃林对法学理论和法律实践的差距的认识在今天依然有着重要的意义。我国法学院的授课更注重于理论问题的探讨，而对于法律实践关注得不够。尽管有一些法学院开设了法律诊所课程和模拟法庭，但整体上仍然倾向讲授理论问题，主流的观点认为律师技能是律师协会或律师事务所的事。法学院培养的目标不够明确，缺少律师技能的传授，学生以知晓理论为能事，这常为法律从业者所诟病。此现象已存在多时，虽然今年有所改进，但并无实质性的改变。如麦考利教授所言，这种情况在美国亦然。由于卢埃林自己从事商法的研究，作为美国《统一商法典》的主报告人，卢埃林对美国法律实践的了解是极其深入的。他对于信托托收的实践非常清楚，他对于上诉法院的很多案件都进行了深入的研究。可以说，正是卢埃林对于法律实践的“现实”和法律问题的深入把握，使得《荆棘丛》成为一本有血有肉的著作，或者用他自己的话说，是一项“接地气的研究”。

第四个理由在于卢埃林的法学教育观。作为法学教育家，卢埃林的法学教育观是独特的。首先体现在他对于法学课程设置的主张上。卢埃林主张增加法律之外的资料，要求法科学生学习法律之外的东西，而不仅仅是学习法律。卢埃林认为，那种认为来法学院只是学习“法律”的观点是错误的。卢埃林对法学院将“像律师一样思考”作为唯一的训练方式提出质疑，主张以制定法作为补充。现在看来，这些观点是非常有见地的。其次，卢埃林提出了法学院的培养目标问题。法学院的产品是律师。卢埃林列举了三种不同类型的律师及其社会影响，主张法科学生坚持理想，为社会的发展做贡献。最后，卢埃林强调法科学生在法学院中进行自我训练的重要性，包括通过小组学习和通过在法律评论担任编辑进行自我提升。而且，卢埃林还强调高年级学生对于低年级学生的责任，因为这才是法学院存在的理由。可以说，卢埃林以不可思议的方式揭示了法律教育的众多实质问题，这些问题在今天仍然值得我们继续思考。

第五个理由在于卢埃林对实体法（尤其是商法）的深入研究。如卢埃林自己所说的，他是美国《统一商法典》的报告人，在《荆棘丛》出版时，他已经出版了《买卖法》一书，对于案例和制定法进行了详尽的阐述。客观地说，卢埃林对于合同法和商法的研究在当时是执学界之牛耳的。在《荆棘丛》中，他信心满满，认为他所任职的哥伦比亚大学法学院是全美最好的法学院。由于我在硕士和博士阶段攻读的专业均是民商法，而且一直希望将民商法与法理结合起来研究，卢埃林接地气的商法研究、对法律实践的强调以及在此基础上所做的理论提升，对我而言有着无穷的魅力。在我看来，卢埃林所阐述的，不仅仅是书本上的法律理论，也是贴近并指导现实生活的法学理论。而且，我自己这些年的经验也使我确信：卢埃林的理论是值得我们深入研究的。因此，对于我个人而言，《荆棘丛》一书的翻译既是一种情结，也是一种责任。

三、关于英文版本及译文的说明

《荆棘丛》成书于 1930 年。目前关于该书主要有三个版本：一个是译者所依据的 1951 年纽约大西洋出版社的版本，另一个是牛津大学 2008 年出版的版本，还有一个是 Quid Pro Books 2012 年的版本。之所以选择 1951 年版本，是因为这是目前公认最权威的版本，它经过卢埃林的审定，而且从很多学术引证来看，大多是引用该版本（包括麦考利教授）。尽管 Quid Pro Books 版本为了便于当代读者的理解对原文作了一些背景性的解释或说明，并自称修正了 1951 年版本的一些错误，但笔者认为修改不多，而且有的修改似乎并非卢埃林的本意，故未予以采纳。但是，为了便于当代读者了解《荆棘丛》一书在当下的意义，经麦考利教授同意，我将该版本的导言收入本书中。在我看来，这一导言的重要性是毋庸多言的。

对本书的翻译，前前后后持续了两年的时间。由于《荆棘丛》一书成书较早，在翻译本书时我面临诸多困难：第一，由于该书是卢埃林在哥伦比亚大学法学院所做系列讲座的成果，有很多口语化的表述。在翻译过程中，我曾想完全保留口语化表述，后来发现这样处理也不完全妥当。因此，为了符合中文的习惯，在不影响著作原意的前提下，我对于某些句子进行了微调（例如，视上下文需要，删去“现在”）。

第二，《荆棘丛》一书隐含了当时的一些社会背景，这些背景在今天不易理解。由于卢埃林的文字表述极为简练，有时我只能透过文本去理解或猜测他的意思，在某些情况下，不得不作出自己的理解，选择“意译”。这意味着，我对个别语句的理解有可能偏离著者的本意。为了便于读者查对，我尽量以英文加注的方式将这些用语标注出来。

第三，卢埃林在该书中采用了不少英语俚语或当时流行的表述方式，有的可以借助网络查出来，有的在今天已经不再适用。这无疑是一种挑战。我的解决方法是尽可能地查阅不同的词典，找到认为最恰当的表述。同时，由于英文词语的多义性，我在进行翻译时尽量结合上下文的语境。例如，对于 case 一词，有时翻译为“案例”，有时翻译为“判例”。再如，我将 the case system 翻译为“案例教学法”，而不是“判例法”。

最后，由于卢埃林认为背离传统的表述风格能让学生们感到更加生动，他采用许多独具一格的表述，这增加了本书翻译的难度。除了遵循英文的原意，在中文的表达上，我尽量与著者的语言风格保持一致，不做太多的自我解读或转化。在我看来，译文的“信”仍然是最为重要的，而“信”也包括著者的语言风格。尽管译文不可避免地体现译者的某些表述习惯，但我认为遵从著者风格的重要性是不言而喻的。

我希望，本书能成为一个较为可靠的中译本，推动我国现实主义法学思想的进一步研究。当然，这是一种企望。这一目标是否达到，还有待读者诸君的评判。平心而论，我对此是有些忐忑的。原因在于，我手头相当数量的译著，尽管似乎是遵循了原文的意思，却令人难以读进去或读懂。由于前述的原因，本书译稿的错误或疏漏在所难免，希望各位师长和读者诸君不吝指正（关于译文的建议或意见，请发给本人的电子邮箱 wangshaoxi@ vip. sina. com）。

四、致谢

本书翻译的最终完成受益于很多人的帮助和鼓励。感谢我在研究生阶段一位德高望重的老师！这位老师才华横溢，思想深刻，堪称学人楷模！我感谢这位老师引导我进入法理学的世界，他的研究和关爱一直激励着我坚持理想和进步！感谢陈甦老师！陈老师是我博士阶段的导师，记得我首次向陈老师表达我要翻译《荆棘丛》的想法时，陈老师立即给予肯定的答复，认为这样可以更深入地阅读一本书。客观地说，尽管我对于译书耗费时间有一些模糊的概念，但当时没有充分地预料到要耗费如此之多的精力（借用卢埃林的话，本书的翻译占用了我无数个晚上和周末的时光）。从指导老师的立场来看，翻译可能会影响我博士论文的写作。因此，我要感谢陈老师的肯定和鼓励！感谢美国威斯康星大学麦考利教授！我曾就导言的中文版权问题与教授联系，第二天便收到他的肯定回复（后来我才得知他是位德高望重的法学家，尽管我之前读过他关于关系契约的论文）。在定稿前，我就导言的个别段落向教授先生请教，得到了他认真、详细的答复，让我无比感动！感谢吴光荣、董彦斌和翟志勇等好友对本书出版的关心与鼓励！

感谢“麦读”的曾健先生以及编辑老师柳承旭先生、张磊女士！在本书出版过程中，各位编辑老师付出了辛勤的劳动，提出了很多宝贵的建议，特别是柳承旭先生的修改意见，使本书的质量得到极大提升。曾健先生为了保证本书的品质，不惜一再推延出版时间，特此致谢。感谢内人陈立华女士阅读了部分译稿，对译文的表述提出了许多有价值的意见！感谢我的岳父岳母，承担了很多的家务，让我得以专心致志地译完本书。最后感谢小朋友哈哈，在小小的年纪便懂得书本的意义，并“同意”爸爸因翻译本书而减少陪伴的时间。

王绍喜

2018 年 12 月 31 日初稿

2020 年 3 月 27 日定稿

图书在版编目（CIP）数据

荆棘丛：我们的法律与法学/（美）卡尔·卢埃林（Karl N. Llewellyn）著；王绍喜译. —北京：中国民主法制出版社，2020.4

ISBN 978-7-5162-2077-1

Ⅰ.①荆… Ⅱ.①卡…②王… Ⅲ.①法学-文集 Ⅳ.①D90-53

中国版本图书馆CIP数据核字（2020）第043341号

图书出品人：刘海涛
出版统筹：乔先彪
图书策划：曾 健
责任编辑：逯卫光 柳承旭

书名/荆棘丛：我们的法律与法学
作者/【美】卡尔·卢埃林（Karl N. Llewellyn）
译者/王绍喜

出版·发行/中国民主法制出版社
地址/北京市丰台区右安门外玉林里7号（100069）
电话/（010）63055259（总编室） 63057714（发行部）
传真/（010）63056975 63056983
http：//www.npcpub.com
E-mail：mzfz@npcpub.com
经销/新华书店
开本/32开 850毫米×1168毫米
印张/9.5 字数/220千字
版本/2020年5月第1版 2020年5月第1次印刷
印刷/三河市东方印刷有限公司

书号/ISBN 978-7-5162-2077-1
定价/49.00元